旱区寒区水利科学与技术系列学术著作

渠道冻融计算力学

王正中　江浩源　刘铨鸿　王羿　著

中国水利水电出版社
www.waterpub.com.cn
·北京·

内 容 提 要

本书针对渠道冻胀破坏涉及冻土水-热-力三场耦合及冻土与衬砌相互作用的复杂动态演化过程，以冻土水-热-力耦合理论和结构有限元法为基础，建立了渠道系统冻融计算力学理论，形成一套旱区寒区渠道防渗衬砌结构计算方法和安全评价体系。本书共分为7章，分别从渠道冻融计算力学概述、渠道冻融计算力学理论基础、渠道冻融计算力学基本数值方法、渠道热力学分析、渠道热力耦合冻胀分析、渠道水-热-力耦合冻胀分析和渠道冻融计算力学应用实例等，介绍了渠道冻融计算力学所需解决的关键科学和技术问题；可指导旱区寒区渠道工程冻胀破坏防治的设计建设与运行管理。

本书可供从事冻土地区水利、土木、交通工程专业及其交叉学科科技人员参考，亦适合高等院校、科研院所相关专业技术人员、研究生学习参考。

图书在版编目（CIP）数据

渠道冻融计算力学 / 王正中等著. -- 北京 : 中国水利水电出版社, 2023.9
（旱区寒区水利科学与技术系列学术著作）
ISBN 978-7-5226-1829-6

Ⅰ．①渠… Ⅱ．①王… Ⅲ．①渠道－冻胀力－计算力学－研究 Ⅳ．①U61

中国国家版本馆CIP数据核字(2023)第191722号

书　　名	旱区寒区水利科学与技术系列学术著作 **渠道冻融计算力学** QUDAO DONGRONG JISUAN LIXUE
作　　者	王正中　江浩源　刘铨鸿　王　羿　著
出版发行	中国水利水电出版社 （北京市海淀区玉渊潭南路1号D座　100038） 网址：www.waterpub.com.cn E-mail: sales@mwr.gov.cn 电话：(010) 68545888（营销中心）
经　　售	北京科水图书销售有限公司 电话：(010) 68545874、63202643 全国各地新华书店和相关出版物销售网点
排　　版	中国水利水电出版社微机排版中心
印　　刷	北京印匠彩色印刷有限公司
规　　格	184mm×260mm　16开本　10.5印张　262千字
版　　次	2023年9月第1版　2023年9月第1次印刷
定　　价	**58.00元**

凡购买我社图书，如有缺页、倒页、脱页的，本社营销中心负责调换

版权所有·侵权必究

前　言

新中国成立以来，我国水利工程建设飞速发展，特别是近年来跨流域调水工程及大型灌区得到大力发展，以渠道为主体的渠系工程建设规模更是急剧增加。迄今为止，我国各类渠道总长达到 450 万 km，其中灌溉干支渠道总长度超过 80 万 km，大型调水工程中渠道总长度超过 35 万 km，内河航道河渠总里程达到 12.7 万 km，初步组成了联通中华河湖水系的大水网、合理调配水资源保障国家水安全及人民生产生活水安全的大动脉。在此基础上延伸出的乡村河湖水系网络及灌区斗、农、毛渠或城乡供水的渠系工程等，构成了我国水资源输配的"毛细血管"。以国家南水北调工程为骨干的"四横三纵"水网体系构成了我国水资源配置的"国家水网"基础，在国家水安全及国民经济和国家水土资源战略安全中发挥着重大的作用，但是，我国仍然面临着水资源南北分布极不平衡的严峻形势，在西部地区因缺水造成有近 40 亿亩未利用但可改造的土地，包括草地、盐碱地、沼泽地、沙地和裸地等，占我国陆地面积的 28% 之多。在我国西部大开发和"一带一路"倡议背景下，未来我国北方及西部地区的国土整治、土地改造、经济开发及人居环境治理将是长期而艰巨的课题，而关键性的水资源供给输配则是重要保障。此外，在重要的交通运输领域，我国内河水运与国外发达国家相比，仍有一定差距，其基础设施薄弱、结构性矛盾突出、运输网不健全、协调性差等缺点突出。而具有贯通南北水运干线、构成纵横交错的航道网作用的运河工程，对我国经济建设将发挥巨大的作用。因此长距离、大规模的调水、航运河渠和灌区与输调水渠道网的新建与改造是未来我国水利交通领域的建设重点。

目前，我国水利工程中针对调水及灌溉的水源地的渠首高坝大库及大中型泵站建设都取得了国际公认的技术成就，形成了系统的理论成果，足以应对各类复杂水文地质条件和超标准规模的建设难题。然而作为长距离输水主体的河渠工程，其在设计、分析与安全评价理论仍存在短板及缺陷。但从总体上和整体工程效益发挥及安全运行上看则是非常重要的，传统的河渠建设与改造工程所依据的行业规范多依据已有工程的建设经验制定，标准偏低且与整体工程不配套，更缺乏系统的力学理论体系，特别是在西部强辐射、极干旱、特寒冷的严酷环境和高标准、大规模、长距离条件下的国家大水网建设中，因冻融循环作用而产生的河渠衬砌护岸冻融破坏、渗漏和渠坡滑塌是威胁河渠安全的主要灾害，进一步还会形成更严重的次生灾害，缺乏理论体系支撑势必无法满足复杂水文地质及气象环境下大型渠道安全及高效运行的要求。因此，只有将河渠工程的设计理论和标准体系与渠首的水工枢纽、大泵站等水利工程计算理论相配套，才能消除国家大水网建设"最后一公里"的理论难题，从而保证国家水网的安全高效运行。犹如人体血管出现的堵塞、破裂和萎缩而造成的机体瘫痪，河渠工程的破坏也将导致整个调水线路瘫痪和灌区运行的失效，同样威胁国家水安全及水资源的高效利用。

我国北方绝大部分是季节冻土分布区域，约占全国面积的 53.5%，气候地质条件复杂，其中季节性低温可达 $-40 \sim -10$℃，高频短周期突变温差为 $10 \sim 50$℃，广布湿陷性黄土、膨胀土、分散性土、溶陷性土以及冻胀敏感性土等特殊土，地质条件差异大，同时亦有严酷、荒漠、无人区等环境恶劣地区。输水渠道直接暴露于这些恶劣的自然环境中，导致防渗衬砌耐久性降低、极速劣化、破坏事故频发。尤其受季节冻土影响，土体冻融造成的冻胀融沉交替频繁，是造成渠道衬砌的开裂、错动、鼓胀、脱空乃至整体滑塌破坏的罪魁祸首，致使其行水功能效益严重降低，渗漏损失量大及由此引起的相邻工程事故及基础设施损毁，增加了工程后期的运行维护成本，制约了西部水利工程效益的发挥。据统计，黑龙江省某大型灌区支渠以上渠系的 83% 以上的工程数均存在不同程度的冻胀破坏，吉林省某大型灌区冻胀破坏工程数占比为 39.4%，新疆的北疆渠道半数以上的干、支渠，青海万亩以上灌区的 50%～60%，以及宁夏、陕西关中地区、甘肃等地亦存在严重的冻害问题，对渠道的安全运行带来了极大挑战。

本书从这个角度出发提出渠道冻融计算力学这一新学科，利用渠道冻胀计算力学来准确地分析预测寒区输水渠道在各种恶劣环境下的冻胀融沉演化过程及破坏规律。通过建立西部寒区输水渠道冻胀融沉的数学物理控制方程，利用数值有限元分析理论与常用软件对其进行求解，量化表征渠道系统在严酷环境下的力学响应及变化规律，以期实现渠道工程冻融受力变形及破坏与相应防治措施效果的有限元仿真分析及预测，建立能全面、准确、定量、实时科学分析方法和科学合理的设计理论，指导寒区渠道工程安全高效建设与运行管理。

由于作者水平所限，其中定有不少错误及不足之处，敬请读者批评指正。

作者

2023 年 3 月

目 录

前言

第1章 渠道冻融计算力学概述 1
1.1 渠道冻融计算力学的意义 1
1.2 渠道冻融计算力学的目的 4
1.3 渠道冻融计算力学的内容 5
1.4 渠道冻融计算力学的基本方法 6
1.5 渠道冻融计算力学的基本工具 8

第2章 渠道冻融计算力学理论基础 11
2.1 土的冻结与冻胀 11
    2.1.1 土冻结过程中的水分迁移 11
    2.1.2 土中水冻结时的成冰作用与冷生构造 14
    2.1.3 土的冻胀模型 15
2.2 多孔介质热方程 16
    2.2.1 基本假设 16
    2.2.2 冻土中的热流及基本方程 17
2.3 多孔介质渗流方程 17
2.4 联系方程 19
2.5 冻土力学本构 20
2.6 本章小结 21

第3章 渠道冻融计算力学基本数值方法 22
3.1 有限元理论 22
    3.1.1 有限元基本原理 22
    3.1.2 有限元理论基础 23
    3.1.3 最小总势能法 25
    3.1.4 有限元法的收敛性 26
    3.1.5 有限元法求解问题的基本步骤 27
3.2 有限元计算技术 27
    3.2.1 有限元插值的一般理论 28
    3.2.2 刚度矩阵计算技术 28
    3.2.3 单元插值函数数值微积分计算 31

  3.2.4 有限元方程组解法 ·· 33
 3.3 本章小结 ·· 35

第 4 章 渠道热力学分析 ··· 36
 4.1 太阳辐射模拟 ·· 36
  4.1.1 热辐射模型 ·· 36
  4.1.2 模型验证 ·· 38
 4.2 相变模拟 ·· 42
  4.2.1 考虑冻土水分冻结相变的热力学模型 ················· 43
  4.2.2 模型验证 ·· 45
 4.3 界面接触热阻模拟 ·· 46
  4.3.1 固体材料界面接触热阻（TCR） ······················· 46
  4.3.2 TCR 传热模型 ·· 46
  4.3.3 案例分析 ·· 47
 4.4 本章小结 ·· 50

第 5 章 渠道热力耦合冻胀分析 ·· 51
 5.1 热力耦合冻胀数值模型 ·· 51
  5.1.1 基本假定和方程 ·· 51
  5.1.2 模型验证与分析 ·· 53
 5.2 考虑水分迁移及相变对温度场影响的热力耦合冻胀数值模型 ···· 55
  5.2.1 基本假定和方程 ·· 56
  5.2.2 模型验证与分析 ·· 56
 5.3 孔隙率模型 ·· 58
  5.3.1 孔隙率函数 ·· 58
  5.3.2 模型验证 ·· 60
 5.4 本章小结 ·· 61

第 6 章 渠道水-热-力耦合冻胀分析 ··· 62
 6.1 移动泵模型 ·· 62
  6.1.1 控制方程 ·· 62
  6.1.2 模型验证 ·· 65
 6.2 非饱和冻土水-热耦合模型 ·· 66
  6.2.1 非饱和冻土热参数 ·· 66
  6.2.2 冻土水力学参数 ·· 67
  6.2.3 结冰速率 ·· 69
  6.2.4 模型验证 ·· 75
 6.3 考虑冻土横观各向同性的水-热-力耦合冻胀模型 ············· 81
  6.3.1 冻土横观各向同性弹性本构模型 ······················· 81

6.3.2 冻土弹性力学参数的确定 ··· 86
6.3.3 理想塑性模型 ·· 91
6.3.4 模型验证 ·· 91
6.4 衬砌-基土接触面模型 ·· 94
6.4.1 模型提出 ·· 94
6.4.2 模型验证 ·· 95
6.5 考虑冻土冻融劣化的水-热-力耦合冻胀-融沉模型 ······················· 96
6.5.1 冻融土体弹塑性模型 ··· 96
6.5.2 土体冻融破坏强度准则 ·· 97
6.5.3 力学参数动态变化模型 ·· 98
6.5.4 模型验证与分析 ··· 99
6.6 本章小结 ··· 104

第7章 渠道冻融计算力学应用实例 ··· 106
7.1 新型衬砌材料与结构形式的防冻胀性能研究 ······························ 106
7.1.1 聚合物涂层与沥青混凝土衬砌渠道冻胀性能 ···················· 106
7.1.2 复合土工膜与纳米混凝土衬砌渠道冻胀性能 ···················· 108
7.1.3 玻璃钢防渗渠道冻胀性能 ··· 111
7.1.4 高地下水位灌排渠道滤透式刚柔耦合衬护结构冻胀性能 ···· 113
7.2 渠基冻胀敏感性土换填措施防冻胀研究 ···································· 116
7.2.1 砂砾土换填措施防冻胀分析 ·· 116
7.2.2 块石换填措施抗冻融效果评价 ······································· 120
7.3 保温板复合衬砌防冻胀研究 ·· 124
7.3.1 有限元模型与参数选取 ·· 124
7.3.2 温度场分析 ·· 125
7.3.3 水分场分析 ·· 126
7.3.4 衬砌板应力变形分析 ·· 127
7.4 新型自适应防冻胀衬砌结构——"适膜""适变""适缝"断面 ······· 127
7.4.1 "适膜"防冻胀技术 ··· 128
7.4.2 "适变"防冻胀技术 ··· 133
7.4.3 "适缝"防冻胀技术 ··· 137
7.5 寒区渠道的阴阳坡效应研究 ·· 143
7.5.1 阴阳坡温度场分布 ··· 143
7.5.2 阴阳坡水分场分布 ··· 144
7.5.3 阴阳坡衬砌板应力变形情况 ·· 146
7.6 高地下水位预制混凝土衬砌渠道冻胀破坏特性研究 ···················· 148
7.6.1 预制混凝土板接缝数学模型 ·· 148
7.6.2 有限元模型与参数选取 ·· 149

7.6.3 温度场分析 ··· 152
　　7.6.4 水分场分析 ··· 152
　　7.6.5 衬砌板法向冻胀和接缝变形分析 ·································· 153
　7.7 本章小结 ·· 157

参考文献 ·· 158

第1章 渠道冻融计算力学概述

1.1 渠道冻融计算力学的意义

新中国成立后，我国的灌区建设和长距离调水工程得到了长足发展，特别是我国南水北调工程的建成，已初步形成了以"四横三纵"为骨干的国家大水网。截至目前，我国各类渠道工程总长达 450 万 km，灌区的灌溉面积达 73946 千亩，万亩以上灌区数量达 7839 处，长距离调水工程的总调水量超过 900 亿 m^3，初步形成了我国水资源合理配置的大动脉。在此基础上延伸出的各类斗、农、毛渠及配水管网等，构成了水资源配送的"毛细血管"，由此形成的"国家水网"对我国粮食安全生产及我国经济社会发展奠定了坚实的水资源基础。

随着经济社会的快速发展，水资源短缺已成为制约国家经济社会快速发展的刚性约束。我国水资源总量多，但人均占有量少，位列 13 个贫水国之一。南丰北缺、夏汛冬旱是我国的基本水情，南北水土资源极不均衡。"十四五"及以后一个时期，以水资源优化配置为核心的全国性及区域性调水工程建设和灌区建设将是水利建设的中心任务，以渠道工程为主体的国家大水网建设是国家水安全的根本保障。

渠道工程为人工修建用于从水源取水并输送到灌区或供、配水点的水流通道，因其造价低、输水效率高、施工简单、易于管理等优点，以灌区或长距离调水工程为主的国家水网的主要输水方式。两千多年前楚国孙叔敖引大别山水，采用渠道与陂塘组合的"长藤结瓜"式来进行灌溉的思其陂工程，以及后来修建的都江堰、郑国渠、灵渠等长距离调水及灌区建设，均对当时经济社会的快速发展起到了重要的支撑作用。

然而，我国没有衬砌的土渠占总渠道长度的 50%～60%，其严重的渗漏损失占总引水量的 30%～60%，渠系水利用系数平均不到 0.5，每年损失水量约占农业总用水量的 45%。因此，对于我国水资源紧缺的国家特别是极端缺水的北方旱区，迫切需要发展渠道防渗工程技术，以提高农业水利用效率，实现农业高效用水。目前，混凝土衬砌是渠道普遍采用经济高效的防渗措施，可有效减少渗漏量，提高输水效率，保护岸坡稳定，有效控制地下水位，以内蒙古河套灌区为例，渠系水利用系数由衬砌前的 0.719 提高到 0.934，防渗效果显著。

我国北方寒区同时也是季节冻土分布区域，约占全国面积的 53.5%，气候地质条件复杂，其中季节性低温可达−40～−10℃，高频短周期突变温差为 10～50℃，存在膨胀土、分散性土等特殊土，地质条件差异大，同时亦有荒漠、无人区等环境恶劣地区。输水渠道直接暴露于这些恶劣自然环境中，导致防渗衬砌耐久性降低、渠坡破坏事故频发。尤其受季节冻土影响，土体冻融造成的冻胀融沉交替频繁，造成了渠道衬砌的开裂、错动、鼓胀、脱空乃至整体滑塌等破坏（图 1.1 和表 1.1），致使其行水功能降低，渗漏严重，增加了工程后期的运行维护成本。据统计，黑龙江某大型灌区支渠以上渠系的 83% 以上的工程数均存在不同程度的冻胀破坏，吉林某大型灌区冻胀破坏工程数占比为 39.4%，新疆的北疆渠道半数以上的干、支渠，青海万亩以上灌区的 50%～60%，以及宁夏、陕西关中地区、甘肃等地亦存在严重的冻害问题，对渠道的安全运行带来了极大挑战。

图 1.1 渠道冻胀破坏

表 1.1 灌区或引调水工程基本概况

工程名称	设计流量/(m³/s)	断面形式	破坏形式	防冻胀措施
查哈阳灌区	65	混凝土衬砌梯形断面	鼓胀、开裂、错动	粗粒土换填、保温板、排水
玛纳斯河灌区	130	混凝土衬砌梯形、弧底梯形断面	鼓胀、错动	粗粒土换填、框格干砌卵石衬砌、保温板
宁夏引黄灌区	120	混凝土衬砌弧形坡脚断面	隆起、错动、开裂、滑塌	土工膜+保温板、透水固坡型结构
景电灌区	28.56	混凝土衬砌梯形断面	鼓胀、错动、滑塌	预制板+土工膜、粗粒土换填、保温板
宝鸡峡灌区	50	混凝土衬砌梯形断面	隆起、架空、折断、滑塌	断面优化、保温板
河套灌区	560	混凝土衬砌梯形、U 形断面	鼓胀、错动、折断	基土换填及压实、保温板
南水北调中线（天津、河北）	350	混凝土衬砌梯形断面	面板冻损、表层脱落、开裂、错动	砂砾石换填、保温板、土工膜、压实+强夯
引大入秦	32	混凝土衬砌梯形、U 形断面	隆起、开裂、滑塌	保温板
京密引水	100	混凝土衬砌梯形断面	滑塌、开裂	聚苯乙烯防渗、卵石垫层、生态护坡

续表

工程名称	设计流量/（m³/s）	断面形式	破坏形式	防冻胀措施
引黄济青	45	混凝土衬砌梯形断面	塌坑、滑塌	齿墙、保温板、防渗+疏通排水
北疆供水工程	120	混凝土衬砌梯形、弧底梯形断面	滑塌	白砂岩换填、疏通排水
引滦入还	80	混凝土衬砌梯形断面	鼓胀、隆起、架空、裂缝、滑塌	混凝土表层修补、裂缝

目前，我国水利工程中针对调水及灌溉的水源地的高坝大库及大中型泵站建设都取得了极高的技术成就，形成了系统的理论成果及单独的标准体系，足以应对各类复杂水文地质条件、极端环境和超标准规模的建设难题。然而作为"国家大水网"主体的河渠工程，其设计、分析与安全评价理论存在短板，传统的河渠建设与改造工程所依据的行业规范多依据已有工程的建设、观测经验制定。由于缺乏系统的力学理论，在高标准、大规模和特殊环境下的新建工程中，现有经验无法满足复杂水文地质及气象环境下和极端工况下，渠道安全及高效运行的要求。其中，因冻融循环作用而产生的河渠护岸衬砌破坏、渠坡滑塌是威胁河渠安全的主要灾害之一。然而，作为"国家大水网"主体的河渠工程如果不能安全高效运行，犹如人体血管出现的堵塞、破裂和萎缩而造成的机体瘫痪，必将导致整个调水系统瘫痪和灌区运行的失效，威胁我国的水资源安全高效利用。

本书从这个角度出发，提出渠道冻融计算力学这一新学科，利用渠道冻胀计算力学来准确地分析预测寒区输水渠道在各种恶劣环境下的冻胀融沉演化过程及破坏规律，为在建设渠道工程及已建渠道维护管理和预防渠道冻胀破坏等方面，提出了技术支撑和科技引领，推进我国输水渠道工程科技水平的健康发展。

渠道冻融计算力学是利用数值方法和电子计算机研究冻融循环作用下渠道系统的水热力多场耦合响应及其安全工作分析理论的科学，是现代计算力学的重要组成部分。由于渠基特殊土的水敏性及冻敏性极其复杂，在电子计算机出现以前，大多数冻土工程问题无法准确计算和预测，只能依靠简化的半经验方法来解决。但现代计算技术的飞速发展，特别是人工智能、气象及地理信息大数据技术的突飞猛进，以及冻土水热力多物理场耦合理论及结构有限元分析方法的发展，促发了渠道冻融计算力学的形成与完善，将使渠道的冻土工程问题解决方法实现科学化、精确化的跨越。

自20世纪60年代后期，Zienklewicz，Clough，Finn，Desai和Idriss等用有限单元法求解土体应力和变形、坝体渗流固结、地基动力反应等问题算起，计算土力学的发展已有50多年的历史；近几十年来，随着工程建设与科学技术的飞速发展，以有限元法为代表的数值计算方法已广泛地应用于水利工程、交通运输工程和建筑工程、航空航天、海洋工程、生物工程、物理化学、环境能源等各种行业领域。而对于国家水网主体组成的长距离跨流域输调水渠道工程，因气候环境及地质条件变化较大，迫切需要建立能全面、准确、定量、实时科学分析和经济合理的设计理论与方法。基于此，本书总结了我国近20年来在该领域的主要成果，并介绍国际上的最新成果，指导旱区寒区渠道工程冻融破坏防治的设计建设与运行管理。

本书在编写中遵循了以下原则：

（1）系统性。以冻土水-热-力耦合方程的应用与求解作为基线贯穿全书，形成全书各章内容的逻辑体系。

（2）先进性。除必要的基本知识以外，内容力求反映近20年来国内外最新成就。

（3）实用性。前面各章系统介绍渠道冻胀计算力学的基本原理方法，使读者通过循序渐进的学习，掌握渠道冻融计算力学分析问题的基本原理以及分析方法，并灵活运用；后面各章则分别结合工程案例专题分析讨论了相关行之有效的技巧，以帮助读者提高分析实际工程问题的能力。理论上尚未成熟的课题均不在本书讨论之列。

1.2 渠道冻融计算力学的目的

渠道冻融计算力学的目的在于通过数值有限元法计算分析，来认识冻土地基与渠道工程结构之间的相互作用，提出一套旱寒区渠道防渗衬砌工程结构计算方法和安全评价体系，为确保寒区渠系工程安全经济的建设与运行，提出科学合理而经济的解决方案。随着近代电子计算机和数值方法的发展，冻土水热力多场耦合理论和有限元通用软件的完善，以及对土体冻融力学认识的不断深入，科学准确解决复杂土质、温度、不同地下水及荷载条件下的渠道工程冻胀融沉的安全问题成为了可能。渠道冻融计算力学就是在总结近20年来这一领域中的研究成果，而建立起来的一门新的应用冻土力学分支学科。

由于我国北方严寒的天气和恶劣的气候环境，其上的渠道工程面临着严重的季节冻土影响，土体冻融使渠道冻胀融沉交替频繁，造成了渠道衬砌破坏，功能降低，渗漏严重，增加了维护成本，制约了西部水利工程效益的发挥。特别是西北旱寒区，湿陷性黄土、分散性土、水敏性、冻胀敏感性土等特殊土分布广泛，其结构组成复杂，物理力学性质差异大。特别是在冻融交替、干湿循环作用下，其力学与变形性能劣化突变更加复杂。此外，由于天然土体的不均匀性，强度、变形和渗透性质的各向异性，以及土体应力-应变关系及其与衬砌结构相互作用的非线性，严酷环境下衬砌渠道的水热力耦合机制是极其复杂的。

围绕上述问题，近几十年国内外学者持续从防渗抗冻胀理论与应用技术两个角度，在机理模型试验、现场原型监测、力学分析模型、数值仿真分析和防冻胀技术与应对措施等方面取得了丰富的研究成果。首先，深化了对渠道冻胀破坏机理的认识，其次，提出了渠道防冻胀设计方法，实现渠道冻胀过程中结构内力及其分布规律的定量分析，有利于结合冻胀破坏机理和渠道衬砌体冻胀应力与冻胀变形分布规律，正确选择安全有效的防冻胀措施，科学指导旱寒区渠道的防渗抗冻胀设计与施工。其中，渠道冻融计算模型从早期防渗衬砌渠道冻胀破坏的水-热耦合或热-力耦合仿真分析逐渐过渡到考虑冰水相变、水分迁移及横观各向同性冻胀特征的水-热-力三场耦合数值模型，更加符合渠道冻胀破坏动态演化的本质；由早期的凭经验以消除基土冻胀"土-水-热"三要素的换填、排水、保温等被动措施进行渠道的防冻胀设计，逐渐过渡到以冻土与衬砌结构相互作用力为核心的、依据符合工程实际的冻土水-热-力三场耦合数值仿真有限元分析的精准动态设计方法。

本书主要对国内外旱寒区渠道冻融计算力学的发展历程及防渗抗冻胀理论与技术研究

的进展进行了梳理。首先，总结了冻土水-热-力耦合的理论基础及相关模型，其次，结合有限元法及多场耦合分析通用软件，建立渠道冻胀破坏的数值仿真模型，并结合工程案例系统分析了主要防冻胀措施的作用机理与效果，简要阐述了相关研究前沿及渠道冻胀破坏的有待拓展研究方向，以期为科研人员、设计人员提供参考，科学指导寒区大型渠道工程的防冻胀设计、建设与运行，提高我国寒区水网主体渠道工程的服役周期及安全性。

1.3 渠道冻融计算力学的内容

随着我国大水网建设的不断推进，大型跨流域调水工程及灌区建设与现代化改造将会越来越多，其工程建设规模和复杂程度也将与日俱增，特别是面对西部冬季严寒、夏季严酷、暴雨集中、地震多发、渠基特殊土地质条件差、水敏性冻敏性强、季节性冻土渠道冻融循环、干湿交替作用下，大型渠道工程全生命周期的安全高效服役，将直接决定着我国水安全及经济社会健康发展，极有必要建立支撑国家大水网建设重大需求的渠道工程安全建设健康运行的分析理论体系及设计方法。主要是考虑外界水-热-力环境变化，以及渠基特殊土力学与变形性能随水热力要素耦合变化，在经典的水动力学冻胀理论框架基础上，依据冻土水-热-力三场耦合理论，建立渠道系统冻融演化的水-热-力三场耦合动态数值模型，利用多物理场耦合有限元分析软件求解，掌握渠道系统包括渠基土、基土与衬砌界面、衬砌结构中的温度场、水分场、应力场、变形场的动态演化规律及其材料性能劣化与结构破坏过程，揭示设计工况及极端环境下渠道冻胀融沉破坏机理及冻土与结构之间相互作用力的变化规律，依据破坏机理提出科学的防治技术确保工程安全健康。

现阶段主要内容如下：

（1）渠道冻融计算力学概述。主要介绍了渠道冻融计算力学的意义、渠道冻融计算力学的目的、渠道冻融计算力学的主要内容、渠道冻融计算力学的基本方法、渠道冻融计算力学的必要工具等。

（2）渠道冻融计算力学理论基础。关于渠基土冻结与冻胀的基本概念，包括渠基土冻结过程中的水分迁移、渠基土水冻结相变的成冰规律与冻土冷生细观组织构造、渠基土的冻胀规律与模型等；以渠基土为代表的热流传输、相变潜热及基本微分方程；渠基冻融土多孔介质渗流方程、多场耦合联系方程及冻土力学本构方程等。

（3）渠道冻融计算力学基本数值方法。主要介绍了渠道冻胀分析的有限元基本原理和理论基础、最小总势能法、有限元法的收敛性及有限元法求解问题的基本步骤；有限元数值计算技术包括有限元插值理论、刚度矩组装过程及其求解方法等。

（4）渠道热力学分析。考虑太阳辐射和昼夜温度变化，采用热力学的方法分析寒区渠道系统温度场及渠道阴阳坡效应，包括太阳辐射模和渠道系统热力学计算模型的建立，以及工程案例分析和模型验证；考虑渠基土水分迁移和相变潜热及其体积膨胀力学响应的渠道冻胀模拟分析计算模型，以及工程案例分析和模型验证；考虑多种介质界面热阻影响的渠道冻胀模拟分析计算，包括渠基冻土与衬砌界面接触热阻 TCR 机理、TCR 传热模型，以及工程案例分析和模型验证。

（5）渠道热力耦合冻胀分析。应用非线性有限单元法按大体积超静定结构温度应力计算原理，建立了热力耦合冻胀数值模型，包括模型基本假设、热传导方程、冻土材料"冷胀热缩"冻胀本构、冻胀率计算方程，以及工程案例分析和模型验证；考虑水分迁移和冰水相变，对上述模型温度场修正，简化考虑水分迁移，建立了热力耦合模型，包括基本假设和方程及工程案例分析和模型验证；冻土冻胀本构的"孔隙率"模型，包括基本假设、冻胀本构方程、参数确定、细颗粒多孔介质冻胀案例分析。

（6）渠道水-热-力耦合冻胀分析。在第2章冻胀理论框架基础上，建立渠道系统冻融演化的水-热-力耦合数值模型。首先是非饱和冻土水热耦合模型，包括水热耦合方程及非饱和冻土热参数、水力学参数、结冰速率的确定和数值求解，以及算例分析和模型验证；其次是冻土水热迁移的移动泵模型，包括流量边界与等效源（汇）的确定、移动泵冻胀模型的建立及案例分析和模型验证；再次是考虑冻土横观各向同性的水热力耦合冻胀模型，包括冻土横观各向同性力学本构模型及冻胀模型、力学参数确定，渠道冻胀水-热-力三场耦合模型的建立与模型验证；然后是衬砌与冻土界面的接触力学模型建立与模型验证；最后考虑冻土冻融劣化的冻胀-融沉模型，包括冻融影响下冻土的弹塑性本构模型、强度准则、力学参数确定、数值实现及案例分析与模型验证。

（7）渠道冻融计算力学应用实例。基于渠道冻融计算模型和渠道冻融破坏机理，提出渠道防冻胀技术并探究其防冻胀机理，最终进行效果分析评价与应用。主要包括渠道冻胀影响因素敏感性分析，聚合物纤维涂层与沥青混凝土衬砌渠道、复合土工膜与纳米混凝土衬砌渠道、玻璃钢衬砌渠道与滤透式刚柔混合衬护渠道的冻胀性能分析，渠基冻胀敏感性土换填技术分析，保温板防冻胀技术分析，新型自适应防冻胀衬砌结构"适膜""适变""适缝"结构，渠道阴阳坡效应破坏机理，高地下水位预制混凝土渠道冻胀破坏特性分析等内容。

1.4 渠道冻融计算力学的基本方法

20世纪50年代中期，人们提出了有限单元法，它不但计算能力非常强，使许多复杂的工程问题迎刃而解，而且应用范围非常广，所涉及的领域包括固体力学、流体力学、热传导学以及它们之间的相互耦合问题等，目前在工程设计、工程研究以及工程监测等方面已成为最有用、最强有力的数值方法。混凝土衬砌渠道冻胀破坏过程极为复杂，以往的分析方法难以解决，而有限单元法在计算渠道冻胀问题方面能够显示出极大的优越性。一方面，由于基土上的混凝土衬砌渠道在外界环境温度条件下的冻胀破坏过程是一个典型的水-热-力多物理场耦合作用导致基土一结构相互作用的极为复杂的动力系统耦合问题，正好可以通过多物理场耦合分析的有限单元法予以解决；另一方面，由于混凝土和渠基土属于两种不同的材料，若将两者分开研究，则不能得到其相互作用关系，而有限单元法采用网格剖分技术使混凝土和渠基土通过节点相互连接而构成一个整体系统，且可以分别考虑两者的材料属性及各种介质之间接触异化影响；加之，有限单元法能够考虑复杂的边界条件及动态工况，使问题分析趋于实际情况。鉴于此，将多物理场耦合的有限元理论应用于渠道冻融计算，形成相对独立的计算力学体系，现实意义主要体现在以下几点：

（1）对于复杂几何构形的适应性。由于单元在空间可以是一维、二维或三维的，而且每一种单元可以有不同的形状，例如三维单元可以是四面体、五面体或六面体，同时各种单元之间可以采用不同的联结方式，例如两个面之间可以使场函数保持连续，可以使场函数的导数也保持连续，还可以使场函数的法向分量保持连续。从而使工程实际中遇到的非常复杂的结构或构造都可能离散为由单元组合体表示的有限元模型。

（2）对于各种物理耦合问题的可应用性。由于用单元内近似函数分片地表示全求解域的未知场函数，并未限制场函数所满足的方程形式，也未限制各个单元所对应的方程必须是相同的形式。所以，尽管有限元法开始是对线弹性的应力分析问题提出的，很快就发展到弹塑性问题、粘弹塑性问题、动力问题、屈曲问题等，并进一步应用于流体力学问题、热传导问题及不同物理现象的相互耦合分析问题。

（3）建立于严格理论基础上的可靠性。因为用于建立有限元方程的变分原理或加权余量法在数学上已证明是微分方程和边界条件的等效积分形式。只要原问题的数学模型是正确的，同时用来求解有限元方程的算法是稳定、可靠的，则随着单元数目的增加，即单元尺寸的缩小，或者随着单元自由度数目的增加及插值函数阶次的提高，有限元解的近似程度将不断地被改进。如果单元是满足收敛准则的，则近似解最终必收敛于原数学模型的精确解。

（4）适合计算机实现的高效性。由于有限元分析的各个步骤可以表达成规范化的矩阵形式，最后可使求解方程统一为标准的矩阵代数问题，特别适合计算机的编程和执行。随着计算机软硬件技术的高速发展，以及新的数值计算方法的不断出现，大型复杂问题的有限元分析已成为工程技术领域的常规工作。

通过以上描述可以看出，有限元法可以完美地应用于渠道冻融计算问题中，并且利用有限单元法可以得出准确简单的结果，有利于理论分析和研究，也更加有利于应用于工程实践中。

对于一个连续体的问题，通常可用微分方程来表达，把连续体的力学量或者物理量（位移、应力、应变）表示为空间坐标的连续函数，而将连续体看作是无限小的假象元素的一种集合体。解析法所得到的各种解析解都是连续函数，但是并不是所有问题都是能用解析法能求得解的，而有限元法则可用于所有问题。有限元法是基于变分原理的一种近似解法，它是将连续体分成许多有限数量的单元，再将连续体看作这些单元的集合体。有限元的公式在每个单元内光滑，在整个连续体中连续而分段光滑的近似函数来代替力学量或者物理量的连续函数。这些近似函数是兼用一些未知参数和插值函数而构成，一旦定出了这些未知参数的值，就可以确定每个单元中这些量的分布。这样就可以用这些未知参数的许多代数方程代替原来的微分方程。

在一个连续介质中，互相连接的点是无限的，具有无限个自由度，使数值解法难以进行。有限单元法是根据结构的性质把连续介质离散化，用有限个单元的组合体代替原来的连续介质，这样一组单元仅在有限个节点上相互联系，因而只包含有限个自由度，可用矩阵方法进行分析。在单元内根据单元特征采用不同的位移插值函数去近似地代替实际位移，用单元分片位移场代替总体位移场，利用位移变分原理使结构满足弹性力学基本方程和应力边界条件，再由位移边界求得节点位移，从而求得位移场和应力场的一种数值分析方法。简单地说，有限元法是一种离散化的数学方法。

7

连续介质的有限单元分析包括三个基本方面：介质的离散化、单元特性计算以及单元组合体的结构分析。对于渠道这样二维连续介质，用有限单元法进行分析的步骤如下：

（1）用虚拟的直线把原介质分割成有限个单元，这些直线是单元的边界，几条直线的交点称为节点。

（2）假定各单元在节点上互相铰接，节点位移是基本的未知量。

（3）选择一个合适的函数，用单元的节点位移唯一地表示单元内部任一点的位移，此函数称为位移函数。

（4）通过位移函数，用节点位移唯一地表示单元内任一点的应变；再利用广义虎克定律，用节点位移可唯一地表示单元内任一点的应力。

（5）利用能量原理，找到与单元内部应力状态等效的节点力；再利用单元应力与节点位移的关系，建立等效节点力与节点位移的关系。这是有限单元法求解应力问题的最重要的一步。

（6）将每一单元所承受的荷载，按静力等效原则移置到节点上。

（7）在每一节点建立用节点位移表示的静力平衡方程，得到一个线性方程组；解出这个方程组，求出节点位移；然后可求得每个单元的应力。

1.5 渠道冻融计算力学的基本工具

渠道计算冻融力学的计算过程复杂，计算内容较多，计算量较大，同时涉及有限元分析计算，因此，可以采用多种有限元软件建立有限单元模型，并进行结构有限元分析计算，通过有限元软件的计算来求解各种耦合场变化规律，为工程实际提供更多的理论支撑和技术指导，推动以我国渠道工程为主体的调水工程及灌区工程和国家水网安全建设，实现水资源的合理调配，保障国家水安全常用有限元多场耦合分析软件如下：

ANSYS 有限元软件是一个多用途的有限元法计算机设计程序，可以用来求解结构、流体、电力、电磁场及碰撞等多物理场耦合问题。因此它可应用于以下工业领域：航空航天、汽车工业、生物医学、桥梁、建筑、电子产品、重型机械、微机电系统和运动器械等。软件主要包括三个部分：前处理模块、分析计算模块和后处理模块。前处理模块提供了一个强大的实体建模及网格划分工具，用户可以方便地构造有限元模型；分析计算模块包括结构分析（可进行线性分析、非线性分析和高度非线性分析）、流体动力学分析、电磁场分析、声场分析、压电分析，特别是多物理场的耦合分析，可模拟多种物理介质的相互作用，具有灵敏度分析及优化分析能力；后处理模块可将计算结果以彩色等值线显示、梯度显示、矢量显示、粒子流迹显示、立体切片显示、透明及半透明显示（可看到结构内部）等图形方式显示出来，也可将计算结果以图表、曲线形式显示或输出。软件提供了 100 种以上的单元类型，用来模拟工程中的各种结构和材料。该软件有多种不同版本，可以运行在从个人机到大型机的多种计算机设备上，如 PC、SGI、HP、SUN、DEC、IBM 和 CRAY 等。

ABAQUS 是一套功能强大的工程模拟的有限元软件，其解决问题的范围从相对简单的线性分析到许多复杂的非线性问题。ABAQUS 包括一个丰富的、可模拟任意几何形状的单元库。并拥有各种类型的材料模型库，可以模拟典型工程材料的性能，其中包括金属、橡胶、高分子材料、复合材料、钢筋混凝土、可压缩超弹性泡沫材料以及土壤和岩石等地质材料，作为通用的模拟工具，ABAQUS 除了能解决大量结构（应力/位移）问题，还可以模拟其他工程领域的许多问题，例如热传导、质量扩散、热电耦合分析、声学分析、岩土力学分析（流体渗透/应力耦合分析）及压电介质分析。ABAQUS 被广泛地认为是功能很强的有限元软件，可以分析复杂的固体力学结构系统，特别是能够驾驭非常庞大复杂的问题和模拟高度非线性问题。ABAQUS 不但可以做单一零件的力学和多物理场的分析，同时还可以做大系统级的分析和研究。ABAQUS 的系统级分析的特点相对于其他的分析软件来说是独一无二的。由于 ABAQUS 优秀的分析能力和模拟复杂系统的可靠性使得 ABAQUS 被各国的工业和研究中所广泛地采用。

ADINA 出现于 1975 年，在 K. J. Bathe 博士的带领下，其研究小组共同开发出 ADINA 有限元分析软件。ADINA 的名称是 Automatic Dynamic Incremental Nonlinear Analysis 的首字母缩写。这表达了软件开发者的最初目标，即 ADINA 除了求解线性问题外，还要具备分析非线性问题的强大功能——求解结构以及设计结构场之外的多场耦合问题。在 1984 年以前，ADINA 是全球最流行的有限元分析程序：一方面由于其强大功能，被工程界、科学研究、教育等众多用户广泛应用；另一方面其源代码 Public Domain Code，后来出现的很多知名有限元程序来源于 ADINA 的基础代码。在 1986 年，K. J. Bathe 博士在美国马萨诸塞州 Watertown 成立 ADINA R & D 公司，开始其商业化发展的历程。实际上，到 ADINA84 版本时已经具备基本功能框架，ADINA 公司成立的目标是使其产品 ADINA-大型商业有限元求解软件，专注求解结构、流体、流体与结构耦合等复杂非线性问题，并力求程序的求解能力、可靠性、求解效率全球领先。经过 30 余年的持续发展，ADINA 已经成为近年来发展最快的有限元软件及全球重要的非线性求解软件，被广泛应用于各个行业的工程仿真分析，包括机械制造、材料加工、航空航天、汽车、土木建筑、电子电器、国防军工、船舶、铁道、石化、能源、科学研究及大专院校等各个领域。

ANSYS、ABAQUS、ADINA 等软件都可以应用于渠道冻融有限元计算，但是它们都不能很好地实现渠道冻融过程多物理场的耦合以及考虑不同边界条件下的冻融计算过程，同时软件相对复杂，初学者不易学习掌握，于是 COMSOL Multiphysics 应运而生，COMSOL 是一款大型的综合数值仿真软件，被科学家称作"第一款真正任意多物理场直接耦合的仿真软件"。COMSOL 以其高效的多场双向直接耦合计算分析能力实现了在各领域科学研究和工程计算中的广泛应用。Comsol Multiphysics® 是一款大型商用数值仿真软件，由瑞典 COMSOL 公司开发。该软件基于有限元分析原理，拥有功能强大的多物理场有限元仿真平台，主要用于仿真模拟工程、制造和科研等各个领域的设计过程。最切合渠道冻胀计算力学需求，COMSOL 与其他商用有限元软件相比有以下优势：更适用于多物理场耦合问题的求解分析；具有完善的二次开发平台及部署环境。在真实环境下，研究对象往往同时受多个场的作用，多物理场耦合分析方法能最大程度地体现研究对象的实际情况，是有限元的发展方向。Multiphysics 可直译为多物理场，正表明了 COMSOL Multiphysics® 这款软件的特点就是分析求解多物理场问题。多物理场的分析求解可归结为偏微分方程的定义和求解，而 COMSOL Multiphysics® 前生正是 MATLAB 的一个求解偏微分方程的工具箱，这决定了它与其他有限元软件相比，更适用于多物理场问题的分析求解。该软件中已经定义了大量依赖于偏微分方程的物理过程，特别是它支持用户自定义偏微分方程，通过求解偏微分方程实现对真实物理现象的仿真模拟。基于 COMSOL Multiphysics® 的特性，选择该软件模拟渠基冻土-水-热力三场耦合问题最为恰当。除多场耦合优势外，便捷、丰富的二次开发环境也是 COMSOL 在诸多大型商用有限元软件中的一大特点。为适应不同用户的二次开发需求，COMSOL 提供了多种层次的二次开发接口，用户可根据自身需求选用最合适的开发方式。COMSOL 起源于 MALTAB 的一个工具箱，它与 MATLAB 具有良好的数据互通功能，用户可以通过 COMSOL 中 Livelink for MATLAB 功能实现与 MALTAB 实时连接，进而可以利用 MATLAB 中的数据处理、数据转换等功能，此功能提升了 COMSOL 对数据的处理能力，实现了 COMSOL 与不同软件之间的耦合需求。Application Builder 开发平台（简称 APP 开发器）是 COMSOL 中应用最普遍的二次开发方式。现代社会对数值仿真需求日增，但其门槛过高，导致很多有实际需求的用户无法利用数值仿真的便利，在此背景下，COMSOL 公司开发了 APP 开发器。APP 开发器主要功能为封装数值仿真模型，并且高度地定制化开发界面友好的仿真 APP。用户无需了解模型的底层信息，即可在 APP 中轻松修改设置和参数、运行数值仿真分析。APP 开发器中提供了多种 GUI 控件，开发人员通过简单操作即可完成仿真 APP 开发，对于有深度定制需求的用户，APP 开发器支持 JAVA、FORTRAN 及 C 语言代码实现复杂的定制化开发。本书系是在 APP 开发器框架下，完成模型封装、GUI 界面开发的工作，利用 JAVA 代码实现了优化算法等定制化内容。

总之，COMSOL Multiphysics 具有灵活、用途广泛和易用的特点，和其他有限元分析软件相比，它的强大之处在于能够利用附加功能模块，轻松实现软件功能的扩展。具体优点有：

（1）求解多场问题等价为求解方程组。用户只需选择不同专业的偏微分方程，进行任意组合，便可实现多物理场的全耦合分析。

（2）控制任意函数的求解参数。边界条件、材料属性及载荷等均支持参数控制。

（3）强大的网格划分能力和后处理功能。支持多种类型网格划分和移动网格功能，后处理可根据用户的需求对各种曲线、数据、图片等输出与分析。

（4）专业的帮助文档。用户可通过 COMSOL 软件自带的帮助文件自学软件的操作和应用。

第 2 章　渠道冻融计算力学理论基础

2.1　土的冻结与冻胀

土体处于负温环境时，孔隙中部分水冻结成冰将导致土体原有的热学平衡被打破，在温度梯度影响下未冻区水分向冻结锋面迁移并遇冷成冰。与此同时，冻结锋面附近各相成分的受力状态发生变化，土骨架劈裂分离，水分聚集形成冰透镜体。随着冻结锋面推进以及水分进一步迁移和集聚，土体体积逐渐增大，发生冻胀现象。

从工程意义上说，冻结作用对地基土的承载力具有双重影响：一方面，土中液态水变成冰，对土颗粒的胶结加强了土骨架抵抗外荷载的能力；另一方面，水分迁移引起的冻胀变形破坏了土体原有的稳定结构，水分迁移后形成的冰层再融化会加剧土力学性能的弱化，这对于建筑于其上的渠道等建筑物是非常不利的。所以，深入认识和解决土的冻结和冻胀问题具有重要的现实意义。

2.1.1　土冻结过程中的水分迁移

在土-水-气系统中，土体冻结后的水分在空间上的分布不同于冻结前，即使是土体冻结过程中某时刻分布规律也不同于前，把土冻结前后的这一特征称为水分重分布。水分重分布是土体冻结过程中水分迁移的结果，主要表现为土体含水量空间位置上数量的变化。这种变化及其程度，不但发生在冻结区，而且亦表现在非冻土区，这要视水分迁移的外在条件和内在驱动力来定。目前对土冻结过程中水分迁移的研究主要从影响因素和驱动力两方面来研究。

2.1.1.1　水分迁移的主要影响因素

已有研究表明，温度场、初始含水量和土密度、水分补给条件以及土颗粒成分和矿物成分都是影响土冻结过程中水分迁移的主要因素。

1. 温度场

由于温度梯度与冻结速率成正比，所以为了更直观地表达温度对土冻结过程的影响，常以冻结速率的变化来反映温度场的变化。

水分迁移量的大小与冻结锋面推进的快慢有直接关系，而冻结锋面推进的快慢又依赖于冻结速率。冻结速率大时，冻结锋面处的原位水分冻结快，冻结锋面相对稳定时间变短，迁移来的水分的数量难以维持相变所需要的含水量，为了维持相变界面的能量和物质平衡，冻结锋面推进加快，以达到新的平衡。水分迁移相对时间短，迁移量也相对小。冻结速率小时，冻结锋面推进缓慢，相对维持稳定时间场，水分有较足够的时间向冻结锋面处迁移，所以水分迁移量和相变量增大。所以说，在土质和初始含水量一定时，水分迁移的强度主要取决于冻结速率的大小。

2. 初始含水量和土密度

一般而言，在温度、土密度等相同的条件下，初始含水量越大，水分迁移量越大，反之则越小。饱和土体的水分迁移量一般大于非饱和土体的迁移量，这并非含水量的效果，而是两种不同的水分渗析迁移机制所致。

研究表明，初始含水量影响水分的相变作用，从而延缓冻结锋面推进。当冻结速率足够大时，水分尚未迁移就已完成冻结，此时土的初始含水量不论大小如何，对水分迁移影响微弱。又当导水系数趋于0时，即使含水量再大，也不会对水分迁移产生显著影响。总之，只有在系统冻结速率适当的条件下，初始含水量大者冻深发展慢，为水分迁移提供的有效时间增多，迁移水分的积累量增加，客观上表现为初始含水量对水分迁移的作用。

3. 水分补给条件

水分补给条件的好坏对水分迁移极为重要。一般说来，补给的水分有三种主要来源：地下水、地表水和侧向水。

目前，研究最多的是地下水补给的影响。在冻结过程中，地下水不断往冻结锋面迁移，称为开放系统。反之，若地下水埋藏较深，冻结深度远在毛细作用范围之外，无法补充至冻结锋面，称为封闭系统。在开放系统中，足够的迁移水量使冻结锋面推进变缓，水分分布沿垂直方向呈总体增加趋势。在封闭系统中，仅以土体本身原有的水分冻结并向冻结锋面迁移，水分分布沿垂直方向呈总体减小趋势。

4. 土颗粒成分和矿物成分

在一定的温度场、饱和度和水分补给条件下，土颗粒大小和矿物成分对水分迁移也有很大影响。颗粒粒径大于2mm以上土粒，其成分主要为原生矿物砂砾等。此类颗粒因表面吸附能力弱，不具毛细作用，所以在土体冻结过程中，基本无水分迁移作用。颗粒粒径小于0.005mm的黏粒，其矿物成分主要为不可溶次生矿物和高价阳离子吸附基，具有比表面积大，表面吸附能力强，持水性好，但孔隙通道连通性差的特点，其故在密实条件下会给水分迁移和补给造成困难。通过以上分析，不难预测，粉粒黏土是颗粒粒径为2~0.05mm的砂粒土与粒径为0.05~0.005mm的粉黏土混合体，具有砂粒和黏粒两者的特点，其通道连通性较好，毛细作用强，持水性好，所以粉粒黏土是水分迁移最大的土，属于水分聚集、聚冰的最敏感性土类。

2.1.1.2 水分迁移驱动力

水分重分布是水分迁移的结果，而水分迁移又是冻结过程中各种动力势作用下的物质迁移。所以水分迁移的驱动力是探讨水分迁移成冰机理以及研究冻胀以及冻胀力的关键问题之一。

自人们认识到冻胀是水分迁移的结果以来，对水分迁移驱动力方面的研究已有许多，曾先后提出毛细力、液体内部的静压力、结晶力、渗透压力等多种假说，但概括起来，水分迁移的原动力又可归纳为以下四种基本观点：

第一，流体动力学观点。此观点认为，土体冻结过程中，土中黏粒薄膜水不会因为低温完全冻结。液相水在热力梯度作用下，可以利用黏粒间薄膜水通道中从高热能处向低热能处迁移。

第二，物理化学观点。此观点认为，由于矿物颗粒的吸附作用，即结合水层内发生同相内离子交换，异相界面上离子交换吸附；土颗粒表面的水化学作用，使颗粒沿温度梯度方向形成表面势能差，促使吸附的薄膜水运移，以达到新的平衡。

第三，结晶力观点。此观点认为结晶时，在冰-水系统中造成压力梯度，使液相水向冰晶生长方向运移。

第四，构造形成观点。此观点认为，构造形成因素促使表面自由能改变颗粒的凝聚和分散作用，压缩沉陷、团粒结构疏散化等形成薄膜水的结构变化，从而导致水分迁移。

由于冻土系统本身介质和结构的复杂性，人们对水分迁移机理的认识过程非常艰难，使得目前仍然缺乏一种全面合理地解释土冻结过程中水分迁移的理论。在这种情况下，研究者们常依据不同的边界条件，在一定假设的基础上进行试验研究土冻结过程中水分迁移驱动力的问题。目前大概有以下两种理论为大家广为接受。

1. 毛细水迁移机制

毛细水迁移机制假说是最早俄国学者 Штукенберг 在 1885 年提出，该理论认为水在毛细管力作用下，沿着土体裂隙和"冻土孔隙"所形成毛细管向冻结锋面迁移，毛管力的大小取决于土颗粒、冰晶所形成的几何空间形状以及冰、水界面能差值。Everett（1961）以热力学为理论依据，提出在弯曲冰和水表面处毛细力是冰分凝过程中水分迁移的驱动力，并用 Laplace 表面张力方程中的冰、水相应力差表示该驱动力：

$$u_i - u_w = 2\sigma_{iw}/r_{iw} \tag{2.1}$$

式中：u_i、u_w 为冰和未冻水的应力；σ_{iw} 为冰水界面的表面张力；r_{iw} 为冰水界面的曲率半径。

毛细理论认为毛细作用是驱动冻土中水分迁移的源动力，以此为基础的第一冻胀理论曾一度被广泛接受并快速发展。然而，毛细理论无法用来解释新冰透镜体的形成，同时也低估了细粒土中的水分迁移。

2. 薄膜水迁移机制

为了解释冻土中的水分迁移机制，薄膜水迁移理论逐渐发展起来，并逐渐成为解释冻土中水分迁移的主流看法。该理论认为土颗粒表面被水膜包围，冻结打破了土颗粒未冻水-冰系统的平衡，导致了土中薄膜水分布不均匀，使水分从水膜厚的区域向水膜薄的区域迁移。在某一限定条件下冻土中未冻水含量使温度的单值连续函数，所以，按照这一理论，土颗粒周围未冻水膜的厚度可看作是温度的函数。当存在温度梯度时，未冻水将从含量高的区域向含量低的区域迁移，迁移速率由正在冻结和融化土层内的导水系数和未冻水含量梯度或土壤基质势梯度决定。导水系数和未冻水含量的不均匀性将引起正冻土中水分迁移速率的不均匀，从而引起未冻水在某一区域积累并冻结形成冰透镜体。基于薄膜水理论提出了土冻结过程中的第二冻胀理论，认为冰透镜体暖端与冻结锋面之间存在冻结缘，冻结缘内只存在孔隙水的原位冻结。目前，发表的很多文献中，有关薄膜水迁移和冰透镜体形成的说法基本相同，均认为土冻结过程中冻结缘的存在才构成土体的冻胀。

2.1.2 土中水冻结时的成冰作用与冷生构造

2.1.2.1 土冻结的物理过程

土的冻结实际上是指土中液态或气态水相变成冰的过程。在这一过程中，受到外力和内应力的共同作用，冰晶或者冰层与矿物颗粒在空间上的排列和组合形态各不相同，这样就构成了冻土不同的冷生构造。冻土的冷生构造不同，反映了其在冻结过程中所经历的由温度所引起的力的作用过程不同。一般说来，土在冻结时，同时进行着三个物理过程，即收缩-膨胀、吸水-脱水以及压密过程，这三个过程的共同作用导致土经历复杂的应力和变形历史。

1. 收缩-膨胀

土冻结时尽管土柱在宏观上表现为膨胀变形，但在土柱内仍存在复杂的收缩和膨胀过程。随着冻结锋面的移动：一方面，由于水不断相变成孔隙冰使土发生膨胀；另一方面，未冻区以及已冻区中的随着土体脱湿、有效应力增大而不断收缩。

2. 吸水-脱水

土冻结过程中，以土中部分水变成冰，其余水仍然保持未冻状态。冻土中的未冻水与负温保持动态平衡关系。由于冻土中已冻区未冻水的势能要比未冻区水的势能低，冻土中发生未冻土中水向冻结锋面迁移和已冻区未冻水向温度更低区域迁移的现象，由此产生了吸水和脱水的过程。

3. 压密

研究表明，与试验前土柱的干密度相比，试验后未冻土段的干密度均增大，冻土段的干密度均减小。未冻土段的干密度增大是由于未冻土段土受到冻土段冻胀挤压的结果；而冻土段的干密度减小是由于冻土段吸水形成冰透镜体的结果，但冰晶体的形成必然要排开土颗粒，增大土颗粒的间隙。所以未冻土段和冻土段中的土颗粒都受到冻胀力的挤压而产生压密过程。

2.1.2.2 土冻结后的冷生构造

通过对单向冻结条件下形成的冻土构造纵剖面进行分析，大家认为，冻土构造的纵剖面一般可分为四个带：整体状构造带、纤维状构造带、微薄层状构造带和整体状构造带，它们分别与水分的原位冻结带、分凝冻结带和冻结缘带相对应。

1. 整体状构造带

在该层内，肉眼基本上看不到冰晶。

2. 纤维状构造带

该层冰厚一般为 0.2~0.5mm，冰片密度分布。

3. 微薄层状构造带

在该带内自下而上，冰层逐渐增厚，从 1mm 至 3~5mm，冰层间距逐渐增大，从 3mm 增至 5mm，水平方向的连续性也逐渐增大。

4. 整体状构造带

整体状构造带位于冻结锋面与分凝冰层之间，即冻结缘带范围。在该层可见极少量乳白色粒雪状冰晶。所谓冻结缘是指冰透镜体和冻结锋面之间的区域，具有部分冻结、低含水量、低导湿率和无冻胀性特点。

对冻土横向构造剖面的分析表明,由于水平冰透镜体和垂向冰脉的综合作用,冻土的横向构造剖面,均呈多边形形态,其中以六边形和不规则四边形为主,且由下往上单个多边形的直径、面积增大、冰脉增厚。从总体来看,原为均匀整体状的土体,经过冻结后,由于水平冰层和垂直冰脉的切割作用而形成团块状,团块以与冻结相同的方向自小变大。

2.1.2.3 冻土冷生构造的影响因素

土、水、温度、盐分和力是影响冻土冷生构造的主要因素。其中土主要指土颗粒的矿物成分、粒径、水理、热学、力学和物理化学性质;水主要指土中水的含量及补给状况;温度主要指温度高低和时空变化;盐分指易溶盐的成分和含量;力主要指荷载大小、快慢和方向等。这些因素的组合影响了冻土的成冰方式和冷生构造。

2.1.3 土的冻胀模型

土体冻胀现象的试验及理论研究已有半个多世纪的历史。早期较为系统地研究可以追溯到 20 世纪 60—70 年代。在这一阶段,以试验模型和已建立水热耦合模型和数值模型为主。但由于对冻胀机理的认识相对有限,所建立的理论模型还无法与工程实践结合起来,也难以应用于实际工程。但自 80 年代以后,随着人们对冻胀现象物理本质理解的不断加深和计算机计算容量的加大,理论模型在工程实践中的适用性逐渐成为人们建立模型考虑的重点因素。为此,基于不同边界条件的假设,提出了具有一定实际应用价值的刚性冰模型、分凝势模型及水热力模型等理论。

2.1.3.1 水动力学模型

第一个水动力模型是在 20 世纪 70 年代初,由 Harlan 提出的关于正冻土的水热输运模型。该模型基于非饱和土中水分输运与部分冻结土中未冻水迁移的相似性,引入了"视热容量"的概念用来考虑相变潜热,并考虑了水分、对流、传热的影响。该模型虽然较好地预报了土冻胀过程中的水分迁移速率,却不能预报冻胀。随后一些学者在进行冻胀预报计算前,对冻胀发生的判据进行了探讨;如认为冰和水的总体积含量超过土孔隙率时土体将发生冻胀,又有人认为当体积含冰量大于孔隙度的 85% 时发生冻胀。1980 年,Guymon 等对 Harlan 模型做了改进,通过计算热量的变化,认为在很小的时间步长上,热量变化等于冰水相变潜热、冰的温度变化产生的热量变化和通过土体热传导而导致的热量变化三者之和。只有当热量的变化为正,即有热量多余时,才发生水向冰的转变,这样就可以预测冰分凝的位置并预报冻胀量。这个模型是对 Harlan 模型最有力的发展,用它模拟出来的零度等温线位置以及总体冻胀量与实验室实测结果非常接近。

2.1.3.2 刚性冰模型

1972 年 Miller 提出第二冻胀理论,认为在冻结锋面和最暖冰透镜体底面之间存在一个低含水量、低导湿率和无冻胀的区域,即冻结缘。1985 年,Neil 等据此提出刚性冰模型,该模型认为土体内应力 σ 主要由土颗粒骨架承担的应力 σ_s 和总孔隙应力 σ_n 组成 $\sigma=\sigma_s+\sigma_n$,而总孔隙应力由孔隙水压力 u_w 和孔隙冰压力 u_i 组成,他们之间的关系也类似"有效应力原理",$\sigma_n=\chi u_w+(1-\chi)u_i$($\chi$ 为权重因子)。该模型建立在以下假设基础之上:①孔隙冰是否承担全部应力是判断冻结缘处冰透镜体初始形成(即冰分凝)的判据;②假设冻结缘中的孔隙冰与正生长的冰透镜体的接触是刚性接触,当冻胀发生时,孔隙冰能通过微观的复冰过程移动，所以冻胀速率与刚性冰的移动速率相等。然而，该理论涉及物理参数较多，以后的工作多是对其进行简化，以及在实际工程中的应用探讨。

2.1.3.3 分凝势模型

20 世纪 80 年代，与刚性冰模型并驾齐驱的还有分凝势模型。Konrad 和 Morgenstern（1981）发现正冻土中最终形成冰透镜体的水分迁移速率和冻结缘内温度梯度存在很好的线性关系，并将其比值定义为分凝势。在给定的土质和冻结条件下，冻结锋面处的冻结吸力是一个恒定常数，从而分凝势也是常数。根据相平衡热力学原理，当冻结缘内能量足以发生相变时，冰透镜体生长，而当应变达到已冻土拉伸破坏应变时，新的冰透镜体形成。他们随后开展了大量工作，研究了冻结方式、冻结速率、冻融循环和外荷载等对冻胀特性的影响。然而，该理论适用于温度梯度已知的稳定热状态条件，对于非稳定情况并不适用。

2.1.3.4 热力学模型

20 世纪 80 年代末，有学者在质量、动量、能量和熵增平衡定律基础上，假定冻胀过程处于局部平衡状态，进而选择自由能和耗散势的适合表达式，导出适用于多孔介质的热力学模型。该模型能描述由孔隙水冻结、孔隙水和能量迁移及冻胀引起的吸力。该类模型的共同点是只用热力学理论描述冻胀机理，尚未用于解决实际工程问题。

2.1.3.5 水热力模型

在描述土冻胀过程的力学行为方面，许多学者尝试在原水热模型基础上进行研究，考虑外荷载的作用提出了水热力模型。这些模型将外荷载仅作为影响冻胀一个因子，未考虑加载、冻胀和蠕变引起的应力场变化。譬如，Shen 等（1987）在 Harlan 模型基础上，视冻胀变形为体积应变，与蠕变变形一起作为总应变的组成部分，将水热模型与力学模型联系起来。除此之外，一些学者还从连续介质力学、热力学等理论出发推导出土冻胀过程中的水-热-力耦合模型。

2.2 多孔介质热方程

2.2.1 基本假设

对于冻结过程土体水-热-力耦合问题，普遍采用 Harlan 模型，并对实际问题作以下简化：

（1）土体中的土颗粒、水及冰晶体均为不可压缩材料。

（2）土体各相处于局部热平衡状态，即土体同一点上各相的温度相同。

（3）水汽相变潜热、对流传热通量和导热通量与液态水相变潜热相比可忽略不计。

（4）冻融过程中土体水分的迁移以液态形式进行，水汽迁移忽略不计。

（5）融土、正冻土、已冻土水分迁移均服从达西定律。

（6）忽略冰-水相变中冰的作用，冻土中的未冻水含量与土体负温处于动态平衡之中。

（7）土-水特征曲线不随冻结过程变化。

（8）无溶质迁移。

2.2.2 冻土中的热流及基本方程

冻土中的热流分析属于相变导热问题（Stefan 问题），是传热学中比较困难的一类问题，迄今为止仅有在初始、边界条件非常简单的条件下才能得到解析解。与其他介质相比，土体的冻融过程更为复杂。其一，冻土中的未冻水总是与负温处于动平衡状态，冻结温度随未冻水含量的减少逐渐降低，土体的冻结现象在温度小于冻结温度范围内均可发生，简而言之，相变可发生在整个冻土层；而一般介质的相变只存在一个固定相变温度或有限的相变温度范围，具有比较明显的相变界面或相变区域。其二，土体中的水分冻结，不仅包括由于温度下降引起的原位水冻结，而且包含在基质势梯度驱动下，水分从未冻土区（亦称融土区）向冻土区迁移并产生的分凝冻结。原位水冻结和分凝冻结所伴随的潜热对流交换对土体内部的能量守恒具有重要的影响。

广泛用于热传导分析的 Fourier 方程为

$$\boldsymbol{q}_h = -\lambda \nabla T \tag{2.2}$$

式中：T 为温度，K；∇T 为温度梯度，K/m；λ 为热导率，W/(m·K)；$\boldsymbol{q}_h$ 为热通量，即单位时间内通过单位面积的热量，W/m²。

在直角坐标系下，取边长为 Δx、Δy、Δz 的土体单元体，则 Δt 时间内单元体流入-流出的热量差为

$$-\left(\frac{\partial q_{hx}}{\partial x} + \frac{\partial q_{hy}}{\partial y} + \frac{\partial q_{hz}}{\partial z}\right)\Delta x \Delta y \Delta z \tag{2.3}$$

式中：q_{hx}、q_{hy} 及 q_{hz} 分别为沿 x、y 及 z 方向的热通量，W/m²。同时在 Δt 时间内单元体的热量增加为

$$C_v \frac{\partial T}{\partial t} \Delta x \Delta y \Delta z \tag{2.4}$$

根据能量守恒原理，可以得到无相变时土体热流连续方程

$$C_v \frac{\partial T}{\partial t} = -\left(\frac{\partial q_{hx}}{\partial x} + \frac{\partial q_{hy}}{\partial y} + \frac{\partial q_{hz}}{\partial z}\right) \tag{2.5}$$

将热传导方程式（2.2）与式（2.5）联立，得到土体热流基本方程

$$C_v \frac{\partial T}{\partial t} = \frac{\partial}{\partial x}\left(\lambda_x \frac{\partial T}{\partial x}\right) + \frac{\partial}{\partial y}\left(\lambda_y \frac{\partial T}{\partial y}\right) + \frac{\partial}{\partial z}\left(\lambda_z \frac{\partial T}{\partial z}\right) \tag{2.6}$$

当土体温度达到负温导致水分结冰时，将相变潜热作为内热源的热传导方程为

$$C_v \frac{\partial T}{\partial t} = \frac{\partial}{\partial x}\left(\lambda_x \frac{\partial T}{\partial x}\right) + \frac{\partial}{\partial y}\left(\lambda_y \frac{\partial T}{\partial y}\right) + \frac{\partial}{\partial z}\left(\lambda_z \frac{\partial T}{\partial z}\right) + L_f \rho_i \frac{\partial \theta_i}{\partial t} \tag{2.7}$$

式中：C_v 为土体的体积比热容，J/(m³·K)；λ_x、λ_y、λ_z 分别为沿 x、y、z 方向的热导率，W/(m·K)；L_f 为水-冰相变潜热，J/kg；ρ_i 为冰密度，kg/m³；θ_i 为体积含冰率。

2.3 多孔介质渗流方程

Darcy 定律表明，饱和多孔介质中液体的水流通量 **q** 或排水速度 **v** 与水头梯度成正比

例关系

$$\mathbf{q}(\text{or }\mathbf{v}) = -k_s \nabla h_t \tag{2.8}$$

式中：$\mathbf{v}$ 为土体中的排水速度，m/s；∇h_t 为水力梯度，k_s 称饱和渗透系数或导水率，m/s；负号表示液体流动遵循热力学第二定律，水分从水头高处自发地向水头低处流动，亦即水流方向和水力梯度方向相反。

对于水在非饱和土中的流动，Richards 指出其运动规律和饱和土的水运动规律一样，并将 Darcy 定律引入到非饱和土水的流动，即

$$\mathbf{q} = -k(h_m)\nabla h_t \quad \text{or} \quad \mathbf{q} = -k(\theta_w)\nabla h_t \tag{2.9}$$

需要说明，式（2.8）和式（2.9）虽然表达式一样，但土水势和渗透系数的含义却不同。对于饱和土而言，土水势 h_t 是重力势 h_g 和压力势 h_p 之和；而对于非饱和土，土水势 h_t 则是重力势 h_g 和基质势 h_m 之和，后者取决于土体的湿度。

与热传导方程的推导过程类似，可以得到土体内水分运动的连续方程

$$\frac{\partial \theta_w}{\partial t} = -\nabla \cdot \mathbf{q} = -\left(\frac{\partial q_x}{\partial x} + \frac{\partial q_y}{\partial y} + \frac{\partial q_z}{\partial z}\right) \tag{2.10}$$

对于饱和土而言，由于孔隙完全被水充满，所以含水率将不随时间变化

$$\frac{\partial \theta_w}{\partial t} = 0 \tag{2.11}$$

此式（2.9）可写成

$$\nabla^2 h_t = 0 \tag{2.12}$$

而对非饱和土而言，可联立式（2.9）与式（2.10）得到非饱和土水运动基本方程，也称混合型 Richards 方程

$$\frac{\partial \theta_w}{\partial t} = \nabla \cdot [k(h_w)\nabla(h_m + h_g)] \tag{2.13}$$

该方程包含两个变量 θ_w 和 h_m，需要附加一个反映 θ_w 和 h_m 关系的土水特征曲线（SWCC）

$$\theta_w = \theta(h_m) \tag{2.14}$$

对土水特征曲线方程进行复合求导

$$\frac{\partial \theta_w}{\partial (\ )} = \frac{d\theta_w}{dh_m}\frac{\partial h_m}{\partial (\ )} \quad \text{or} \quad \frac{\partial h_m}{\partial (\ )} = \frac{dh_m}{d\theta_w}\frac{\partial \theta_w}{\partial (\ )} \tag{2.15}$$

令非饱和土水的比水容量 $C = d\theta_w/dh_m$、扩散率 $D = k/C$；且取 y 轴为竖直方向（向上为正），即重力势 $h_g = y$。联立式（2.13）消除 h_m，即为含水率型 Richards 方程

$$\frac{\partial \theta_w}{\partial t} = \nabla \cdot [D(\theta_w)\nabla \theta_w] + \frac{\partial k(\theta_w)}{\partial y} \tag{2.16}$$

同样地，将式（2.15）代入式（2.13）消除 θ_w，即可得到水头型的 Richards 方程

$$C(h_m)\frac{\partial h_m}{\partial t} = \nabla \cdot [k(h_m)\nabla(h_m + y)] \tag{2.17}$$

需要指出，比水容量 C 在土体饱和情况下等于 0，亦即当基质势 h_m 用压力势 h_p 代替时，方程仍然成立。说明水头型的 Richards 方程不仅适用于非饱和土，也可用于饱和土

的水流动分析。故一般把基质势 h_m 和压力势 h_p 统一用 h 表示，建立饱和-非饱和土的水分运动基本方程。

$$C(h)\frac{\partial h}{\partial t}=\nabla\cdot[k(h)\nabla(h+y)] \tag{2.18}$$

含水率型 Richards 方程（以下简称 θ 型方程）和水头型 Richards 方程（以下简称 h 型方程）都是目前数值计算中广泛用于描述土体水运动的偏微分方程形式，但二者有不同的特点和适用范围。θ 型方程式（2.16）中引入的扩散率 D，是数学上的处理，方程求解比较方便；但当土体饱和时 $D=0$，引起方程的求解奇异，而且会出现分层土间的土水势不连续情况，不符合土体水分流动的本质，故 θ 型方程只能用于均质非饱和土体渗流分析。而 h 型方程式（2.18）可以弥补 θ 型方程的不足，既可用于分层土体水分运动，也可用于饱和-非饱和土流动等问题，是数值分析，尤其是有限元中比较常用的一种表达形式；但采用有限差分或有限元法离散后计算结果不易满足水量平衡关系。通过数值试验发现，对于一般的冻土而言，通过减小网格尺寸和求解时间步可以有效弥补水量不平衡的缺点。考虑到寒区工程冻害案例中，高地下水位普遍存在，因此研究饱和-非饱和土的冻结过程显得尤为重要，故本书以 h 型方程为基础来描述冻土的水分迁移规律。

通过试验注意到，冻土在冻结过程中未冻水饱和度随负温的变化与土体脱水现象相似。因此，可以认为冻土中水分运动规律与非饱和土水运动规律类似，建立含有相变项的水头型 Richards 方程

$$C(h)\frac{\partial h}{\partial t}=\nabla\cdot[k(h)\nabla(h+y)]-\frac{\rho_i}{\rho_w}\frac{\partial \theta_i}{\partial t} \tag{2.19}$$

式中：ρ_w、ρ_i 分别为水、冰密度，kg/m^3；θ_i 为体积含冰率。

2.4 联系方程

上述式（2.7）及式（2.19）构成土体冻融过程中的水-热迁移基本方程，但两个方程存在 3 个未知变量，分别为 T、h 和 θ_i，因此需要补充一个联系方程才能进行求解。目前，在冻土学科中，常通过建立未冻水含量 θ_u 与温度 T 之间的关系作为联系方程，亦称土冻结曲线（Soil Freezing Curve，SFC）。

早在 1945 年，著名的俄国冻土专家 Цытович 就阐明了在冻土中所含的未冻水和冰的数量、成分及性质，不是固定不变的，而是随外界条件而变化，并与后者处于动力平衡之中。这一关系被后来学者称之为冻土中水与冰的动平衡原理，或称为土体冻结特征曲线。其揭示了冻土在外界压力不变时，未冻水含量是温度的函数

$$\theta_u \leqslant \theta_{max}(T) \tag{2.20}$$

式中：$\theta_{max}(T)$ 为相应土体负温度 T 下可能的最大未冻水含量，且当冻土（$\theta_i>0$）时式（2.20）取等号。事实上，土体持水特性具有滞后效应，表现为不同初始含水率及不同冻融过程，冻土的未冻水含量与负温关系曲线并非单值。根据大量室内试验指出，同一种土，在负温一定时，不同条件下的未冻水含量差别不大。因此本书使用的联系方程均假设为单值函数。目前，联系方程的表达形式很多，其应用也比较灵活。

综上分析，通过联立式（2.7）、式（2.19）及式（2.20），即构成用于求解饱和-非饱和冻土水热耦合的基本方程。而实际工程中，研究冻土的主要目的之一是分析冻土冻结、融化过程中冻土与建筑物的相互作用问题。因此，除了需要了解基土的冻深分布及水分重分布规律外，还需要分析由于冰积聚引起的基土冻胀变形，继而研究建筑物的受力变形特性。

2.5 冻土力学本构

视冻土为弹性体，则其满足静力平衡微分方程、物理方程、几何方程，对于各向同性材料则有：

静力平衡微分方程

$$\mathbf{L}\boldsymbol{\sigma} + \mathbf{f} = 0 \tag{2.21}$$

物理方程

$$\boldsymbol{\sigma} = \mathbf{D}\boldsymbol{\varepsilon}_{el} = \mathbf{D}(\boldsymbol{\varepsilon} - \boldsymbol{\varepsilon}_{vh} - \boldsymbol{\varepsilon}_{p}) \tag{2.22}$$

几何方程

$$\boldsymbol{\varepsilon} = \mathbf{L}\mathbf{u} \tag{2.23}$$

其中：

$$\mathbf{u} = [u_x, u_y, u_s]^T \quad \mathbf{f} = [f_x, f_y, f_s]^T \quad \boldsymbol{\sigma} = [\sigma_x, \sigma_y, \sigma_s, \tau_{xy}, \tau_{yz}, \tau_{zx}]^T$$

$$\boldsymbol{\varepsilon} = [\varepsilon_x, \varepsilon_y, \varepsilon_z, \gamma_{xy}, \gamma_{yz}, \gamma_{zx}]^T \quad \boldsymbol{\varepsilon}_{vh} = [\varepsilon_{vhx}, \varepsilon_{vhy}, \varepsilon_{vhz}, 0, 0, 0]^T$$

$$\mathbf{D} = \frac{E}{(1+v)(1-2v)} \begin{bmatrix} 1-v & v & v & & & \\ & 1-v & v & & \mathbf{0} & \\ & & 1-v & & & \\ & & & 0.5-v & & \\ & \text{sym} & & & 0.5-v & \\ & & & & & 0.5-v \end{bmatrix}$$

$$\mathbf{L} = \begin{bmatrix} \dfrac{\partial}{\partial x} & 0 & 0 & \dfrac{\partial}{\partial y} & 0 & \dfrac{\partial}{\partial z} \\ 0 & \dfrac{\partial}{\partial y} & 0 & \dfrac{\partial}{\partial x} & \dfrac{\partial}{\partial z} & 0 \\ 0 & 0 & \dfrac{\partial}{\partial z} & 0 & \dfrac{\partial}{\partial y} & \dfrac{\partial}{\partial x} \end{bmatrix}^T$$

其中，ε_{vh} 为水-冰相变引起的体积应变张量，其表示当水、冰体积大于原孔隙体积时，引起的体积应变。

$$\varepsilon_{vhx} + \varepsilon_{vhy} + \varepsilon_{vhz} = \begin{cases} 0, & \theta_w + \theta_i < n_0 \\ \theta_w + \theta_i - n_0, & \theta_w + \theta_i \geqslant n_0 \end{cases} \tag{2.24}$$

式中：θ_w、θ_i 及 n_0 分别为土体的体积含水率、体积含冰率及初始孔隙率。

需要说明：式（2.24）左式为 x、y、z 三个方向体应变分量之和，各分量不一定相等，其原因是冻土在冰透镜体分凝后常出现正交各向异性特性，即冻土冻胀过程中，其冻胀率和力学指标均与温度梯度方向有关。本书将在后续章节对此进行详细讨论。此外，不同冷生构造冻土其塑性本构亦有所区别。

至此，通过联立式（2.7）、式（2.19）～式（2.24），加上相应的边界条件，即构成了冻土水-热-力三场耦合理论框架。

2.6　本章小结

本章较为详细地推导了基于土壤水力学的冻土水-热-力三场耦合基本理论框架，为后续的水-热-力参数确定、冻土材料正交各向异性特性、衬砌结构-冻土接触面等模型修正及后续的数值模型建立提供理论基础支撑。

第3章 渠道冻融计算力学基本数值方法

第2章推导了计算渠道冻融过程的控制方程组。这些方程以偏微分方程为主，辅以函数曲线和不等式判断条件，对其直接求解存在很大的困难，为此需要采用数值方法计算其近似解。构成渠道冻融计算控制方程组的水分迁移方程、传热方程和本构方程求解可以看作是 Laplace 偏微分方程的边值问题，通过有限元数值方法能够实现其数值求解。

3.1 有限元理论

3.1.1 有限元基本原理

有限元分析（Finite Element Analysis，FEA）的基本概念是用较简单的问题代替复杂问题后再求解。对于传质、传热、力学等工程问题所建立的偏微分方程，首先建立求解变量的场函数的泛函积分方程，而积分区域和被积函数可能都是很复杂，只能寻求逼近解。如果在整个区域 Ω 上取逼近函数，对于区域内变化复杂的函数，逼近解不容易实现误差最小，而在小的子区域内用简单函数插值逼近则容易达到目的，这就是有限元的思想。

将积分区域 Ω 划分为有限个小的区域 $\delta\Omega_i$，称为单元。在单元的边界上安排有限个节点，单元间靠节点相联系。在每个单元上，对场函数 u 进行插值，并以节点未知函数值表示插值函数，要求单元插值函数在相同的节点上保持一致，即有限元离散。因为在小的单元中，函数的变化相对简单，因此可以选择简单的多项式作为插值函数。单元的形状和节点的安排与插值函数的形式要相匹配，再采用矩阵运算方法来实现节点未知量的求解。

为更好理解与应用有限元方法，简要介绍实际应用过程中基本的术语。

(1) 单元。求解域划分的子区域。要求划分的单元不重叠，且连续区域无裂缝。单元分内部单元和边界单元。单元边界可以是直线、曲线，故适应比较复杂的区域形状问题。常用单元有线单元，适用于平面应变问题的渠道衬砌结构；三角形单元，适用于平面应变问题的渠道基土内的传热与传质计算划分；四边形单元，适用于形状规则的平面应变问题渠道几何体；四面体单元，适用于三维渠道基土模型的任意形状划分；六面体单元，适用于三维规则几何模型剖分。

(2) 节点。安排在单元上的一些特殊点，赋予求解变量的值，一般取单元的边界和角点，特殊要求时也可取在单元内部特定位置上。节点位置由节点坐标决定。节点分为内部节点与边界节点，边界节点连接不同单元，一个节点影响与其连接的所有单元的合区域。

(3) 自由度。节点自由度是指节点上赋予的求解变量的个数，在渠道冻融计算中涉及含水量、含冰量、温度和位移四个自由度；单元自由度是指单元上节点自由度的和；整体自由度是指区域所有节点自由度的总和。

（4）节点参量。节点参量包括节点坐标，又分以单元形状、位置为参考的局部坐标和以整体区域为参考的整体坐标；节点未知量，构成节点求解变量的向量；节点已知量，一般为节点的边界条件确定的已知量，包括力、热流密度、流量等。

（5）插值函数。在单元上用来代替未知物理量场的函数。一般采用多项式作为插值函数。多项式可以认为是函数的 Taylor 级数展开的近似形式，可以用来近似表达各种函数。多项式的阶数与单元节点数匹配。

（6）协调单元。当插值函数能保证各单元相同节点上的函数值一致时为协调单元，若能保证节点的导数值也一致则为高次协调单。采用协调单元是保证有限元计算收敛的有效方法。

（7）等参数单元。如果单元的函数插值与坐标变换采用同一类型的函数时称为等参数单元。等参数单元也是一种协调元。

（8）刚度矩阵。有限元中刚度是一种广义的刚度概念，是指联系未知量和已知向量的系数矩阵。对于未知向量是位移、已知向量为力的情况，矩阵元素具有刚度的物理意义。

3.1.2 有限元理论基础

有限元方法的基础是变分原理和加权余量法，其基本求解思想是把计算域划分为有限个互不重叠的单元，在每个单元内，选择一些合适的节点作为求解函数的插值点，将微分方程中的变量改写成由各变量或其导数的节点值与所选用的插值函数组成的线性表达式，借助于变分原理或加权余量法，将微分方程离散求解。采用不同的权函数和插值函数形式，便构成不同的有限元方法。

3.1.2.1 加权余量法

加权余量法（Weighted residual method，WRM）是指采用使余量的加权函数为 0，求得微分方程近似解的方法。该方法是一种直接从所需求解的微分方程及边界条件出发，寻求边值问题近似解的数学方法。加权余量法是求解微分方程近似解的一种有效的方法。

设问题的控制微分方程为

在 V 域内 $\qquad L(u) - f = 0 \qquad$ (3.1)

在 S 边界上 $\qquad B(u) - g = 0 \qquad$ (3.2)

式中：L、B 为微分方程和边界条件中的微分算子；f、g 为与未知函数 u 无关的已知函数域值；u 为问题待求的未知函数。

当利用加权余量法求近似解时，首先在求解域上建立一个试函数 W，一般具有如下形式，即

$$W = \sum_{i=1}^{n} C_i N_i = NC \qquad (3.3)$$

式中：C_i 为待定系数，也可称为广义坐标；N_i 为取自完备函数集的线性无关的基函数。

由于 W 一般只是待求函数 u 的近似解，因此将式（3.3）代入式（3.1）和式（3.2）后将得不到满足。若记为

在 V 域内 $\qquad R_I = L(W) - f$

在 S 边界上 $\qquad R_B = B(W) - g$ (3.4)

显然，R_I、R_B 反映了试函数与真实解之间的偏差，分别称为内部和边界余量。

若在域 V 内引入内部权函数 W_I，在边界 S 上引入边界权函数 W_B，则可建立 n 个消除余量的条件。一般可表示为

$$\int_V W_{Ii} R_I \mathrm{d}V + \int_S W_{Bi} R_B \mathrm{d}S = 0 \quad (i = 1, 2, \cdots, n) \tag{3.5}$$

不同的权函数 W_{Ii} 和 W_{Bi} 反映了不同的消除余量的准则。从式（3.5）可以看到求解待定系数矩阵 C 的代数方程组。一经解得待定系数，由式（3.3）即可得所需求解边值问题的近似解。

由于试函数 W 的不同，余量 R_B 和 R_I 可有如下三种情况，依此加权余量法可分为

（1）内部法。试函数满足边界条件，也即 $R_B = B(W) - g = 0$，此时消除的条件为

$$\int_V W_{Ii} R_I \mathrm{d}V = 0 \quad (i = 1, 2, \cdots, n) \tag{3.6}$$

（2）边界法。试函数满足控制方程，也即 $R_B = L(W) - f = 0$，此时消除余量的条件为

$$\int_S W_{Bi} R_B \mathrm{d}S = 0 \quad (i = 1, 2, \cdots, n) \tag{3.7}$$

（3）混合法。试函数不满足控制方程和边界条件，此时用式（3.5）来消除余量。

混合法对于试函数的选取最方便，但在相同精度条件下，工作量最大。对内部法和边界法必须使基函数事先满足一定条件，这对复杂结构分析往往有一定困难，但试函数一经建立，其工作量较小。

无论采用何种方法，在建立试函数时均应注意以下几点：

（1）试函数应由完备函数集的子集构成。已被采用过的试函数有幂级数、三角级数、样条函数、贝塞尔函数、切比雪夫和勒让德多项式等。

（2）试函数应具有直到比消除余量的加权积分表达式中最高阶导数低一阶的导数连续性。

（3）试函数应与问题的解析解或问题的特解相关联。若计算问题具有对称性，应充分利用它。

显然，任何独立的完全函数集都可以作为权函数。按照对权函数的不同选择得到不同的加权余量计算方法，主要有配点法、子域法、最小二乘法、力矩法和伽辽金法。其中伽辽金法的精度最高。

下面以内部法为例，介绍按加权函数分类时的五种基本方法。对内部法来说，消除余量的统一格式为

$$\int_V W_{Ii} R_I \mathrm{d}V = 0 \tag{3.8}$$

（1）子域法（Subdomain Method）。此法首先将求解域 V 划分成 n 个子域 V_i，在每个子域内令权函数等于 1，而在子域之外取权函数为 0，也即

$$W_{Ii} = \begin{cases} 1 & V_i \text{内} \\ 0 & V_i \text{外} \end{cases} \tag{3.9}$$

如果在各个子域里分别选取试函数，那么它的求解在形式上将类似于有限元法。

（2）配点法（Collocation Method）。子域法是令余量在一个子域上的总和为0。而配点法是使余量在指定的n个点上等于0，这些点称为配点。此法的权函数，它的定义为

$$W_{Ii} = \delta(P - Pi) \tag{3.10}$$

式中：P、Pi为求解域内任一点和配点。

由于此法只在配点上保证余量为0，因此不需要作积分计算，所以是最简单的加权余量法。

（3）最小二乘法（Least Square Metliod）。本法通过使在整个求解域上余量的平方和取极小来建立消除余量的条件。

（4）伽辽金法（Gaklkm Method）。本法是使余量与每一个基函数正交，即以基函数作为权函数$W_{Ii} = N_i$，当试函数W包含整个完备函数集时，用本法必可求得精确解。

（5）矩法（Method of Moment）。本法与伽辽金法相似，也是用完备函数集作权函数。但本法的权函数与伽辽金法又有区别，它与试函数无关。

这五种基本方法在待定系数足够多（称为高阶近似）时，其精度彼此相近。但对低阶近似（n较小）情况下，后三种的精度要高于前两种。

3.1.2.2 虚功原理-平衡方程和几何方程的等效积分"弱"形式

虚功原理包含虚位移原理和虚应力原理，是虚位移原理和虚应力原理的总称，可以认为是与某些控制方程相等效的积分"弱"形式。虚功原理指变形体中任意满足平衡的力系在任意满足协调条件的变形状态上作的虚功等于0，即体系外力的虚功与内力的虚功之和等于0。

虚位移原理是平衡方程和力的边界条件的等效积分的"弱"形式，虚应力原理是几何方程和位移边界条件的等效积分"弱"形式。

虚位移原理的力学意义：如果力系是平衡的，则它们在虚位移和虚应变上所做的功的总和为0。反之，如果力系在虚位移（及虚应变）上所做的功的和等于0，则它们一定满足平衡方程。所以，虚位移原理表述了力系平衡的必要而充分条件。一般而言，虚位移原理不仅可以适用于线弹性问题，而且可以用于非线性弹性及弹塑性等非线性问题。

虚应力原理的力学意义：如果位移是协调的，则虚应力和虚边界约束反力在它们上面所做的功的总和为0。反之，如果上述虚力系在它们上面所做的功的和为0，则它们一定是满足协调的。所以，虚应力原理表述了位移协调的必要而充分条件。虚应力原理可以应用于线弹性以及非线性弹性等不同的力学问题。但是必须指出，无论是虚位移原理还是虚应力原理，所依赖的几何方程和平衡方程都是基于小变形理论的，他们不能直接应用于基于大变形理论的力学问题。

3.1.3 最小总势能法

应变能：作用在物体上的外载荷会引起物体变形，变形期间外力所做的功以弹性能的形式储存在物体中，即为应变能。

由n个单元和m个节点组成的物体的总势能为总应变能，其和外力所做功的差为

$$\Pi = \sum_{c=1}^{n} \Lambda^{(e)} - \sum_{i=1}^{m} F_i u_i \tag{3.11}$$

最小势能原理：对于一个稳定的系统，相对于平衡位置发生的位移总会使系统的总势能最小，即

$$\frac{\partial \Pi}{\partial u_i} = \frac{\partial}{\partial u_i} \sum_{i=1}^{m} F_i u_i = 0 \quad (i=1,2,3,\cdots,n) \tag{3.12}$$

3.1.4 有限元法的收敛性

有限元法是一种数值分析方法，因此应考虑收敛性问题。有限元法的收敛性是指：当网格逐渐加密时，有限元解答越趋近于精确解；或者当单元尺寸固定时，每个单元的自由度数越多，有限元的解答就越趋近于精确解。

有限元的收敛条件包括如下四个方面：

(1) 在单元内，位移函数必须连续。多项式是单值连续函数，因此选择多项式作为位移函数，在单元内的连续性能够保证。

(2) 在单元内，位移函数必须包括常应变项。每个单元的应变状态总可以分解为不依赖于单元内各点位置的常应变和由各点位置决定的变量应变。当单元的尺寸足够小时，单元中各点的应变趋于相等，单元的变形比较均匀，因而常应变就成为应变的主要部分。为反映单元的变状态，单元位移函数必须包括常应变项。

(3) 在单元内，位移函数必须包括刚体位移项。一般情况下，单元内任一点的位移包括形变位移和刚体位移两部分。形变位移与物体形状及体积的改变相联系，因而产生应变；刚体位移只改变物体位置，不改变物体的形状和体积，即刚体位移是不产生变形的位移。空间一个物体包括三个平动位移和三个转动位移，共有六个刚体位移分量。由于一个单元牵连在另一些单元上，其他单元发生变形时必将带动单元做刚体位移。因此，为模拟一个单元的真实位移，假定的单元位移函数必须包括刚体位移项。

(4) 位移函数在相邻单元的公共边界上必须协调。对一般单元而言，协调性是指相邻单元在公共节点处有相同的位移，而且沿单元边界也相同的位移。也就是说，要保证不发生单元的相互脱离开裂和相互侵入重叠。要做到这一点，就要求函数在公共边界上能由公共节点的函数值唯一确定。对一般单元，协调性保证了相邻单元边界位移的连续性。但是，在板壳的相邻单元之间，还要求位移的一阶导数连续，只有这样，才能保证结构的应变能是有界量。总的说来，协调性是指在相邻单元的公共边界上满足连续性条件。

前三条又称完备性条件，满足完备条件的单元称完备单元；第四条是协调性要求，满足协调性的单元称协调单元；否则称为非协调单元。完备性要求是收敛的必要条件，四条全部满足，构成收敛的充分必要条件。在实际应用中，要使选择的位移函数全部满足完备性和协调性要求是比较困难的，在某些情况下可以放松对协调性的要求。

需要指出的是，有时非协调单元把增强单元位移梯度的附加自由度引入线性单元，可使其在不满足协调性要求时仍可以收敛到真实解。增加单元内部位移函数就相当于给单元施加了约束条件，使单元内部变形服从所加约束，这样的替代结构比真实结构刚度更大。

但是，由于不要求单元边缘位移连续性，允许单元分离、重叠，使单元的刚度变软了，或者形成了边缘处的弱连接（例如板单元在单元之间的挠度连续，而转角不连续时，刚节点变为铰接点）。对于非协调单元，上述两种影响有误差相消的可能，因此利用非协调单元有时也会得到很好的结果。在工程实践中，非协调元应该通过分片试验检验其收敛性。

当相邻两单元面积相差不大时，两者的结果基本相同。在单元划分时应避免相邻两单元的面积相差太多，从而使求解的误差相近。

3.1.5 有限元法求解问题的基本步骤

对于不同物理性质和数学模型的问题，有限元求解法的基本步骤是相同的，只是具体公式推导和运算求解不同。

第一步：问题及求解域定义。根据实际问题近似确定求解域的物理性质和几何区域。

第二步：求解域离散化。将求解域近似为具有不同有限大小和形状且彼此相连的有限个单元组成的离散域，习惯上称为有限元网络划分。显然单元越小（网络越细）则离散域的近似程度越好，计算结果也越精确，但计算量及误差都将增大，因此求解域的离散化是有限元法的核心技术之一。

第三步：确定状态变量及控制方法。一个具体的物理问题通常可以用一组包含问题状态变量边界条件的微分方程式表示，为适合有限元求解，通常将微分方程化为等价的泛函形式。

第四步：单元推导。对单元构造一个适合的近似解，即推导有限单元的列式，其中包括选择合理的单元坐标系，建立单元试函数，以某种方法给出单元各状态变量的离散关系，从而形成单元矩阵（结构力学中称刚度矩阵或柔度矩阵）。为保证问题求解的收敛性，单元推导有许多原则要遵循。对工程应用而言，重要的是应注意每一种单元的解题性能与约束。例如，单元形状应以规则为好，畸形时不仅精度低，而且有缺失的危险，将导致无法求解。

第五步：总装求解。将单元总装形成离散域的总矩阵方程（联合方程组），反映对近似求解域的离散域的要求，即单元函数的连续性要满足一定的连续条件。总装是在相邻单元节点进行，状态变量及其导数（可能的话）连续性建立在节点处。

第六步：联立方程组求解和结果解释。有限元法最终导致联立方程组。联立方程组的求解可用直接法、迭代法和随机法。求解结果是单元节点处状态变量的近似值。对于计算结果的质量，将通过与设计准则提供的允许值比较来评价并确定是否需要重复计算。简言之，有限元分析可分成三个阶段，前处理、处理和后处理。前处理是建立有限元模型，完成单元网格划分；后处理则是采集处理分析结果。

3.2 有限元计算技术

为保证渠道冻融计算有限元程序的稳定性，有必要运用到合理的单元划分、刚度矩阵形成以及插值函数的微积分计算等技术，本节对这些技术的原理进行简要介绍。

3.2.1 有限元插值的一般理论

在有限元方法中,核心是采用单元插值函数。单元形状与节点一旦确定,插值函数也就随之确定。因此,选择单元形状与节点是有限元的关键之一,它关系到有限元解的收敛性和求解的代价。单元确定后,单元刚度矩阵计算、总刚度矩阵合成、方程求解等过程就完全是标准化的并由程序自动完成。

与单元插值相关的因素有:①单元形状;②单元节点及分布;③节点自由度。这三者决定了插值函数的形式。因此称这种插值函数为形函数。对形函数的要求是:

(1) 形函数中插值函数在子区域内具有光滑性,及各单元形函数在单元边界处有一定的连续度。

(2) 形函数必须能反映单元场函数的常值,也就是形函数要包括常数项。另外,在单元趋于无限小时,形函数及导数应趋于常值。

(3) 有基函数系构成的有限元子空间,必须一致地逼近变分问题的泛函能量空间,也就是有限元基函数在能量空间中是完全的。通常采用多项式做基函数,多项式应具备完全的形式,保证计算结果收敛。

满足上面要求的形函数才具备有限元理论意义和实用价值。

当插值只对单元的场函数本身进行时,这种插值为 Lagrange 型插值,简称 L 形插值。若插值不但对单元场函数,还对场函数的导数进行时称为 Hermite 型插值,简称 H 形插值。理论上,有无限多种的单元划分,但有效的单元只有几种。有限元经过多年的发展,成熟的单元已有多种,且有些单元还在发展之中。通常,将单元与插值函数统一起来,固定有几种单元模式。

根据基函数的完全性要求,对一维情况,k 次完全多项式为

$$P_k(x) = \sum_{i=0}^{k} a_i x^i \tag{3.13}$$

对二维情况,k 次完全多项式为

$$P_k(x,y) = \sum_{i,j=0}^{r_k} a_{r(i,j)} x^i y^i \tag{3.14}$$

式中:$r_k = 1/2(k+1)(k+2)$,$a_{r(ij)}$ 为系数。如 $k=1$ 时,$P_1(x,y) = a_1 + a_2 x + a_3 y$;$k=2$ 时,$P_2(x,y) = a_1 + a_2 x + a_3 y + a_4 x^2 + a_5 xy + a_6 y^2$。

采用什么样的多项式作为插值函数应根据单元中节点未知函数总个数来确定,有多少个节点函数值应选择包含多少个系数的多项式。

3.2.2 刚度矩阵计算技术

有限元的刚度矩阵计算包括单元插值函数与相关函数导入、单元积分、单元刚度矩阵形成、总刚度矩阵叠加合成等步骤。以下面例子来说明。

设泛函模型为

$$\sum_e \iint_{\Delta\Omega} p \, \nabla^T \omega (\nabla u + \nabla v) dA = \sum_e \iint_{\Delta\Omega} f \omega dA + \sum_b \int_{\Delta\Gamma} q \omega d\Gamma \tag{3.15}$$

3.2.2.1 单元形状、节点与自由度分析

若选择直边三角形 3 节点单元；节点有 2 自由度 u，v；单元自由度总数 $3\times2=6$。

若选择直角四边形单元可以选择 4 节点；单元自由度总数为 $4\times2=8$。

若选择曲边单元，可以选择 8 节点等参数单元，单元自由度总数为 $8\times2=16$。

单元划分时应注意：

(1) 避免畸形单元，单元不要出现钝角。

(2) 尽可能用小的单元来划分幻术变化快的区域。

(3) 单元间不要有重叠，也不要出现空缺，相邻单元只在节点相联系。

3.2.2.2 单元函数插值

采用三角形单元，节点数为 3，节点编码 i，j，m 为逆时针绕向；节点自由度为 2。令单元节点函数向量为

$$\{U\}_e = \{u_i v_i u_j v_j u_m v_m\}^T \tag{3.16}$$

对单元函数进行插值，取

$$\bar{u}(x,y) = a_0 + a_1 x + a_2 y = [\Psi]\begin{Bmatrix} u_i \\ u_j \\ u_m \end{Bmatrix} \tag{3.17}$$

式中：$\{u_i \quad u_j \quad u_m\}^T$ 为节点未知量；$[\Psi] = [\Psi_i \Psi_j \Psi_m] = \left[\dfrac{A_i}{A} \dfrac{A_j}{A} \dfrac{A_m}{A}\right]$，$A$ 为三角形面积，即 $A = \dfrac{1}{2}\begin{vmatrix} 1 & x_i & y_i \\ 1 & x_j & y_j \\ 1 & x_m & y_m \end{vmatrix}$，$A_i = \dfrac{1}{2}\left[\begin{vmatrix} x_j & y_j \\ x_m & y_m \end{vmatrix} + \begin{vmatrix} y_j & 1 \\ y_m & 1 \end{vmatrix} x + \begin{vmatrix} x_j & 1 \\ x_m & 1 \end{vmatrix} y\right]$，$i$，$j$，$m$ 下标轮换。

若令 $\lambda_i = A_i/A$ 为面积坐标，则 $[\Psi] = [\lambda_i \lambda_j \lambda_m]$，与 $u(x,y)$ 相类似，取

$$\bar{v}(x,y) = [\Psi]\begin{Bmatrix} v_i \\ v_j \\ v_m \end{Bmatrix}$$

再将单元函数合并为

$$\begin{Bmatrix} u(x,y) \\ v(x,y) \end{Bmatrix} = \begin{bmatrix} [\Psi] & 0 \\ 0 & [\Psi] \end{bmatrix}\begin{Bmatrix} u_i \\ u_j \\ u_m \\ v_i \\ v_j \\ v_m \end{Bmatrix} = \begin{bmatrix} \lambda_i & 0 & \lambda_j & 0 & \lambda_m & 0 \\ 0 & \lambda_i & 0 & \lambda_j & 0 & \lambda_m \end{bmatrix} = [N]\{U\}_e \tag{3.18}$$

其中 $[N]$ 为形函数矩阵。

3.2.2.3 单元刚度矩阵计算

考虑本物理问题，单元刚度由积分 $\iint\limits_{\Delta\Omega} p\,\nabla^T \omega (\nabla u + \nabla v)\mathrm{d}A$ 导出。其中，p 为已知函

数，u、v 为未知量，w 为权函数，∇ 为梯度符号。

由前面的插值选择，在 $\Delta\Omega$ 上取

$$\bar{u}(x,y)=[\Psi(x,y)]\{u\}_e$$
$$\bar{v}(x,y)=[\Psi(x,y)]\{v\}_e \tag{3.19}$$
$$\widetilde{w}(x,y)=[\Psi(x,y)]\{v\}_e$$

对插值函数求导数：

$$\nabla u(x,y)=\begin{Bmatrix}\dfrac{\partial u}{\partial x}\\\dfrac{\partial u}{\partial y}\end{Bmatrix}=\begin{Bmatrix}\dfrac{\partial[\Psi]}{\partial x}\\\dfrac{\partial[\Psi]}{\partial y}\end{Bmatrix}\{u\}_e=[B_u]\{u\}_e \tag{3.20}$$

同理

$$\nabla v(x,y)=[B_v]\{v\}_e$$
$$\nabla \omega(x,y)=[B_\omega]\{\omega\}_e \tag{3.21}$$
$$\nabla^T \omega(x,y)=\{\omega\}_e^T[B_v]^T$$

将以上各式代入积分式（3.13），得

$$\sum_e \iint_{\Delta\Omega_e} \{\omega\}_e^T([B_w]^T\{u\}_e+[B_w]^T[B_v]\{v\}_e)\mathrm{d}A =$$
$$\sum_e \iint_{\Delta\Omega} \{w\}_e^T[B_w]^T f \mathrm{d}A + \sum_b \int_{\Delta\Gamma} \{w\}_b^T[B_w^b]^T q \mathrm{d}\Gamma \tag{3.22}$$

将单元节点函数统一合并为

$$\{u\}_e=[Z_u]\{U\}_e,\{v\}_e=[Z_v]\{U\}_e,\{w\}_e=[Z_w]\{W\}_e \tag{3.23}$$

对于 3 节点三角形单元，节点自由度为 2，则

$$[Z_u]=\begin{bmatrix}1&0&0&0&0&0\\0&0&1&0&0&0\\1&0&0&0&1&0\end{bmatrix},[Z_v]=\begin{bmatrix}0&1&0&0&0&0\\0&0&0&1&0&0\\1&0&0&0&0&1\end{bmatrix} \tag{3.24}$$

可以表示为

$$\sum_e \iint_{\Delta\Omega_e} \{\omega\}_e^T([B_w]^T[B_u]\{u\}_e+[B_w]^T[B_v]\{v\}_e)\mathrm{d}A =$$
$$\sum_e \iint_{\Delta\Omega} \{W\}_e^T([Z_w]^T[B_w]^T[B_u][Z_u]+[Z_w][B_w]^T[B_v][Z_v])\{U\}_e \mathrm{d}A \tag{3.25}$$

令

$$[K]_e=\iint_{\Delta\Omega}([Z_w]^T[B_w]^T[B_u][Z_u]+[Z_w][B_w]^T[B_v][Z_v])\mathrm{d}A \tag{3.26}$$

即为单元刚度矩阵，单元刚度矩阵的积分式对矩阵元素的分别积分，常用数值积分来计算。对三角形 3 节点单元，刚度矩阵的积分后各元素可表示为

$$[K]_e = \begin{bmatrix} k_{11} & k_{12} & k_{13} & k_{14} & k_{15} & k_{16} \\ k_{21} & k_{22} & k_{23} & k_{24} & k_{25} & k_{26} \\ k_{31} & k_{32} & k_{33} & k_{34} & k_{35} & k_{36} \\ k_{41} & k_{42} & k_{43} & k_{44} & k_{45} & k_{46} \\ k_{51} & k_{52} & k_{53} & k_{54} & k_{55} & k_{56} \\ k_{61} & k_{62} & k_{63} & k_{64} & k_{65} & k_{66} \end{bmatrix} \quad (3.27)$$

3.2.2.4 总体刚度矩阵合成

单元上的各刚度系数积分计算完成后,需要合成为整体的有限元方程。首先将单元上的节点量转换为整体的节点量。在同一个节点上可能连接着几个单元,这些单元矩阵中都会涉及该节点的函数值,对单元刚度都有贡献。需要将这些单元中相同的节点函数对应的刚度元素进行合并。这个过程称为整体刚度矩阵合成。从力学量的角度说,这相当于节点力的合成,它应符合节点力平衡的要求。从其他物理量来说,是刚度元素的叠加,它应符合节点流量平衡的要求。这种叠加过程也可以通过一种拓扑关系将单元节点函数向量转化为整体节点函数向量来实现。令

$$\{U\}_e = [Z_G^e]\{U\}_G, \quad \{W\}_e = [Z_G^e]\{U\}_G \quad (3.28)$$

式中:$[Z_G^e]$ 为整体节点自由度拓扑关系矩阵;$\{U\}_G$ 为整体节点函数向量;$\{W\}_G$ 为整体节点权函数向量。

$[Z_G^e]$ 与单元节点编码与自由度有关,例如对三角形单元,3 节点 i,j,m,节点自由度为 2 时,有

$$[Z_G^e] = \begin{bmatrix} \cdots & 1 & 0 & & & & & & \cdots \\ \cdots & 0 & 1 & & & & & & \cdots \\ \cdots & & & 1 & 0 & & & & \cdots \\ \cdots & & & 0 & 1 & & & & \cdots \\ \cdots & & & & & 1 & 0 & & \cdots \\ \cdots & & & & & 0 & 1 & & \cdots \\ & 2i-1 & & 2j-1 & & 2m-1 & & \end{bmatrix}, \text{其中未列出元素均为 } 0$$

整体函数可表示为

$$\{W\}_G^T ([K]_G \{U\}_G - \{F\}_G) = 0 \quad (3.29)$$

由于 $\{W\}_G$ 为任意的试函数,式(3.29)成立的条件为

$$[K]_G \{U\}_G = \{F\}_G \quad (3.30)$$

上式即为问题的有限元方程,$[K]_G$ 为整体刚度矩阵。

3.2.3 单元插值函数数值微积分计算

单元刚度矩阵的计算主要包括:多重积分运算和微分计算。对三角形单元的积分计算可以得出解析的积分结果,如

$$I = \iint_\Delta x^m y^n \, dx \, dy \quad (3.31)$$

当 $m=0, n=1$ 时，$I=\iint_\Delta y\,\mathrm{d}A=\bar{y}\Delta$

当 $m=1, n=0$ 时，$I=\iint_\Delta x\,\mathrm{d}A=\bar{x}\Delta$

当 $m=1, n=1$ 时，$I=\iint_\Delta xy\,\mathrm{d}A=\dfrac{\Delta}{12}(x_1y_1+x_2y_2+x_3y_3+9\bar{x}\bar{y})$

式中，$\bar{x}=(x_1+x_2+x_3)/3$，$\bar{y}=(y_1+y_2+y_3)/3$。

而对四边形单元，首先通过坐标变换为各变量的单积分，例如

$$[K]_e = \iint_{\Delta\Omega} p[B]^\mathrm{T}[B]\,\mathrm{d}A = \int_{-1}^{1}\int_{-1}^{1} p(\xi,\eta)[B]^\mathrm{T}[B]\,|J|\,\mathrm{d}\xi\mathrm{d}\eta \tag{3.32}$$

式（3.32）的积分一般不能得到封闭解，因而只能采用数值计算。下面介绍几个常用的积分公式。

3.2.3.1 Newton-Cotes 积分公式

若设

$$f(x)=\sum_i \Psi_i(x)f_i \tag{3.33}$$

则

$$I=\int_a^b f(x)\,\mathrm{d}x=\sum_i \int_a^b \Psi_i(x)f_i\,\mathrm{d}x \tag{3.34}$$

当 $\Psi_i(x)$ 为 L 形插值函数，$\Psi_i=\prod\limits_{k=0,\neq i}^{n}\dfrac{x-x_k}{x_i-x_k}$，则

$$\int_a^b \Psi_i(x)\,\mathrm{d}x=(b-a)C_i^{(n)}$$

$$C_i^{(n)}=\int_0^n \prod_{k=0,\neq i}^{n}\dfrac{t-k}{i-k}\,\mathrm{d}t \tag{3.35}$$

Newton-Cotes 积分公式具有 $n-1$ 阶的代数进度，即如果 $f(x)$ 为 $n-1$ 次的多项式，积分公式是精确的，其积分点是均匀分布的。表 3.1 所列为常用的几阶公式。

表 3.1　　　　　　　　Newton-Cotes 积 分 公 式

n	$C_i^{(n)}$	I
1	$C_0^{(1)}=C_1^{(1)}=\dfrac{1}{2}$	$\dfrac{b-a}{2}[f(a)+f(b)]$（梯形公式）
2	$C_0^{(2)}=C_2^{(2)}=1/6$ $C_1^{(2)}=4/6$	$\dfrac{b-a}{6}\left[f(a)+4f\left(\dfrac{a+b}{2}\right)+f(b)\right]$（辛博森积分公式）
3	$C_1^{(3)}=C_4^{(3)}=1/8$ $C_2^{(3)}=C_3^{(3)}=3/8$	$\dfrac{b-a}{8}\left[f(a)+3f\left(a+\dfrac{b-a}{3}\right)+3f\left(b-\dfrac{b-a}{2}\right)+f(b)\right]$

3.2.3.2 Gauss 积分公式

若设

$$\int_{-1}^{1} f(\xi)\mathrm{d}\xi = \sum_{k=1}^{n} A_k f(\xi_k) \tag{3.36}$$

式中：$f(\xi)$ 为已知函数；A_k 为积分权函数；ξ_k 为积分点坐标。为使之对 $2n-1$ 次多项式是精确的，则积分点坐标和积分权系数见表 3.2。

表 3.2　　　　　　　　　　　　Gauss 积 分 公 式

积分阶次 n	积分点坐标 ξ_k	积分权系数 A_k	误　差
1	0	2	$O(h)$
2	$\pm\sqrt{1/3}$	1	$O(h^3)$
3	$\pm\sqrt{0.6}$	5/9	$O(h^5)$
	0	8/9	

对于 Gauss 积分取多高的阶次需要根据被积函数的情况来定。如果被积函数是 $2m-1$ 次的多项式，则积分阶次取 m 次。一般的工程问题，取 2 阶次的积分即可。有些问题中，采用最佳的积分阶次和积分点可获得更好的计算精度。通常 Gauss 型积分的精度要优于 Newton - Cotes 型积分，这是因为 Gauss 型积分公式优化了积分点。

3.2.3.3 Hammer 积分公式

对三角形单元，采用面积坐标表示的积分，可以采用 Hammer 积分公式

$$\int_0^1 \int_0^{1-\lambda_1} f(\lambda_1,\lambda_2,\lambda_3)\mathrm{d}\lambda_2 \mathrm{d}\lambda_1 = \sum_{k=1}^{n} H_k f(\lambda_1^k,\lambda_2^k,\lambda_3^k) \tag{3.37}$$

各积分公式中积分点和权系数列于表 3.3。

表 3.3　　　　　　　　　　　　Hammer 积 分 公 式

阶次 n	积 分 点	积分点坐标	权系数	误　差
1	a	(1/3, 1/3, 1/3)	1	$O(h^2)$
2	a	(1/2, 1/2, 0)	1/3	$O(h^3)$
	b	(0, 1/2, 1/2)	1/3	
	c	(1/2, 0, 1/2)	1/3	
3	a	(1/3, 1/3, 1/3)	27/48	$O(h^4)$
	b	(0.6, 0.2, 0.2)	25/48	
	c	(0.2, 0.6, 0.2)	25/48	
	d	(0.2, 0.2, 0.6)	25/48	

3.2.4　有限元方程组解法

根据有限元方程的对称、稀疏和带状的特点，求解方法目前已有很多种。随着计算机技术的发展，这些方法已很容易实现。下面介绍一些常用方法。

设线性方程组为

$$AX = B \tag{3.38}$$

式中，$\mathbf{A} = \begin{bmatrix} a_{11} & a_{12} & \cdots & a_{1n} \\ a_{21} & a_{22} & & a_{2n} \\ \vdots & & & \\ a_{n1} & a_{n2} & \cdots & a_{nm} \end{bmatrix}$ 为系数；$\mathbf{B} = \begin{bmatrix} b_1 \\ b_2 \\ \vdots \\ b_n \end{bmatrix}$ 为已知向量；$\mathbf{X} = \begin{bmatrix} x_1 \\ x_2 \\ \vdots \\ x_n \end{bmatrix}$ 为未知向量。方程的解可表示为

$$\mathbf{X} = \mathbf{A}^{-1}\mathbf{B} \tag{3.39}$$

3.2.4.1 Gauss 消元法

Gauss 消元法是常用的解方程组方法，效率也是比较高的。

消元过程的第 k 步算式为

$$\begin{aligned} a_{kj}^{(k)} &= a_{kj}^{(k)}/a_{kk}^{(k)} \quad (j = k+1, k+2, \cdots, n+1) \\ a_{kj}^{(k)} &= a_{kj}^{(k)} - a_{kj}^{(k-1)} a_{kj}^{(k)} \quad (k = n, n-1, \cdots, 1) \end{aligned} \tag{3.40}$$

经过各行变换后得到上三角系数阵，再回代

$$\begin{aligned} x_n &= a_{n,n+1}^{(n)} \\ x_k &= a_{k,n+1}^{(k)} - \sum_{j=k+1}^{n} a_{kj}^{(k)} x_i \quad (k = n-1, n-2, \cdots, 1) \end{aligned} \tag{3.41}$$

这样就得到所有的未知量的解。在上述方法中，当 a_{kk} 系数绝对值很小时，消去法过程可能失效。这是应列主元 Gauss 消元法，即把每一行的最大元素都调整到对角线上，使对角线上元素值为最大。

由于刚度矩阵是带状的，在进行元素消去过程中，只要将带宽内的元素消去即可，而不必对全行列消去计算。

3.2.4.2 三角分解法

在方程组 $\mathbf{AX} = \mathbf{B}$ 中，假定 $\mathbf{A} = \mathbf{LU}$，其中 $\mathbf{L}$ 为下三角阵，则有

$$\mathbf{LUX} = \mathbf{B} \tag{3.42}$$

令 $\mathbf{UX} = \mathbf{Y}$，则 $\mathbf{LY} = \mathbf{B}$，因为 $\mathbf{L}$ 是下三角阵，比较容易解得 $\mathbf{Y}$；再由 $\mathbf{UX} = \mathbf{Y}$，可解得 $\mathbf{X}$。如果 $\mathbf{A}$ 是带状的，分解后的三角阵也是带状的。

三角分解的算式为

$$\begin{cases} u_{ij} = a_{ij} - \sum_{k=1}^{j-1} l_{ik} u_{kj} & (i = 1, 2, \cdots, n \quad j = i, \cdots, n) \\ l_{ij} = (a_{ij} - \sum_{k=1}^{j-1} l_{ik} u_{kj})/u_{jj} \end{cases} \tag{3.43}$$

3.2.4.3 平方根法

设 $\mathbf{A}$ 为对称正定阵，则 $\mathbf{A}$ 可以分解为

$$\mathbf{A} = \mathbf{LDL} \tag{3.44}$$

式中：$\mathbf{L}$ 为下三角阵；$\mathbf{D}$ 为对角阵。

由 $\mathbf{D} = \sqrt{\mathbf{D}}\sqrt{\mathbf{D}}$，得

$$\mathbf{A} = \mathbf{G}\mathbf{G}^{\mathrm{T}} \tag{3.45}$$

式中：$\mathbf{G}$ 为下三角阵；$\mathbf{G}^{\mathrm{T}}$ 为上三角阵。

平方根计算公式为

$$\begin{cases} g_{jj} = \sqrt{a_{jj} - \sum\limits_{k=1}^{j-1} g_{jk}^2} & (j=1,2,\cdots,n) \\ g_{ij} = (a_{ij} - \sum\limits_{k=1}^{j-1} g_{ik}g_{jk})/g_{jj} & (i=1,2,\cdots,j-1) \end{cases} \tag{3.46}$$

3.2.4.4 方程组的迭代算法

在有些情况下，直接求解有限元方程不经济，这时采用迭代法求解比较好。

1. Jacobi 迭代法

令 $\mathbf{A} = \mathbf{D} - (\mathbf{L} + \mathbf{U})$，其中，$\mathbf{D}$ 为对角阵，$\mathbf{L}$ 为下三角阵，$\mathbf{U}$ 为上三角阵，则

$$\mathbf{AX} = [\mathbf{D} - (\mathbf{L} + \mathbf{U})]\mathbf{X} = \mathbf{B} \tag{3.47}$$

由此，构造迭代格式为

$$\mathbf{X}^{(k)} = \tilde{\mathbf{B}} + \mathbf{JX}^{(k-1)} \quad (k=1,2,\cdots,n) \tag{3.48}$$

具体步骤为

$$x_i^{(k)} = \frac{1}{a_{ii}} (b_i - \sum_{j=1, \neq i}^{n} a_{ij} x_i^{(k-1)}) \quad (i=1,2,\cdots,n) \tag{3.49}$$

2. Gauss - Seidec 迭代法

该方法是在 Jacobi 方法的基础上，充分利用迭代结果，改进迭代方法。格式为

$$x_i^{(k)} = \frac{1}{a_{ii}} (b_i - \sum_{j=1}^{i-1} a_{ij} x_j^{(k)} - \sum_{j=i+1}^{n} a_{ij} x_j^{(k-1)}) \quad (i=1,2,\cdots,n) \tag{3.50}$$

3.3 本章小结

关于微分方程数值计算的方法有多种，但有限元方法无疑是与计算机技术结合最为普遍的。本章简要介绍了渠道冻融数值计算的有限元方法，包括其基本的理论和具体实现的技术。也许在实际计算过程中，已有许多成熟软件可以将有限元计算的步骤自动实现，并不需要读者自行编程。然而在使用这些软件时，对其单元网格的剖分原则，刚度矩阵的形成以及数值微积分的原理有一个概念性的了解，可以在操作软件过程中更加做到心中有数。在遇到程序收敛性问题时，可以针对性地判断出错原因，并快速找到相应的解决方法。

第4章 渠道热力学分析

冻土是由土颗粒、水、空气和冰组成的四相混合体，其基本性质随外界温度发生变化。冻土中水相变成冰，引发土体冻胀；冻土中冰相变成水，引发土体融沉。冻土的冻胀和融沉使其上覆工程建筑物发生破坏。因此，外界环境变化（气温、太阳辐射等）是引起寒区建筑物发生破坏的重要原因，分析外界环境作用下建筑物表面的温度和冻土温度对揭示寒区建筑物的冻胀破坏机理和防治措施的提出具有重要意义。

本章从影响渠道温度场的因素着手，包括太阳辐射、昼夜温度交替、冻土中水分相变和界面热阻等，建立了各因素影响下的渠道热力学模型。以衬砌表面温度和冻土温度场为评价指标，从理论上分析了上述因素对渠道温度场的影响。

4.1 太阳辐射模拟

太阳辐射是地表热量的主要来源，是影响渠道温度场的重要因素。因渠道走向、结构型式、所处位置等原因，使渠道阴阳坡受到的太阳辐射不同，引起了渠道横向温度场的非对称分布，产生了不稳定的冻融状态，即阴阳坡效应。经调查，陕西省冯家山水库总干退水渠、新疆阜康灌区及山东打渔张灌区等部分东西走向渠段均存在显著的阴阳坡效应，阴阳坡冻深及冻胀变形差异明显。太阳辐射是冻融循环的前提基础，是引发渠道水分迁移、冰水相变等水-热-力耦合冻胀破坏的内在驱动力。太阳辐射导致冻结特征的不对称、不同步变化是渠道冻胀破坏的重要原因，探明其变化规律对了解渠道冻胀破坏的机理具有重要意义。

4.1.1 热辐射模型

4.1.1.1 太阳辐射模型

太阳辐射具有明显的时空效应，其位置由赤纬 δ（°）和时角 ω（°）组成的赤道坐标系及由太阳高度角 α_s 和方位角 γ_s 组成的地平坐标系决定，各参数计算公式为

$$\delta = 23.45\sin[360° \times (284+n)/365] \tag{4.1}$$

式中：n 为日序数，其中1月1日为1，12月31日为365，表征不同季节日期的参数。

$$\omega = 15(t-12) \tag{4.2}$$

式中：t 为从0时开始的小时数，该值表征当日时间的参数，上午为负，下午为正。

$$\sin\alpha_s = \sin\varphi\sin\delta + \cos\varphi\cos\delta\cos\omega \tag{4.3}$$

$$\sin\gamma_s = \cos\delta\sin\omega/\cos\alpha_s \tag{4.4}$$

式中：φ 为地理纬度；γ_s 偏东为负，偏西为正。

对北方寒旱区而言，Hottel 晴空模型因具有较好的适用性和通用性而被优先采用，可弥补国内站点稀疏、数据较少等不足。该模型中太阳射线到达大气层外切平面的太阳辐

射强度 G_0 由下式计算，即

$$G_0 = G_{sc}[1+0.033\cos(360°\times n/365)]\sin\alpha_s \tag{4.5}$$

式中：G_{sc} 为太阳常数，表示单位时间单位面积上所接收的太阳辐照度，取 1367W/m^2。

任一斜面的太阳入射角 i、太阳辐照度 G_s（太阳直射辐照度 G_{tb} 和散射辐照度 G_{td}）为

$$\cos i = \cos\beta\sin\alpha_s + \sin\beta\cos\alpha_s\cos(\gamma_s-\gamma_t) \tag{4.6}$$

$$G_{td} = G_0[0.271-0.294(\alpha_0+\alpha_1 e^{-k/\sin\alpha_s})]\times(1+\cos\beta)/2 \tag{4.7}$$

$$G_{tb} = G_0(\alpha_0+\alpha_1 e^{-k/\sin\alpha_s})\cos i/\sin\alpha_s \tag{4.8}$$

式中：β 为斜面倾角；γ_t 为斜面方位角，指渠道表面法线在水平面上的投影与正南方向的夹角，面向东时为负，面向西时为正；斜面上的日照开始和结束时间以 $i=90°$ 来计算；α_0、α_1、k 为标准晴空大气常数，根据文献计算。

4.1.1.2 渠道阴影计算方法

渠道边坡相互遮挡产生的阴影分布影响了渠道表面的太阳辐射分布。在太阳高度角较小时，阴坡的遮挡使渠道局部形成阴影，且此阴影的边界线与渠道的走向平行。基于此，可将渠道阴坡看作一根杆，将此杆在太阳下形成的阴影边界点做渠道走向的平行线，此为渠道阴坡产生的阴影边界。以北方东西走向渠道为例，为增加图幅立体感，将方向逆时针旋转，计算简图如图 4.1 所示。

图 4.1 中 OA 为细杆，高度为渠深 h，$l1$ 和 $l4$ 分别为渠坡顶在水平面上的投影。若此时太阳位于渠道正南方，细杆将产生 OB 的阴影，渠道阴影区域为 $l2\sim l4$，$l1\sim l2$ 为受光区；若将渠道顺时针旋转一定角度，此值为面向太阳的渠道表面方位角 γ_t。为便于图幅描述，亦可表示为渠道走向不变，太阳逆时针旋转此角度。此时细杆 OA 将产生 OC 的阴影，渠道阴影区域为 $l3\sim l4$，阴影边界离细杆距离为 OD。因太阳高度角未发生变化，细杆产生的阴影长度一致，即 $OB=OC$。综合考虑渠道走向和太阳位置变化，其产生的阴影长度 OD 由下式计算，即

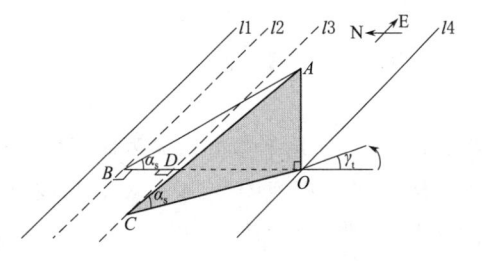

图 4.1 不同走向渠道阴影长度计算简图

$$OD = |h/\tan\alpha_s\cos(\gamma_s-\gamma_t)| \tag{4.9}$$

进一步结合渠道断面进行阴影判定，如图 4.2 所示。A、E 均为太阳光线可穿过位置，为简化图幅，仅以 A 点为例介绍。$D1$、$D2$、$D3$ 为不同太阳位置下产生的阴影点，结合阴影长度 $OD1$、$OD2$、$OD3$ 和渠道断面几何关系，确定不同时刻下渠道的受光区 R，计算公式为

$$R = \begin{cases} ABCE & OD<OB \\ x<x(B)-(OD-OB) & OB<OD<OC \\ x<\dfrac{\dfrac{h}{\tan\alpha_s}-\dfrac{h}{\tan\beta}-BC}{\left(\dfrac{1}{\tan\alpha_s}+\dfrac{1}{\tan\beta}\right)\tan\beta} & OD>OC \end{cases} \tag{4.10}$$

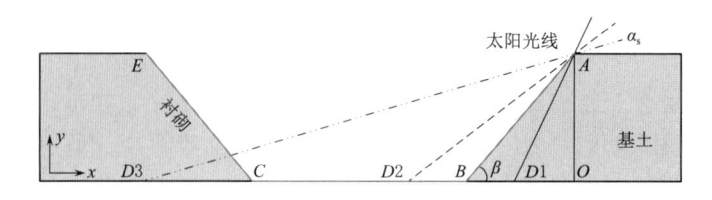

图 4.2 渠道阴影计算

联立式（4.1）～式（4.6）、式（4.9）、式（4.10），得到不同地区、时间下的不同走向、断面大小的渠道表面太阳入射角和受光面积，两者共同决定渠道表面的日照时间，结合式（4.7）、式（4.8）。得到各表面接受的太阳辐照度。

4.1.1.3 衬砌板间辐射和环境热辐射

因衬砌板间温度及其与环境温度不同而产生热辐射，计算简图如图 4.3 所示，任一点 P 得到的 S' 面的辐照度 G_m（W/m²）及周围环境辐照度 G_{amb}（W/m²）计算公式为

$$G_m = \int_{S'} \frac{(-n'r)(nr)}{\pi |r|^4} J' dS \tag{4.11}$$

$$G_{amb} = F_{amb} \cdot J_{amb} = \left[1 - \int_{S'} \frac{(-n'r)(nr)}{\pi |r|^4} dS\right] \cdot n^2 \sigma T_{amb}^4 \tag{4.12}$$

式中：J'、J_{amb} 为 S' 面和环境（S_{amb}）的辐射度，W/m²；n、n' 为外法线矢量；r 为面上两点的距离矢量；n 为折射率，不透明物体取 1；σ 为 Stefan - Boltzmann 常数，取 $5.67e^{-8}$ W/(m²·K⁴)；F_{amb} 为环境角系数；T_{amb} 为环境温度，K。

4.1.1.4 基于辐射度方法的表面辐射换热方程

辐射度 J 由自身辐射及对辐照度（G_m、G_s、G_{amb}）的反射辐射组成，而每一点 G_m 又是其他可见点 J 的函数，据此得到辐射平衡方程为

$$J = \rho_d (G_m(J) + G_s + G_{amb}) + \varepsilon n^2 \sigma T^4 \tag{4.13}$$

式中：ρ_d 为漫反射系数；ε 为发射率；T 为渠道表面温度，K。

假设渠道表面为理想漫射灰体，发射率与吸收率 α 相等，可计算得到渠道表面吸收的辐射量。并以此作为热流方程的热通量边界条件，方程为

$$q = \varepsilon(G - n^2 \sigma T^4) \tag{4.14}$$

图 4.3 角系数计算简图

基于冻土热流方程，联合上述各式，即可建立考虑太阳辐射作用的渠道热力学模型。

4.1.2 模型验证

该 E—W 走向的梯形渠道修建于季节性冻土区（约 E87°、N44°），属温带大陆性干旱气候，多年平均温度 6.5℃，极端最低温度 −32.2～−25℃，多年最大冻深为 1.72m，平均冻深为 1.45m。渠基土中粒径小于 0.075mm 的土粒质量占比大于 10%，为冻胀敏感性土。渠道设计流量为 21m³/s，加大流量 26m³/s，渠深 3.0m，正常水深 2.6m，底宽

4.0m，坡比1∶1.5。采用C20现浇混凝土衬砌，板厚12cm。姜海波等于2013年11月5日至2014年3月28日对该渠道的温度场（WS-4型遥感土壤温度计，测量深度距基土表面5~120cm）、冻深（DTM-2型冻土器）、水分场（土钻取样后烘干，测量距基土表面5~120cm）及衬砌板冻胀量（水准仪）等进行监测，监测点布设及渠道有限元网格如图4.4所示。其中A、B、C为阳坡测点，分别位于1、2/3、1/3设计水位处，D为底板中心，E、F、G为阴坡测点，位置同阳坡对称。

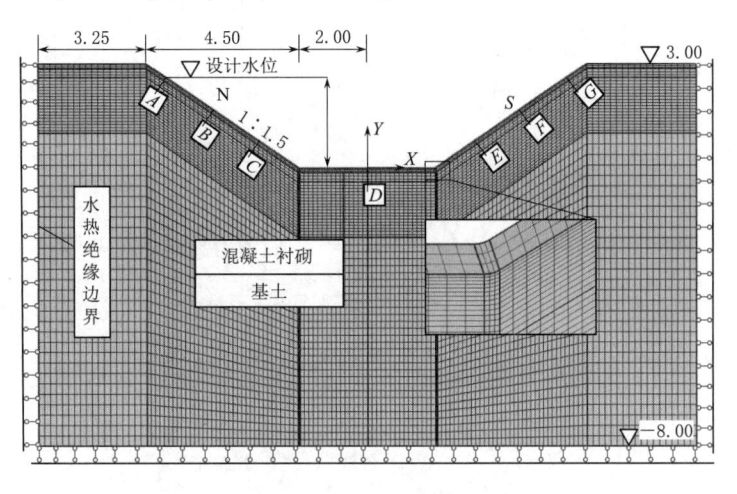

图 4.4 有限元网格及数值模型（单位：m）

4.1.2.1 有限元网格和计算参数

冻深区域内最小网格尺寸0.5cm，最大网格尺寸1cm，最大时间步长120s。结合基土土质，土体的漫反射系数和发射率分别取0.7和0.3，混凝土漫反射系数和发射率分别取0.35和0.65。

4.1.2.2 边界和初始条件

渠道上表面温度边界包括热辐射及热对流边界，其中对流换热方程为

$$n(\lambda \nabla T) = h_c(T_{amb} - T) \quad (4.15)$$

式中：n为渠道上表面法向向量；T_{amb}和T分别为外界温度和渠道表面温度，℃；h_c为对流换热系数，W/(m²·℃)。对流换热系数可以由风速来近似确定。

$$h_c = 3.06v + 4.11 \quad (4.16)$$

根据现场实测数据，渠顶和渠底风速近似取5m/s和1m/s，并采用二次抛物线函数过渡。

该渠道已修建多年，基土温度基本达到吞吐平衡，因此以年周期平衡温度场作为计算的初始温度场（11月1日）。根据气象站温度监测值，采用正弦函数拟合温度变化曲线。

$$T_{amb\_ini} = T_0 + B\sin\left(\frac{2\pi}{12}t_m + \alpha_0\right) \quad (4.17)$$

式中：T_0为年平均温度，取6.5℃；B为年温度振幅，取22.5℃；t_m为时间，月；α_0为相角，取π。

选取试验段渠道岸边百叶箱每日温度实测极值，整理如图 4.5 所示。日温度变化曲线结合每日极值温度采用正弦函数拟合，以此作为计算分析的外界温度。

$$T_{\text{amb}} = \frac{1}{2}(T_{\text{d,max}} - T_{\text{d,min}})\sin[(t-9)\times 15°] + \frac{1}{2}(T_{\text{d,max}} + T_{\text{d,min}}) \quad (4.18)$$

渠基下表面恒温层温度近似取年平均温度 6.5℃，距地表深度为 11m。

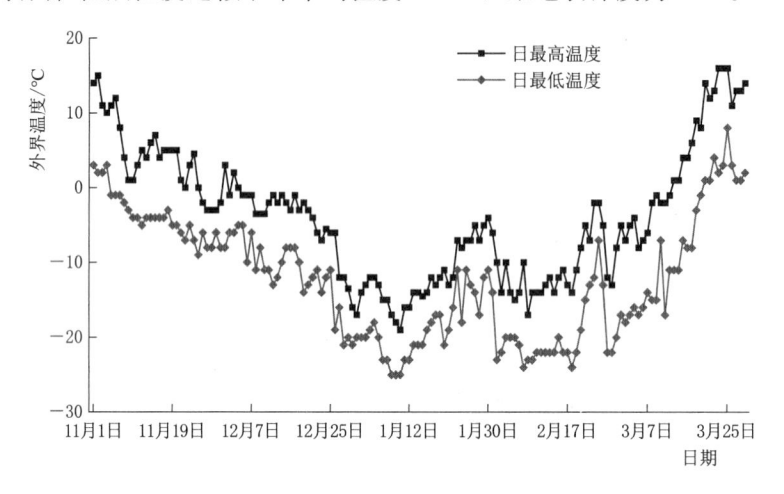

图 4.5 外界最高、最低温度变化曲线

4.1.2.3 结果分析

1. 渠道阴影分布、太阳辐射及温度变化

因渠道为二维断面，采用衬砌板吸收的太阳辐射量沿渠周分布来定量描述不同时刻渠道的阴影分布，并分析由此而导致的温度差异。因东西走向渠道上、下午接收的太阳辐射量基本一致，且阜康地区比北京约晚 2h，因此取 10：00—14：00 时段分析太阳辐射量；因衬砌板温度存在累积作用，取 10：00—18：00 时段分析。以 12 月 10 日为例，结果如图 4.6～图 4.8 所示。其中，坐标原点从阳坡渠顶算起，下同。

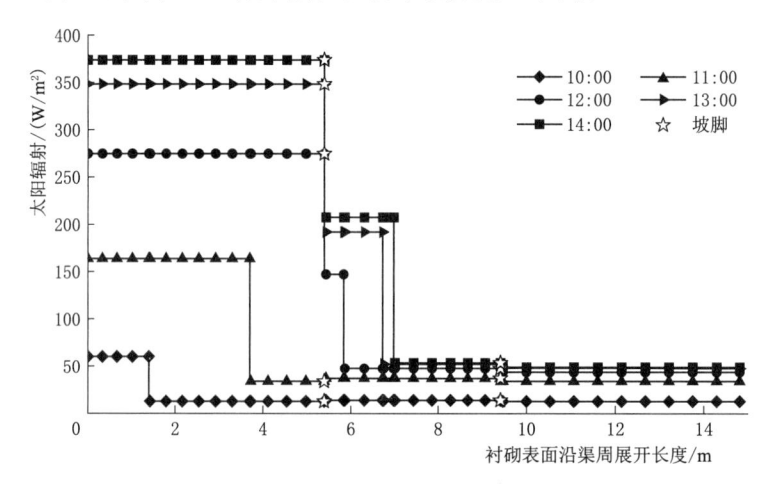

图 4.6 不同时刻衬砌板吸收的太阳辐射沿渠周分布曲线

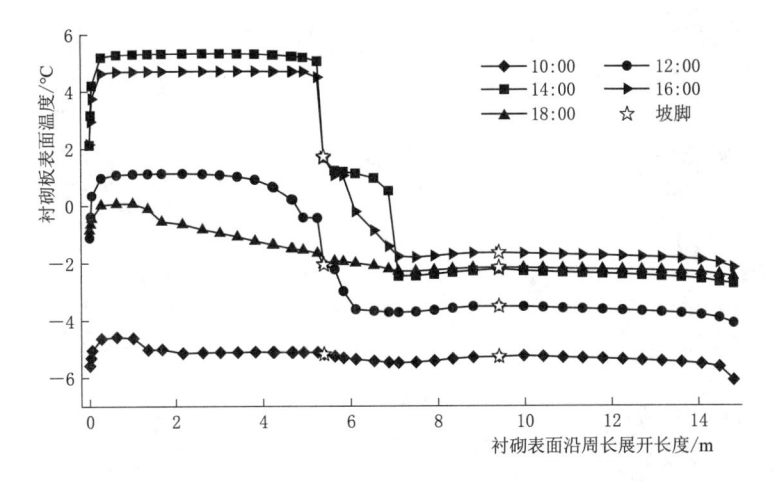

图 4.7 不同时刻衬砌板表面温度沿渠周分布曲线

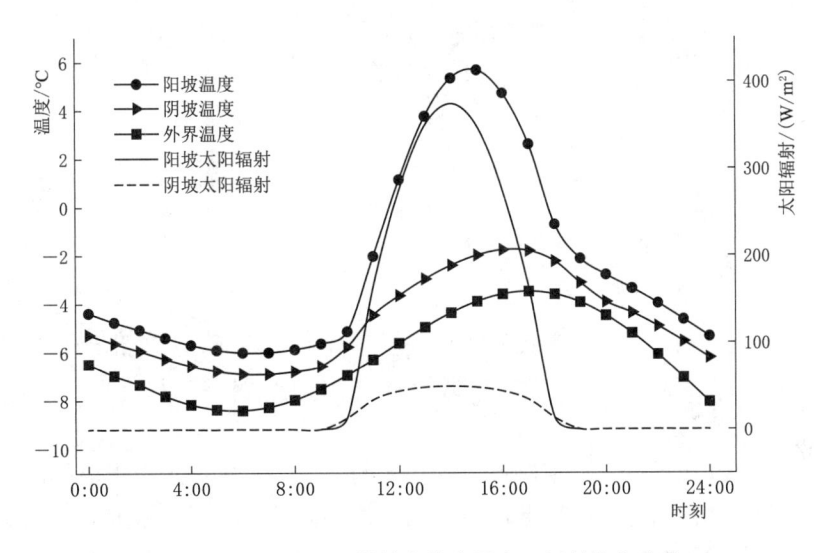

图 4.8 阴阳坡 2/3 设计水位点温度、辐射分布曲线

由图 4.6 可知，从早上太阳初升，随着时间增加，太阳直射区域由阳坡逐渐扩大至渠底，阴影区域逐渐减少；随太阳高度角的增加，太阳辐射量逐渐增大，至 14：00 时最大达 374W/m²，照射面积近 1/2 渠周；而阴坡始终处于阴影区域，仅吸收太阳散射值，太阳辐射远小于阳坡，辐射量差值达 324.6W/m²。

由图 4.7 可知，因太阳辐射区域及量值的增加，衬砌表面温度随之升高，阳坡温度远高于阴坡，最大差值为 7.5℃，"阴阳坡效应"明显，且由太阳辐射引起的温度累积效应明显；同时衬砌板阴、阳坡温度均随外界气温的降低而降低，且两者差值逐渐减小。

由图 4.8 可进一步得知，衬砌表面温度与外界气温和太阳辐射存在较好的相关性，但滞后明显，两者共同造成了阴阳坡的横向温度差异。太阳辐射时段内，阳坡温度主要受太阳辐射影响，而阴坡则主要受外界气温热对流作用；非太阳辐射时段内，阴阳坡温度主要受外界气温影响。因此以往分析中不考虑阴阳坡或将太阳辐射包含在外界气温中或取差异性的渠道表面温度值,均不能科学合理地反映出阴阳坡温度场的时空分布差异。

2. 渠道阴阳坡衬砌板表面温度变化

取监测期内阴阳坡衬砌板最低和日均温度值来分析两者的横向温度差异,如图 4.9 所示。

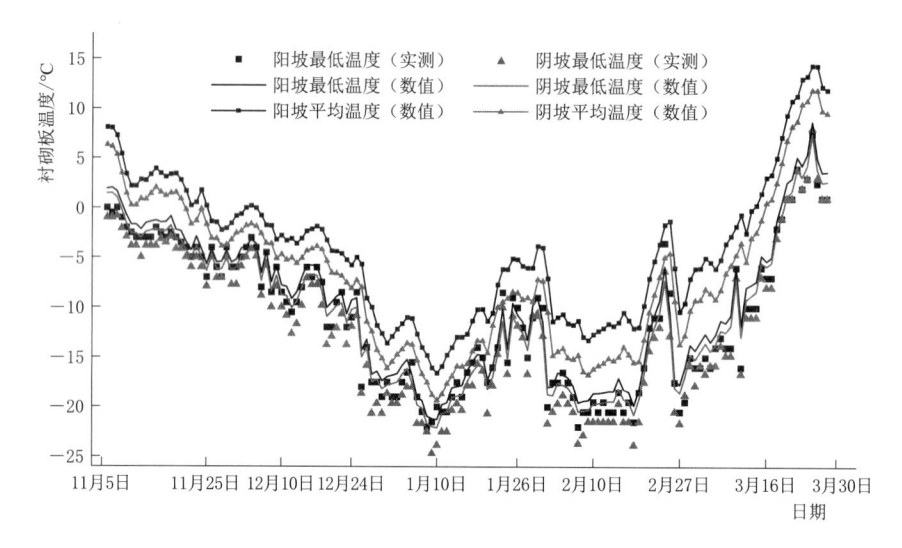

图 4.9 阴阳坡衬砌板表面温度变化曲线

由现场实测值可知,衬砌板温度随外界气温的降低而降低,其变化规律与外界气温基本一致,但存在滞后性。阴、阳坡板最低温度分别为 −24.6℃ 和 −21.5℃,温差最大为 4.3℃。

由数值结果可知,最低温度值略高于现场实测值,可能是由于太阳辐射模型中未考虑空气透明度、阴天、降雪等因素引起的太阳辐射值偏高所致。同时温度变化规律同现场实测基本一致,且阴阳坡板日均温度差异明显,最大为 3.5℃,进一步表明本模型可较好地分析由太阳辐射的时空效应和阴坡遮蔽作用而引起的衬砌板横向温度差异。

考虑太阳热辐射的渠道衬砌表面温度数值模拟结果基本与现场实测规律相吻合,并且它的温度边界条件的获得却更加容易,只要在当地气象局获取环境温度和太阳辐射热就可以得到,克服了通过实测混凝土板在冻结期昼夜温度来模拟冻胀的缺陷,使衬砌渠道冻胀预测及动态模拟分析更加方便科学。

4.2 相变模拟

太阳辐射和环境温度首先使得衬砌板表面的温度发生变化,随后热流逐渐由衬砌板传入到冻土地基中,使其产生冻结或融化。土体在冻结过程中,不仅孔隙水发生原位冻结相变,且土壤中未冻水在负温梯度作用下会从未冻结区向冻结锋面处迁移、积聚并发生相变,由此释放的相变潜热巨大,对冻土温度场产生影响。本书通过适当简化,对基本热流

4.2.1 考虑冻土水分冻结相变的热力学模型

4.2.1.1 基本假定

冻土在冻结过程中伴随着复杂的物理化学现象和力学作用，且冰晶体的微观形成机理更是复杂，因此要想详细研究各组分之间的热量传递及温度水分迁移变化规律很困难，目前很难从数值上完全准确模拟。为便于分析，本书通过对所研究的问题进行适当简化，作如下假定：

(1) 冻土、未冻土均为各向同性弹性材料。

(2) 相变范围不受荷载影响，取值为 -2~0℃，且相变速率在 -1℃达到最大，在两边界为0。

(3) 热量传递以热传导为主，忽略热对流及热辐射的影响。

(4) 土体冻结过程中的水分迁移遵循达西定律。

(5) 不考虑土壤盐分对冻结温度的影响，且忽略溶质运移。

4.2.1.2 伴随相变的热扩散方程

由于土颗粒孔隙微小，可忽略土体中水和空气的热对流作用，则在冻结过程中，平面内的非稳态热传导方程为

$$\rho C_P \frac{\partial T}{\partial t} = \nabla(\lambda \nabla T) \tag{4.19}$$

式中：ρ 为材料相密度，kg/m^3；C_P 为材料相比热容，$J/(kg \cdot K)$；λ 为材料导热系数，$W/(m \cdot K)$；T 为温度，℃。此方程适用于全部区域。

由于冻土是多相体系，土颗粒、水、冰和空气的导热系数及比热容均不相同，详细研究各组分间的热量传递是复杂的，因此，本书将冻土看作是一种复合材料。以往冻土的热物理参数（导热系数、比热容）是通过试验得出，其实际上是一种等效热物理参数。本书对冻土及未冻土的热物理参数计算见表4.1。

表 4.1　　土体热物理参数

材料	导热系数 $\lambda/[W/(m \cdot K)]$	定压比热容 $C_P/[J/(kg \cdot K)]$
冻土	$\lambda_s(1-n) + \lambda_i\theta_i + \lambda_w\theta_u + \lambda_a(n-\theta_i-\theta_u)$	$C_{P,s}(1-n) + C_{P,i}\theta_i + C_{P,w}\theta_u + C_{P,a}(n-\theta_i-\theta_u)$
未冻土	$\lambda_s(1-n) + \lambda_w\theta_w + \lambda_a(n-\theta_w)$	$C_{P,s}(1-n) + C_{P,w}\theta_w + C_{P,a}(n-\theta_w)$

注　表中 λ_s、λ_i、λ_w 分别表示土颗粒、冰、水的导热系数，$C_{P,s}$、$C_{P,i}$、$C_{P,w}$ 分别表示土颗粒、冰、水的比热容，n 为土体孔隙率，θ_i、θ_u 分别为冰体积含量和未冻水含量。

宏观上冻土和未冻土的热物理参数差别较大，计算时必须分成两个不同的区域，且这两个区域的边界是移动的，会随着冻结和融化范围发生变化。为了避免在冻土与未冻土区分别建立方程，本书引入一个光滑函数 α，使方程能够同时表达冻土区和未冻土区，α 的表达式见式 (4.20)。又冻土和未冻土之间的相变并不是在冻结点全部完成，而是在一个温度区间内逐步缓慢进行。因此，引入一个相变温度区间 ΔT，假设相变只发生在 ΔT 范围内，T_m 为开始发生相变的温度，$T_m + \Delta T/2$ 为冻结温度。当温度小于 $T_m - \Delta T/2$ 时，

为冻土相，当温度大于 $T_\mathrm{m}+\Delta T/2$ 时，为融土相。

$$\alpha=\begin{cases}1, & T<T_\mathrm{m}-\dfrac{\Delta T}{2}\\ f(T), & T_\mathrm{m}-\dfrac{\Delta T}{2}\leqslant T\leqslant T_\mathrm{m}+\dfrac{\Delta T}{2}\\ 0, & T>T_\mathrm{m}+\dfrac{\Delta T}{2}\end{cases} \tag{4.20}$$

ρ、C_P、λ 的表达式为

$$\rho=\alpha\rho_\mathrm{f}+(1-\alpha)\rho_\mathrm{u} \tag{4.21}$$

$$C_\mathrm{P}=\frac{1}{\rho}[\alpha\rho_\mathrm{f}C_{\mathrm{P},\mathrm{f}}+(1-\alpha)\rho_\mathrm{u}C_{\mathrm{P},\mathrm{u}}]+L\frac{\partial\alpha_\mathrm{m}}{\partial T} \tag{4.22}$$

$$\lambda=\alpha\lambda_\mathrm{f}+(1-\alpha)\lambda_\mathrm{u} \tag{4.23}$$

$$\alpha_\mathrm{m}=\frac{1}{2}\frac{(1-\alpha)\rho_\mathrm{u}-\alpha\rho_\mathrm{f}}{\rho} \tag{4.24}$$

$$L=L_\mathrm{f}\frac{\theta_\mathrm{w}\rho_\mathrm{w}}{\theta_\mathrm{w}\rho_\mathrm{w}+\theta_\mathrm{s}\rho_\mathrm{s}} \tag{4.25}$$

式中：带下标 f 和 u 的分别表示冻土相和未冻土相的相应的物理指标；式（4.24）中的 α_m 是一个质量分数，用于衡量冻土中冰占总含水量的质量比，可用冻土、未冻土的密度及 α 表示；L 为冻土相和未冻土相的等效相变潜热，L_f 为水-冰相变潜热，取 333kJ/kg；ρ_w、ρ_s、θ_w、θ_s 分别为水、土颗粒的密度和体积含量；式（4.25）实质上代表了土体中原位水冻结所释放的潜热。

大量试验证明，土壤中未冻水在负温梯度作用下由未冻区向冻结锋面迁移、积聚并冻结成冰释放潜热，从而影响土体温度场。为了将潜热在热传导方程中体现出来，本书将这部分相变潜热作为渠基冻土温度场的内热源，并根据 Clapeyron 方程、达西定律和质量守恒原理对其表达式进行推导。

$$\frac{\mathrm{d}h}{\mathrm{d}T}=\frac{L_\mathrm{f}}{\rho_\mathrm{w}gT_\mathrm{m}v_\mathrm{w}}=\frac{L_\mathrm{f}}{gT_\mathrm{m}} \tag{4.26}$$

式中：T_m 为相变点，取 273.15K。

则由达西定律和式（4.26）可得到冻结过程中微元体内的迁移水量为

$$\frac{\partial\theta}{\partial t}=-k\frac{L_\mathrm{f}}{gT_\mathrm{m}}\left(\frac{\partial^2 T}{\partial x^2}+\frac{\partial^2 T}{\partial y^2}\right) \tag{4.27}$$

土壤中的水分迁移是一个缓慢的过程，本书对水分迁移并冻结成冰的过程进行简化，只关注最终状态，所以可以认为在一定时间间隔内，水分迁移量与冻结量近似相等。假设从未冻区向已冻区迁移的水全部冻结成冰，并放出潜热。由此，可以得到在已冻区单位时间内放出的热量为

$$Q=\rho_\mathrm{w}L_\mathrm{f}\frac{\partial\theta}{\partial t}=-k\frac{\rho_\mathrm{w}L_\mathrm{f}^2}{gT_\mathrm{m}}\left(\frac{\partial^2 T}{\partial x^2}+\frac{\partial^2 T}{\partial y^2}\right) \tag{4.28}$$

若忽略体系内的外力做功，并将迁移的水分在冻结区内放出的潜热 Q 作为热源项加入能量守恒方程中，最终可得到土体中考虑相变和迁移水放热的热传导方程为

$$\rho C_P \frac{\partial T}{\partial t} = \nabla(\lambda \nabla T) - k\frac{\rho_w L_f^2}{gT_m}\left(\frac{\partial^2 T}{\partial x^2} + \frac{\partial^2 T}{\partial y^2}\right) \quad (4.29)$$

4.2.2 模型验证

采用 Konrad（1988）的 Devon 粉土无外荷载一维冻结试验来验证本模型。该试验为一组斜坡降温冻结试验，冷端和暖端温度均以 0.84℃/d 的速率降低。采用 COMSOL 建立土柱有限元模型，对土柱进行热力耦合模拟计算，土柱直径为 4cm，高度 10cm，土质为粉土，土柱含水量为 0.22。在 COMSOL 固体传热模块中加入相变传热模块和热源模块，将本书的模型方程写入相应的模块中。

4.2.2.1 有限元网格和计算参数

网格划分采用映射方式，由 308 域单元和 78 边界单元组成完整网格。有限元模型网格划分如图 4.10 所示，计算参数见表 4.2。

4.2.2.2 边界和初始条件

初始条件：参考 Konrad 冻结试验中的初始温度场，即土柱冷端初始温度为 0℃，暖端初始温度为 3.3℃。

边界条件：采用 Konrad 试验的边界条件。温度：两边为绝热边界。

降温模式：采用 Konrad 试验的降温模式，即冷端和暖端平行降温，均以 0.84℃/d 的速率降低。

质量未冻水含量与温度的关系式为

$$w_u = A(T_0 - T)^B \quad (4.30)$$

拟合参数 A、B 分别取 0.07 和 -0.33，T_0 取 273.15K。

4.2.2.3 结果分析

采用本书的土体冻胀模型对 Konrad 的一维冻结试验进行计算，并与 Konrad 试验中给出的实测值进行对比。

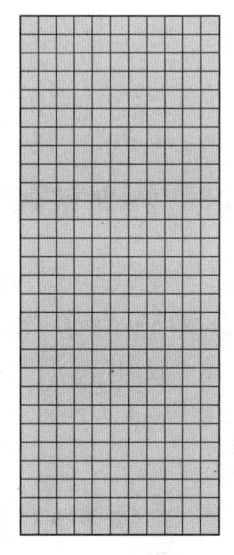

图 4.10 土柱有限元模型网格划分

表 4.2　计　算　参　数

表达式	值	表达式	值
λ_s/[W/(m·K)]	0.907	C_i/[kJ/(kg·K)]	2.1
λ_w/[W/(m·K)]	0.58	ρ_s/(kg/m³)	2700
λ_i/[W/(m·K)]	2.32	ρ_w/(kg/m³)	1000
C_s/[kJ/(kg·K)]	0.94	n	0.37
C_w/[kJ/(kg·K)]	4.2	—	—

根据 Konrad 冻结试验时间，提取 $t=55h$ 时的最终温度结果，如图 4.11 所示。图 4.11 给出了温度沿土柱高度的分布情况，对比模拟计算结果和 Konrad 试验实测结果可以发现，两者温度分布规律一致，温度沿土柱均呈线性分布，模拟计算温度和 Konrad 试验实测温度最大误差仅为 0.35℃，表明建立的考虑冻土水分冻结相变的热力学模型是正确的。

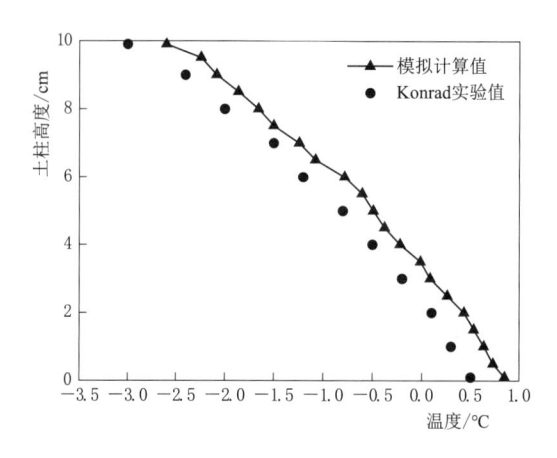

图 4.11 土柱温度计算对比图

4.3 界面接触热阻模拟

衬砌渠道多采用高分子材料保温防冻胀措施，从而减轻或消除渠基土体的冻深与冻胀，如在内蒙古与新疆大部分灌区采用苯板隔热保温措施。实际施工过程中，混凝土衬砌与保温板间存在孔隙，需考虑这一部分的接触热阻影响，从而可较为准确地模拟保温板对其保温效果的影响。本节主要针对界面间空隙，基于界面接触 TCR 原理建立相应的热力学模型。

4.3.1 固体材料界面接触热阻（TCR）

固体材料界面接触处之间普遍存在空隙，这些空隙的内部存在空气。因此在两接触面之间存在间断温差 ΔT。两个固体材料接触面间传热的物理机理很复杂，其中 TCR 主要是指由于接触面间实际接触点的热传导与小空隙中流体的热传导这两种部分引起。因此，将固体材料界面接触热阻 R_c 定义为 ΔT 与接触面上的平均热流密度 q 的比值，即

$$R_c = \Delta T / q \tag{4.31}$$

式中：ΔT 为两接触面之间的温度差，℃；q 为平均热流密度，W/m²。

接触热阻会影响固体材料之间的传热能力。在冷却工程中，较大的 TCR 会增加制冷系统的消耗，因此，常采用降低固体材料之间 TCR 的方法。在保温绝热工程中，又希望通过增大固体表面的 TCR。目前，在美国纽约州北部的房屋墙体保温措施中采用墙板与保温板分层布置的保温措施，这种措施在一定程度上增加了接触表面的 TCR，使墙体保温效果明显。

4.3.2 TCR 传热模型

接触面的热流本构方程为

$$q = \lambda [T_a, T_b, p_n][T_a - T_b] \tag{4.32}$$

式中：q 为固体接触面上的热流量，W/m²；T_a、T_b 为两接触面上对应点处的温度，℃；p_n 为接触面上的压应力，N/mm²；λ 为接触面导热系数，W/(m·K)。

TCR 的出现主要是由于在固体接触面处存在"细微接触区"和"微空洞区"。因此，接触面处的导热系数包括"细微接触区"引起的导热系数 λ_c 与"微空洞区"引起的导热系数 λ_k。在固体材料接触面上，接触传热与作用在接触面上的压应力具有相关性。根据已有实验研究表明：作用在接触表面上的压应力是影响接触热阻的主要因素。在建立 TCR 传热模型时，接触面上的压应力是一个不可忽略的重要指标。在压应力作用下，实际接触处常发生弹塑性变形。综合考虑这些因素，并结合目前已有研究提出的许多半经验的 TCR 关联式。本节采用弹塑性热接触模型，以保证作用在接触面上的压应力与热传递的关系。为了计算简化，但不失一般性，采用目前常见的弹塑性热接触模型为

$$\lambda = \eta \left[\frac{p_n}{M} \right]^\varepsilon \tag{4.33}$$

式中：M 为接触面材料参数，取材料弹性模量；η、ε 为待定系数；p_n 为接触面上的压应力，N/mm²。

对于混凝土衬砌板、保温板及渠基土在热传导分析时，由于渠基土体的冻结过程缓慢，将其看成二维平面应变问题的稳态热传导过程，即

$$\frac{\partial}{\partial x}\left(\lambda_x \frac{\partial T}{\partial x}\right) + \frac{\partial}{\partial y}\left(\lambda_y \frac{\partial T}{\partial y}\right) = 0 \quad (x,y) \in A \tag{4.34}$$

式中：λ_x、λ_y 为冻土沿 x、y 方向的热传导系数；A 为计算冻胀区域；T 为温度，℃。

4.3.3 案例分析

由于稳态热方程和界面弹塑性热接触方程应用较多，因此本节并未对该模型进行验证，而是直接采用此模型进行实际案例分析。以北疆阿勒泰灌区某梯形干渠为原型渠道，混凝土衬砌厚度 10cm。采用三种渠道衬砌保温形式，如图 4.12 所示。阳坡和渠底保温板厚度为 6cm，阴坡保温板厚度为 8cm，布置形式为：10cm 混凝土衬砌+保温板。形式二与形式一渠道衬砌布置完全一样，但形式二认为衬砌与保温板接触之间存在"微空洞区"，分析计算过程中考虑接触面上的 TCR，这更加贴近实际渠道工程。

为了保证衬砌板具有相同的自重，形式三的混凝土衬砌总厚度和原型渠道、形式一及形式二相同。形式三的渠道保温衬砌交错布置形式为：阳坡上层混凝土衬砌厚度为 5cm，

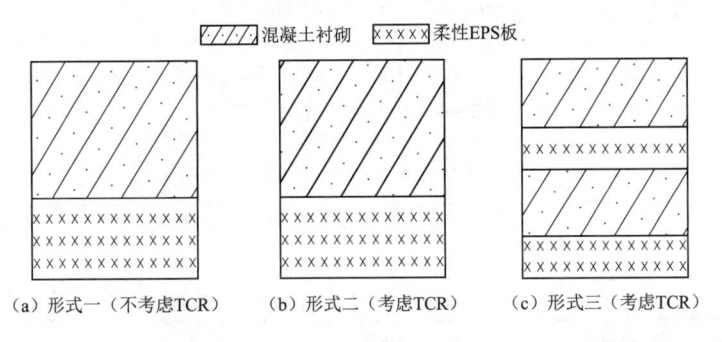

图 4.12 三种渠道衬砌保温形式

下部两层保温板厚度均为 3cm，两层保温板中间夹层混凝土厚度为 5cm；阴坡上层混凝土衬砌厚度为 5cm，下部两层保温板厚度均为 4cm，两层保温板中间夹层混凝土厚度为 5cm。上下两层的保温板厚度之和与形式一和形式二的保温板厚度相同。形式三采用这种交错布置形式的依据是混凝土衬砌渠道在仅满足抗冲刷条件下的混凝土衬砌厚度为 5cm，因此复合保温衬砌上部混凝土厚度为 5cm，满足抗水力冲刷要求；上部与下部混凝土总厚度仍为 10cm，同原型渠道一致，这也满足了渠道衬砌具有一定自重以保证相应稳定性的要求。因此，形式三采用的复合保温衬砌是合理的。

北疆阿勒泰灌区某梯形干渠的断面形式与尺寸如图 4.13 所示。该渠道基土为粉质壤土，阴坡、渠底和阳坡的冻深分别为 82cm、96cm 和 67cm。

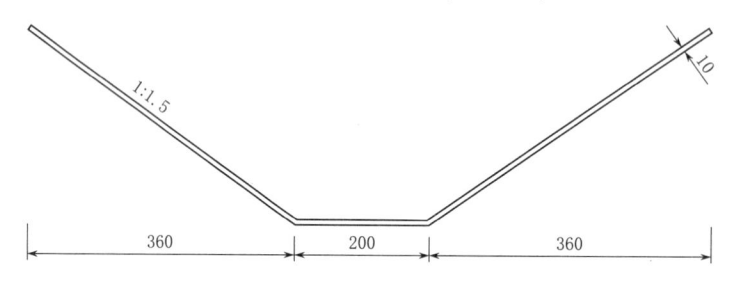

图 4.13　阿勒泰灌区农十师梯形干渠渠道断面图（单位：cm）

1. 有限元网格和计算参数

应用 ABAQUS 有限元软件建立渠道模型，以渠基土体 10m 深的未冻恒温层作为渠道模型的下边界条件。衬砌板与渠基土体均采用 CPE4R 单元进行网格划分，如图 4.14 所示。

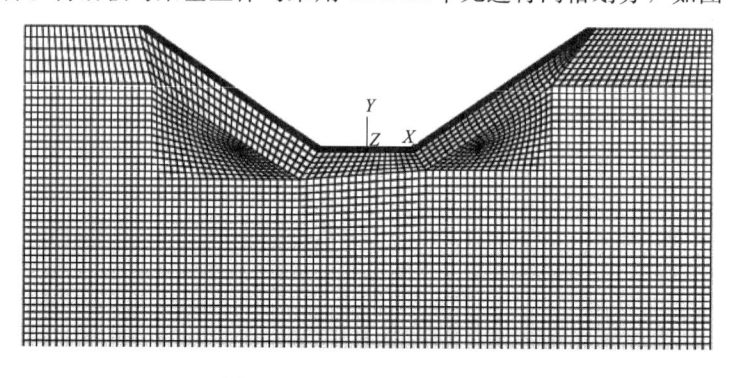

图 4.14　梯形渠道网格划分

混凝土、苯板的材料参数见表 4.3。由于苯板的导热系数受含水率影响较大，根据已有研究和工程实际，可偏安全选取导热系数为 0.044W/(m·K)。

表 4.3　　　　　　　　　混凝土、苯板的材料参数

材料名称	弹性模量 E/Pa	导热系数 λ/[W/(m·K)]	线膨胀系数 α/℃$^{-1}$	泊松比 ν
混凝土	2.2×10^{10}	1.58	1.1×10^{-5}	0.167
苯板	5.6×10^{5}	0.044	0	0.09

4.3 界面接触热阻模拟

本书考虑混凝土衬砌与保温板接触处产生的 TCR，在两种固体材料接触面上的接触热导根据式（4.33）确定，其中系数取 $\eta=95$，$\varepsilon=0.95$，其余参数如前所述。考虑接触面压应力与接触热导的关系，接触面压应力取接触面上材料自重的法向分力。

冻土的导热系数随着土壤含水量的变化而发生剧烈变化。根据原型渠道渠坡与渠底处的含水量 18% 和 32%，依据文献，得出相应的导热系数 $0.44W/(m·K)$ 和 $1.2W/(m·K)$。

2. 边界和初始条件

渠道模型左右边界不传热，将渠道冻结作为自上而下的单向冻结。模型下边界为固端约束，渠道左右绝热层施加水平约束。渠道衬砌表面温度选取阿勒泰农十师灌区冬季1月平均气温，渠底、阴坡和阳坡的温度边界分别为 −19℃、−22℃ 和 −17℃，渠道模型下边界温度条件取 4℃。

3. 结果分析

由图 4.15 可以看出，这三种形式下渠基土中的温度分布有所不同。在外界温度边界条件相同时，形式三的 0℃ 等温线上抬最明显，其次是形式二的，而形式一的 0℃ 等温线距衬砌底部最远。这说明形式三的衬砌保温形式使渠基土体冻结深度最小，在渠基土体保温过程中效果明显。

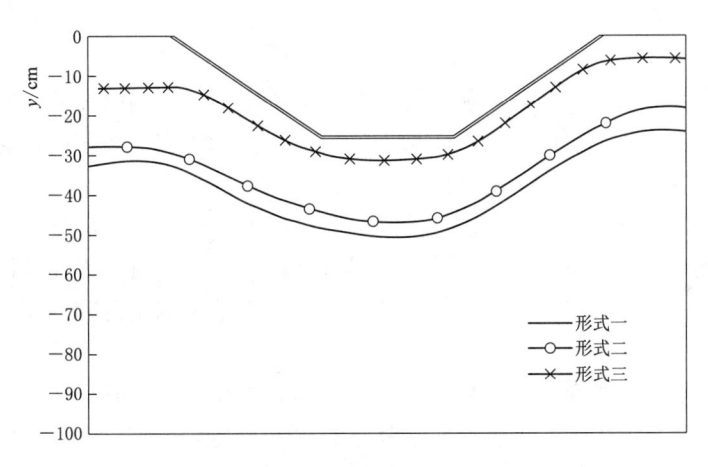

图 4.15 渠基土零度等温线分布

为进一步分析这三种形式的保温衬砌各自保温效果不同的原因，对这三种形式渠道衬砌下的同一竖直断面上温度自上而下经过各个接触面传递进行了分析。从图 4.16 可以看出，形式一中混凝土衬砌与保温板接触处不存在温差。形式二渠道中接触面上温差较小，这是由于作用在接触面上的压力较大，使混凝土衬砌与保温板接触面上的微空隙区减小，接触面更加紧密，使 TCR 减小。对于形式三，混凝土与保温板接触面共有三个（图 4.12），对于上部接触面，作用在此接触面上的压力较小，混凝土与保温板接触面上存在一定的微空隙，从而增加了两接触面上的 TCR，使温差增大。

由图 4.15 和图 4.16 分析得到，形式三的混凝土复合保温衬砌阻断了外界负温的传导，提高渠基土体的温度场。该种保温衬砌形式可有效地减小渠基土体的冻结深度，提高衬砌渠道的抗冻胀能力。

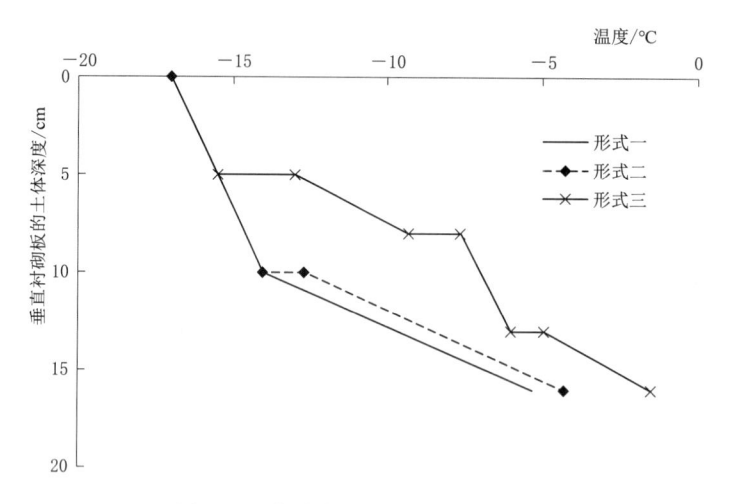

图 4.16 复合保温衬砌法向温度变化

4.4 本章小结

根据冻土区上渠道所处环境，从渠道接收的太阳辐射、气温对流及渠基冻土的水冰相变等热力学问题，建立了相应的数值模型。进一步以实际工程中常用的保温板防冻胀技术为例，结合界面热阻模型分析了防冻胀效果，得到主要成果如下：

（1）采用 HOTTEL 晴空太阳辐射模型，考虑渠道自身阴影遮蔽作用，基于辐射度算法建立了考虑太阳辐射时空变化的渠道热边界数值模型。基于衬砌表面实测温度对该模型进行了验证。该模型可根据太阳辐射的统计数据和气温数据确定衬砌表面温度，减少对衬砌表面温度监测数据的依赖性。

（2）考虑冻土内水相变成冰释放潜热这一特性，根据 Clapeyron 方程、达西定律和质量守恒原理，得到了土体中考虑相变和迁移水放热的热传导方程。采用 COMSOL 数值模拟这一过程，并结合实测数据对模型进行了验证。

（3）根据固体材料接触热阻原理，引入与压力相关的传热本构模型，建立了混凝土衬砌、保温板、渠基土及界面孔隙的热传导方程。采用 COMSOL 数值模拟了衬砌与保温板布置形式下的基土最大冻深位置和温度分布，指出衬砌－保温板－衬砌－保温板这一复合衬砌保温效果最好。

第5章 渠道热力耦合冻胀分析

5.1 热力耦合冻胀数值模型

渠基冻土冻胀以及冻土与建筑物之间的相互作用十分复杂，是工程设计中非常重要的问题。在有限元等数值方法尚未普及以前，解决这一问题的方法是预先根据工程经验或现场测定粗略确定出各种冻胀力，然后将这些力加在建筑物上进行设计。此类经验法也沿用到渠道设计规范或标准中。然而，冻胀力的大小不仅与冻土本身及其冻胀条件有关，而且与建筑物的刚度有关，实测结果相差悬殊，设计指标难以确定。因此，寻求一种避开直接测定冻胀力的确切计算方法是非常有应用价值的。

为此，作者于1999年应用非线性有限单元法按大体积超静定结构温度应力计算原理，建立了一种通用的有限元冻胀计算模型，亦称为热力耦合冻胀数值模型。该模型是在渠道热力学分析基础上，考虑温度对结构受力的影响，探求衬砌渠道冻胀受力及变形规律，为量化渠道结构设计寻求方法。相比于水热力耦合冻胀模型，该模型计算速度快，计算成本低，且结果较为符合工程实际，非常适合大型渠道工程的冻融破坏变形预测。

5.1.1 基本假定和方程

5.1.1.1 基本假定

冻胀变形不仅取决于冻结条件，还与冻土本身的物理性质有关。从微观上看，土冻结时土体、水和冰之间相互作用的微观过程是非常复杂的，可以将实际情况进行简化，以研究影响冻结过程及冻胀变形的主要规律：

(1) 假设土体是由单一土质组成的均匀连续各向同性体。

(2) 假设研究的渠段冻深与冻胀率已知，故冻胀产生的主要影响因素为温度，土冻结过程中忽略水分迁移的影响。

(3) 假定相变温度在同一种土中和同种外力条件下为常值。

(4) 忽略沿渠长方向可能存在的冻土温度的细微变化，把衬砌渠道冻胀问题看成平面应变问题处理。

5.1.1.2 基本方程

1. 热传导方程

由于不考虑冻结过程中水分迁移，并且寒区渠道冻结历时较长，冻胀是一个缓慢的过程，可以看成稳态传热过程，此时可近似认为冻土内没有放热和吸热现象。已有研究表明，在冻结和融化过程中，热传导项大于对流项2~3个数量级，故忽略对流影响，此时稳态二维热传导方程为

$$\frac{\partial T}{\partial x}\left(\lambda_x \frac{\partial T}{\partial x}\right) + \frac{\partial T}{\partial y}\left(\lambda_y \frac{\partial T}{\partial y}\right) = 0, \quad (x, y) \in \Omega \tag{5.1}$$

式中：λ_x、λ_y 分别为冻土沿 x、y 向的导热系数，W/(m·°C)；Ω 为计算的冻胀区域。

该热传导方程求解应满足边界条件，即

$$T(\Gamma, t) = T_\Gamma \tag{5.2}$$

式中：Γ 为冻结问题的边界。

2. 冻土本构方程

如果冻土各点不受约束，冻胀变形将产生正应变。如果为各向同性材料，则正应变在各个方向都相同，将不会产生剪应变。但实际上，冻土冻胀会受到衬砌板的约束，并且冻土各部分之间也会相互制约而产生应力。因此可将衬砌渠道的冻胀视为热胀冷缩温度应力的特例，即"冷胀热缩"，相关的应力-应变方程为

$$\varepsilon_x = \frac{1}{E(T)}(\sigma_x - \nu\sigma_y) + \alpha(T - T_0) \tag{5.3}$$

$$\varepsilon_y = \frac{1}{E(T)}(\sigma_y - \nu\sigma_x) + \alpha(T - T_0) \tag{5.4}$$

$$\gamma_{xy} = \frac{2(1+\nu)}{E(T)}\tau_{xy} \tag{5.5}$$

$$\alpha = \eta/T \tag{5.6}$$

冻土冻胀在受到混凝土衬砌约束的条件下，温度变化引起的应力方程为

$$\sigma_x = \frac{E(T)(1-\nu)}{(1+\nu)(1-2\nu)}\left(\varepsilon_x + \frac{\nu}{1-\nu}\varepsilon_y\right) - \frac{E(T)}{1-2\nu}\alpha(T - T_0) \tag{5.7}$$

$$\sigma_y = \frac{E(T)(1-\nu)}{(1+\nu)(1-2\nu)}\left(\frac{\nu}{1-\nu}\varepsilon_x + \varepsilon_y\right) - \frac{E(T)}{1-2\nu}\alpha(T - T_0) \tag{5.8}$$

$$\tau_{xy} = \frac{1-2\nu}{2(1-\nu)}\gamma_{xy} \tag{5.9}$$

式中：ε_x、ε_y 为正应变；γ_{xy} 为剪应变；σ_x、σ_y 为正应力，Pa；τ_{xy} 为剪应力，Pa；E 为弹性模量，Pa；T 为温度，°C；ν 为泊松比；α 为混凝土或冻土自由冻胀时的相当膨胀系数，1/°C；η 为试验计算的冻土自由冻胀率，由现场监测的冻胀变形量与冻深之比值。

3. 冻土-混凝土衬砌接触本构方程

混凝土与冻土接触面间冻结力与剪切变形之间呈双曲线型关系，其表达式为

$$\tau = \frac{u}{a + bu} \tag{5.10}$$

式中：a 为接触面初始剪切刚度的倒数；b 为接触面所能承受剪应力极值的倒数。即

$$\left.\begin{array}{l} a = \dfrac{1}{k_{\tau,\max}} \\ b = \dfrac{1}{\tau_{\text{uli}}} = \dfrac{R_f}{\tau_f} \end{array}\right\} \tag{5.11}$$

式中：$k_{\tau,\max}$ 为最大刚度系数；τ_f 为接触面破坏剪应力；R_f 为破坏比。

将式（5.11）代入式（5.10），得

$$\tau = k_{\tau,\max}\frac{u}{1+k_{\tau,\max}\dfrac{R_\mathrm{f}}{\tau_\mathrm{f}}u} \tag{5.12}$$

又切向刚度 $k_\tau=\mathrm{d}\tau/\mathrm{d}u$，对式（5.12）进行微分，得

$$k_\tau = k_{\tau,\max}\left(1-\frac{R_\mathrm{f}}{\tau_\mathrm{f}}\tau\right)^2 \tag{5.13}$$

可见，接触面剪应力与相对剪切位移之间的关系包括三个参数 $k_{\tau,\max}$、R_f 和 τ_f。

5.1.2 模型验证与分析

以甘肃省靖会总干渠梯形渠道为例进行模型验证与分析。渠段具体断面尺寸如图 5.1 所示。室内模型试验各部位的表面温度和冻结期数据见表 5.1 和表 5.2。

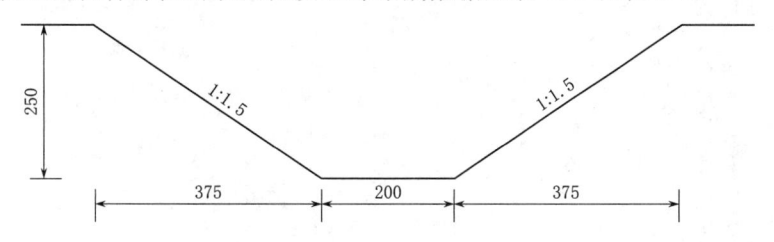

图 5.1 渠道原型几何尺寸（单位：cm）

表 5.1　　　　　　　　　　渠道各部位的月平均表面温度和冻结期

部　位	表面温度/℃			冻结期
	12 月	1 月	2 月	
阴坡	−4.92	−4.85	−0.72	11 月 27 日至次年 2 月 27 日
渠底	−4.56	−5.22	−1.15	
阳坡	−3.55	−4.75	−0.54	

表 5.2　　　　　　　　　　模型渠道测量结果

部　位	阴　坡	渠　底	阳　坡
冻深/cm	84.0	51.6	74.5
冻胀量/cm	7.08	5.91	6.41
冻胀率/%	4.63	10.98	3.95

5.1.2.1 有限元网格和计算参数

从渠顶向下取 10m 处为多年温度不变层，作为模型下边界；左右边界分别取距渠顶 2.5m 处。采用上述模型分析渠道基土的温度场和衬砌板的变形分布，并验证模型的准确性。

对于稳态热传导，温度场的分布仅与各个材料的导热系数 λ 有关。低温潮湿时低标号混凝土的导热系数为 $\lambda_\mathrm{c}=1.65\mathrm{W/(m\cdot ℃)}$。根据李安国实测渠底含水量约为 30%，渠坡中部约为 20%，查阅《冻土物理学》得到对应的冻土导热系数分别为 $1.1\mathrm{W/(m\cdot ℃)}$ 和 $0.57\mathrm{W/(m\cdot ℃)}$，然后按照竖直位置坐标进行插值得到各个位置的导热系数。地表 5m 以下一般为导热系数较大的土体，取为 $\lambda_\mathrm{b}=4.7\mathrm{W/(m\cdot ℃)}$。冻土泊松比取为 0.33。线

膨胀系数按照 η/T_{min} 取值，η 为冻胀率，T_{min} 为相应部位月平均表面温度最小值。竖直坐标位置的冻胀率 η 按插值方法进行插值。混凝土采用考虑软化的全阶段应力应变本构，按照 C20 进行取值，抗拉强度值为 1.27MPa，抗压强度值为 13.4MPa。其他参数见表 5.3～表 5.5。

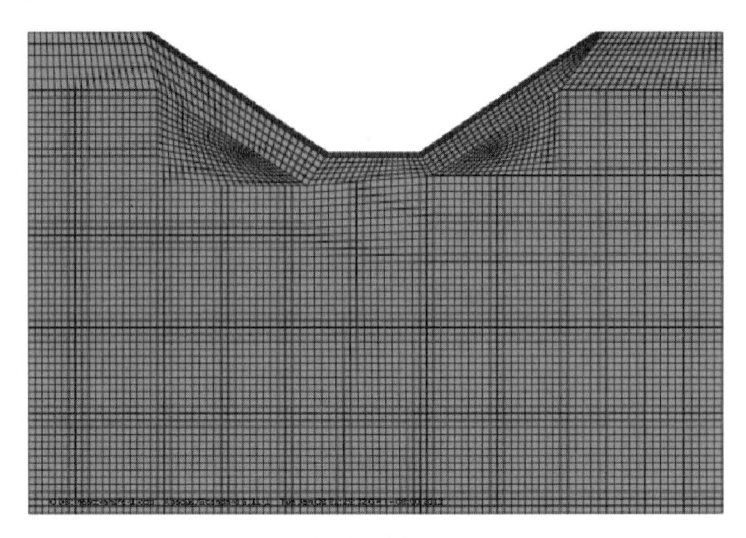

图 5.2 梯形渠道有限元网格图

表 5.3 冻土弹性模量

温度/℃	0	−1	−2	−3	−5
弹性模量/MPa	11	19	26	33	46

表 5.4 其他材料参数

材料	弹性模量/Pa	泊松比	密度/(kg/m³)	线膨胀系数
混凝土	2.4×10^{10}	0.20	2400	1.1×10^{-5}
接缝材料	2.0×10^{5}	0.45		0
下层土体	4.5×10^{10}	0.20		0

表 5.5 接触面单元参数

K_{max}/Pa	R_f	τ_f/Pa
1.2×10^{8}	0.83	580000

5.1.2.2 边界和初始条件

热传导分析时渠道的上下边界条件采用第一类边界条件：$T(L,t)=T_L$，其中 L 为冻结问题的边界。其中上边界环境温度按照表 5.1 进行取值，下边界取多年温度不变层温度，约等于当地年平均气温 11℃，左右边界为绝热边界。受力分析时，下边界为固端约束，上边界自由，左右边界为水平方向约束。

5.1.2.3 计算结果分析

图 5.3 为渠道温度场分布。渠坡及渠底表层的温度梯度大，随着深度增大温度梯度越

来越小。模拟得到的冻深分别为阴坡87.4cm、渠底55.1cm、阳坡71.4cm，与模型实测冻深基本一致。

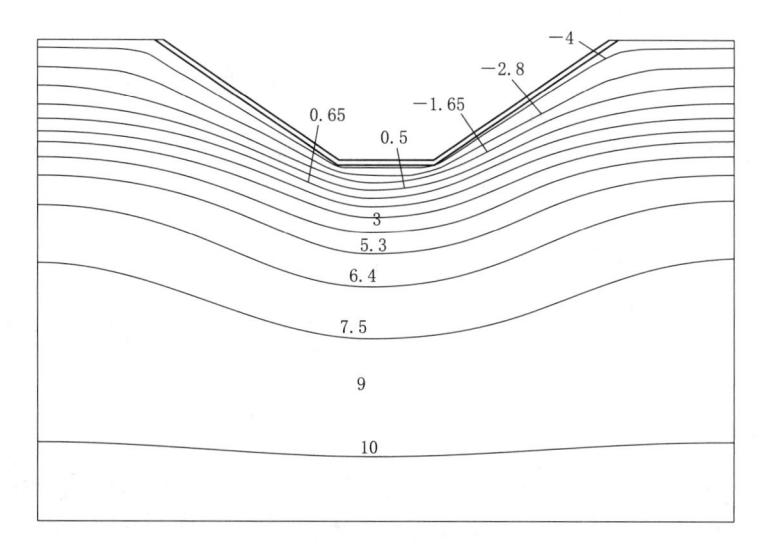

图5.3 渠道温度场分布

法向冻胀量沿渠道断面分布如图5.4所示，图中竖直辅助线用来区分渠坡与渠底，左为阴坡，右为阳坡，中间为渠底。由图5.4可知，阴坡冻胀量最大，阳坡次之，渠底最小，原因是阴阳坡冻深较大，发生冻胀土体较多。模拟结果表明，在渠底中部和阴阳坡靠近坡脚约1/3坡板长度处分别达到各断面最大值，其中渠底为3.16cm，阴坡为6.08cm，阳坡为5.03cm，与李安国模型结果基本一致。这说明把混凝土衬砌渠道的冻胀作为温度应力的特殊问题来处理，进行渠道冻胀的温度、应力场分析是合理的，也是简单实用的。

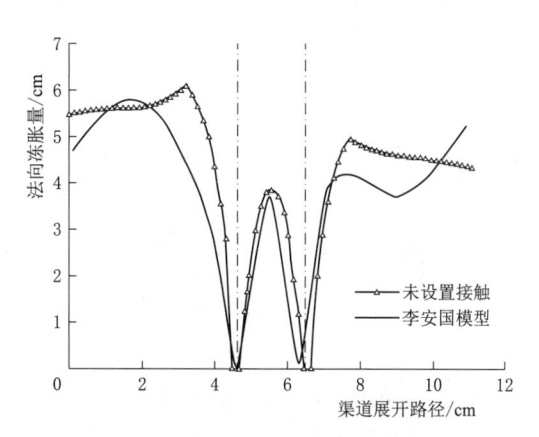

图5.4 法向冻胀量沿渠道断面分布

5.2 考虑水分迁移及相变对温度场影响的热力耦合冻胀数值模型

上一小节介绍了已知冻深情况下，衬砌渠道冻胀的热力耦合分析方法。但实际工程中，一方面，由于观测条件受限或者拟新建的工程，渠道基础冻深和冻胀变形往往不能准确获取。另一方面，渠道在长期输水过程中，渠基土含水率逐渐增高，且挖方渠道更易成为地下水汇聚处从而形成高地下水位。在以上特殊地质条件下，渠基土低温冻结过程中，不仅原位水发生相变，且未冻水在温度梯度作用下，向冻结锋面迁移并发生相变，由此产生的相变潜热巨大，对渠道温度场和位移场会产生影响。因此，在未知渠道冻深的情况下，需要建立更为准确的热传导分析模型来合理预报基土的冻深，才能分析衬砌渠道的冻胀变形情况。

为建立符合冻土实际冻结过程的热传导分析，模型中需要考虑水分迁移和水相变成冰的潜热释放问题，该热力学模型已在4.2节中进行了介绍。本节在此基础上，耦合应力场方程，建立渠道热力耦合冻胀模型，以分析未知冻深情况下的寒区渠道温度场和位移场的变化规律。

5.2.1 基本假定和方程

此模型的基本假定和热力学方程同4.2.1节一致，应力场方程同5.1.1.2一致，在此不再赘述。

5.2.2 模型验证与分析

以黑龙江省北安垦区某一输水支渠为背景进行渠道冻胀数值模拟，渠道断面尺寸如图5.5所示。该支渠属于现浇混凝土渠道，地处季节冻土区，渠床土以粉质壤土为主。北安垦区冬季漫长寒冷，封冻期从11月底至次年3月，全年平均气温在0～－0.5℃，极端气温可达－30℃。

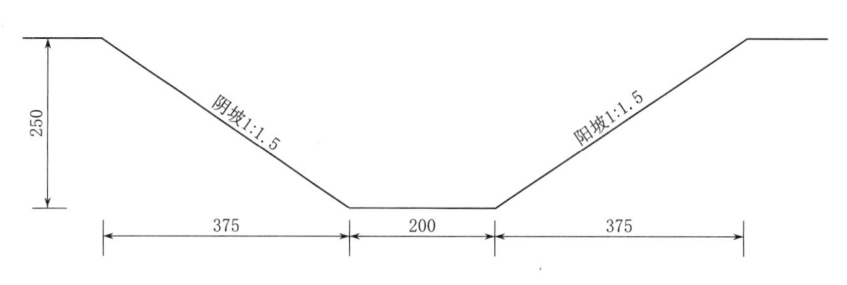

图5.5 渠道断面尺寸（单位：cm）

5.2.2.1 有限元网格和计算参数

根据恒温层厚度，有限元模型渠道从渠顶向下取10m作为下边界，左右边界从衬砌板边缘分别向两边延伸1.5m，混凝土衬砌板厚度各部位均取10cm，应用COMSOL有限元软件对梯形衬砌渠道实现一体化建模，有限元网格划分如图5.6所示。

将混凝土衬砌看作各向同性材料，弹性模量取2.4×10^4 MPa。冻土与非冻土视为各向同性弹性体，未冻土的弹性模量取15MPa，冻土的弹性模量随温度改变，取值见表5.3。假设渠基土含水量分布均匀，体积含水量取35%，考虑到温度和含水量对渠基土体物理参数的影响，综合资料和文献，其他材料计算参数取值见表5.6。

5.2.2.2 边界和初始条件

上边界采用对流热通量温度边界，热通量可用牛顿冷却定律表达

$$\boldsymbol{n}(\lambda \nabla T) = h_c(T_{amb} - T) \tag{5.14}$$

式中：h_c为对流热交换系数，取28W/(m²·K)；T_{amb}为外部环境温度，取渠道各边界冬季

5.2 考虑水分迁移及相变对温度场影响的热力耦合冻胀数值模型

平均气温,阴坡、渠底、阳坡分别为-20℃、-17℃、-15℃;T为边界计算温度,℃;

左右边界按绝热条件处理;下边界取地面以下15m处的地温8℃。渠基左右边界及下边界均设为辊支承,即左右边界水平位移为0,下边界竖向位移为0。

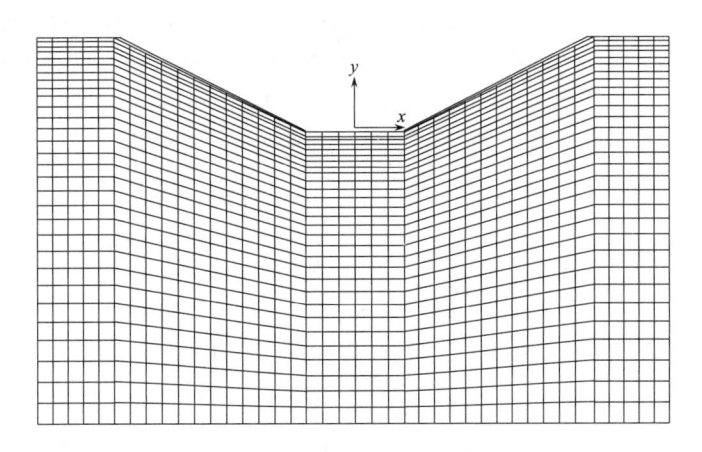

图5.6 渠道有限元网格划分

表5.6 材料计算参数

介 质	导热系数 /[W/(m·K)]	比热容 /[kJ/(kg·K)]	泊 松 比	线膨胀系数 /℃$^{-1}$
混凝土	1.58	0.97	0.2	1.1×10^{-5}
冻土	2.04	1.32	0.33	α_T
未冻土	1.46	2.05	0.375	0

5.2.2.3 结果分析

以渠道温度场为模拟对象,计算步长为3d,共计算了3个月内的温度场。对考虑与不考虑相变时的模拟结果进行对比,结果如图5.7所示。

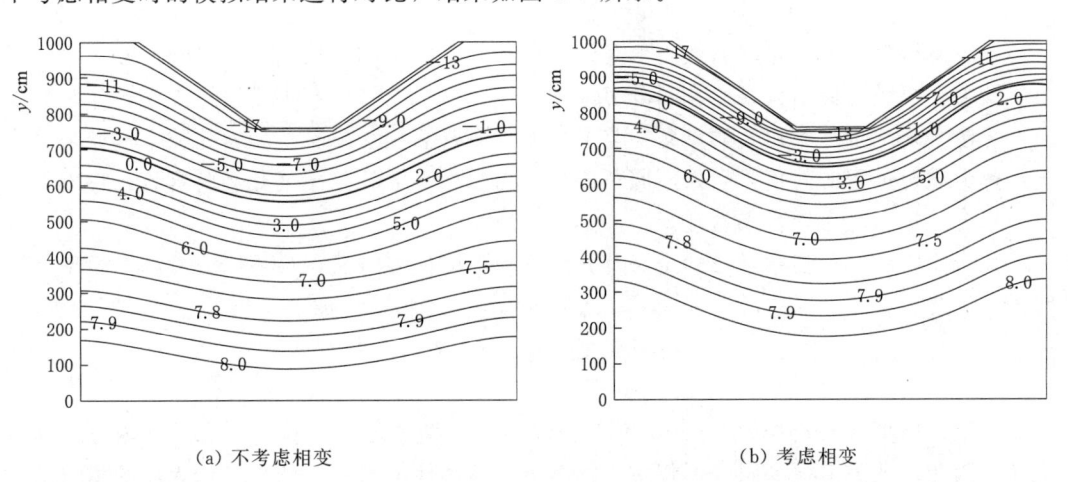

(a) 不考虑相变　　　　(b) 考虑相变

图5.7 渠基冻土温度场分布(单位:℃)

由图5.7可知，混凝土衬砌渠道冻深及温度分布趋势基本相同，渠道表层温度梯度大，而渠道深部基本上不受边界温度的影响，温度分布逐渐平缓直至趋近于平行的直线。从整体上看，温度场渠坡冻深较大、渠底冻深较小，阴坡冻深较大，阳坡冻深较小。对比图5.7可看出，考虑渠基冻土的相变及水分迁移后，由于水冰原位相变放热，及冻结过程中水分不断向冻结锋面迁移聚集而结冰放出潜热，使得渠基冻结深度较不考虑冻土相变的渠基冻深而言相对较小，图5.7（a）中最大冻深为3.0m，图5.7（b）中最大冻深为1.5m。根据相关资料可知，北安地区多年平均冻深为1.8m，可以看出考虑了冻土相变后的冻深更接近于实际冻深，证明了本节模型考虑相变的合理性和准确性。

根据数值模拟的位移场分布，得到考虑相变的法向位移沿渠道衬砌板长的展开图，并与不考虑相变的模拟结果进行对比，如图5.8所示。由图可知，考虑相变的衬砌渠道，由于在冻结过程中产生相变潜热，使冻深减小，从而法向位移也相对较小。考虑相变后，阴坡、阳坡和渠底衬砌板最大法向位移分别为9.65cm、4.81cm和2.0cm，与原型渠道衬砌板位移比较吻合。由于本章模型模拟时对模型进行了简化，假设渠基土体饱和且水分分布均匀，冻胀率取统一值，而实际渠道渠顶处含水率与

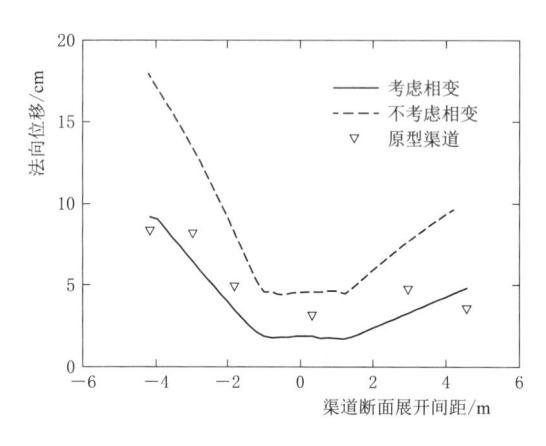

图5.8 断面法向位移展开图

渠底处相比较小，所以模拟得到的渠顶处衬砌板法向位移要比实际大。而不考虑相变的渠道衬砌最大法向位移分别为18.04cm、5.12cm和9.77cm，和实际偏差较大，说明在渠道热力耦合计算中考虑相变潜热的影响是合理的。

5.3 孔隙率模型

孔隙率模型也称孔隙率函数，由美国密西根大学的Radoslaw L. Michalowski学者提出。孔隙率模型的提出旨在解决因常用商业有限元软件无现成的冻土水热力耦合计算单元，无法实现冻土冻胀建模的难题。与上述的"冷胀热缩"模型类似，孔隙率模型是对冻土水热力耦合过程的简化，引入不同负温、应力状态下的孔隙率变化经验函数，将冻土水热力耦合简化为热力耦合来处理。

本节简要介绍孔隙率函数的定义及其冻胀模型的建立方法，最后结合算例对模型做出验证，供读者参考。

5.3.1 孔隙率函数

孔隙率模型（Porosity Function）是水动力学模型的延伸，其本质仍属于热力学模型范畴。因此，孔隙率模型同样不能用于预测单个冰透体的形成；相反，认为冰的生长均匀分布在土体的有限体积上。其核心函数可以表达为

5.3 孔隙率模型

$$\dot{n} = \dot{n}_m \left(\frac{T-T_0}{T_m}\right)^2 e^{1-\left(\frac{T-T_0}{T_m}\right)^2}, \quad T < T_0 \quad \frac{\partial T}{\partial t} < 0 \tag{5.15}$$

式中：$\dot{n}$、$\dot{n}_m$ 分别为孔隙变化率、最大孔隙变化率，1/d；T 为温度，℃；T_0 为土体的初始冻结温度，℃；T_m 为土体最大孔隙变化率的温度，℃。

由上式可知，函数中主要材料参数是最大孔隙率和最大孔隙变化率发生的温度。绘制 $\dot{n}_m$、T_m 不同组合下的变化关系曲线，如图 5.9 所示。

粉土的孔隙率增长可以用具有较高的曲线来描述，而黏土中的孔隙率增长则以较低的速度发生。从图中可知，粉土的增长率衰减得更快，在较低温度下，黏土的孔隙率可能超过粉土的孔隙率。当然，边值问题中冰的增长速度在很大程度上取决于热初始条件和边界条件，因为它们将决定土壤内温度的变化率。快速冻结过程将导致原位冻结，没有冰透镜体的形成，而缓慢的冻结过程将使冰透镜在略微低于冰点的温度下增长，在这种情况下，冰晶的增长速度是最强烈的。

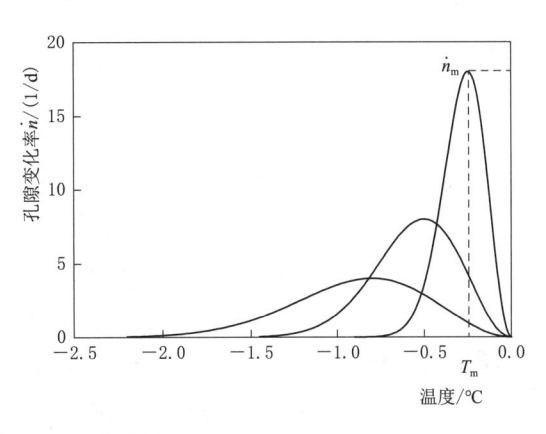

图 5.9 粉土和黏土的孔隙率函数变化过程

Michalowski 和 Zhu（2005）参考刚冰模型、分凝势等假设，认为冰透镜的增长，除了温度之外，这种增长还取决于温度梯度和冻结土的应力状态。于是在孔隙率核心函数的基础上，对函数进行了改进，即

$$\dot{n} = \dot{n}_m \left(\frac{T-T_0}{T_m}\right)^2 e^{1-\left(\frac{T-T_0}{T_m}\right)^2} \frac{\left|\frac{\partial T}{\partial l}\right|}{g_T} e^{-\frac{|\bar{\sigma}_{kk}|}{\zeta}} \tag{5.16}$$

式中：$\partial T / \partial l$ 为热流方向的温度梯度，℃/m；g_T 为发生最大孔隙率变化时的温度梯度，℃/m；$\bar{\sigma}_{kk}$ 为第一应力不变量，Pa；ζ 为材料经验参数，Pa。

后来，Zhang 和 Michalowski（2015）认为冻土中随着冰体积分数的增加，孔隙率的增长速率相应减缓，于是对公式进行了完善，即

$$\dot{n} = \dot{n}_m \left(\frac{T-T_0}{T_m}\right)^2 e^{1-\left(\frac{T-T_0}{T_m}\right)^2} \frac{\left|\frac{\partial T}{\partial l}\right|}{g_T} e^{-\frac{|\bar{\sigma}_{kk}|}{\zeta}} e^{-\langle\theta_i/\theta_w\rangle} \tag{5.17}$$

式中：θ_i 和 θ_w 分别为土的体积含冰率和未冻水体积含水率，m³/m³；其他参数同上。

值得关注的是，吉植强等（2010）引入分凝势模型对孔隙率函数亦进行了改进，即

$$\dot{n} = B e^{-aP_e} (\nabla T)^2 (1-n_t) \tag{5.18}$$

式中：$B = 1.09 \, SP_0/(T_i - T_s)$ 为材料常数；SP_0 为无上覆荷载下的分凝势，m²/(s·℃)；P_e 为上覆荷载，Pa；$\nabla T = \partial T/\partial l$ 为温度梯度，℃/m；n_t 为 t 时刻的孔隙率；a 为材料常数。

得益于分凝势的丰富研究成果，通过引入分凝势函数可以更好地解释孔隙率函数中各

项表达式的物理含义和合理性。

5.3.2 模型验证

孔隙率函数的冻胀模型在国内外尚未广泛使用，因此，模型的验证工作主要参考孔隙率函数提出者的文献。本节仅以 Michalowski（2005 年）的单向冻胀试验验证结果予以介绍，供读者参考。

1. 模型基本参数

Fukuda 等（1997）提供了一组广泛的实验数据，包括斜坡降温试验边界条件和阶梯冻结过程的实验数据。根据试验数据，通过曲线拟合的方法，得到孔隙率模型一组参数为：在 $g_T=100℃/m$ 时，$\dot{n}_m=6.02×10^{-5}s^{-1}=5.2/24h$ [或 $\dot{n}_m/g_T=6.02×10^{-7}m/(℃·s)$]，$T_m=-0.87℃$，$\zeta=0.6MPa$。

冻结曲线方程为

$$w = w^* + (\overline{w} - w^*)e^{\alpha(T-T_0)} \tag{5.19}$$

式中：w 为未冻水含量，%；$\overline{w}$、w^*、α 为试验参数，分别取 28.5%、5.8%、0.16℃$^{-1}$。

单向冻胀试验的边界条件控制见表 5.7。

表 5.7　　　Fukuda 等（1997）单向冻胀试验的温度边界条件和初始条件

试　　验	试验序号	暖端温度/℃	冷端温度/℃	上覆压力/kPa
阶梯试验(历时:115h) 斜坡降温冻结试验(历时:47h)	A	+5	-5	25
	B	7-0.042t*	-0.042t	25
	C	5-0.042t*	-0.042t	25
	D	4-0.042t*	-0.042t	25
	E	3-0.042t*	-0.042t	25
	I,J		-0.042t	150,300
	K,L		-0.042t	400,600
	F	2-0.042t*	-0.042t	25

注　t^* = time(h)。

2. 验证结果

梯度冻结试验和斜坡降温冻结试验的结果对比如图 5.10 和图 5.11 所示。从对比结果可以看出，孔隙率模型可以较好反映冻土单向冻胀过程的变化规律；只要模型参数选取合适，计算值与试验值得吻合度较高。通过不同的降温工况对比，可以反映，与孔隙率函数相关的参数，如 $\dot{n}_m$、g_T、ζ、$\overline{\sigma}_{kk}$ 等，可以视为与土体固有的材料常数，而与降温过程无关。因此，这种函数建模方式有利于在通用商业有限元平台中实现，且有利于提高计算效率。

孔隙率模型可以视为半经验半理论的唯象模型。相比"冷胀热缩"模型，其函数的表达无疑更有物理意义，但公式涉及的参数一般难以从常规土样试验中获取。虽然，Michalowski 认为，孔隙率核心函数可以很容易地使用斜坡降温冻结试验（Ramped temperature test）来标定，而且它可以消除一些在冻结前沿附近难以测定的模型参数。但对于后续改进的孔隙率模型，其涉及的待定参数较多，目前仍没有先进的设备可以准确测量，一般情况下只能通过具体土体的冻胀试验进行反演分析获取。这一做法本质上和"冷胀热缩"模型中的膨胀率系数实验标定无异。

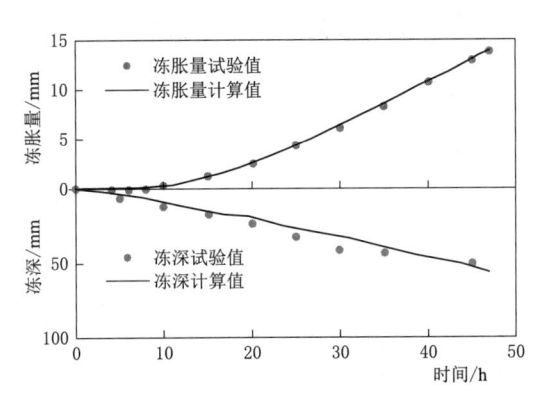

图 5.10　梯度冻结试验的结果对比

图 5.11　斜坡降温冻结试验的结果对比

孔隙率函数的优势更多地体现在给冻土数值建模提供一个易于根据试验结果修正的函数基础。在核心孔隙率函数的基础上，模型还可以通过添加附加项的形式来考虑温度梯度、应力水平以及体积含冰率状态等参数对冻胀变化率的影响。然而，由于缺少广泛的室内试验和现场观测验证，孔隙率模型的普适性仍有待进一步研究。

5.4　本章小结

在渠道热力学分析基础上，考虑温度对结构受力的影响，建立了渠道冻胀热力耦合模型。该模型计算速度快，计算成本低，结果较为符合工程实际，非常适合大型渠道工程的冻融破坏变形预测。得到的主要成果如下：

（1）将冻土视为"冷胀热缩"材料，考虑渠道衬砌与冻土的接触作用，按照大体积超静定结构系统温度应力的计算方法，提出了渠道冻胀热力耦合数值模型。计算结果与实测结果接近，说明该模型是正确可靠的。该模型主要针对已建工程已知冻深情况下的渠道冻胀计算。

（2）考虑水分迁移和相变对温度场的影响，对上一节温度场方程进行修正，建立了热力耦合模型。该数值模型可较好的考虑冻土内水分对温度的影响，且不需要依赖工程冻深的监测资料，可更好地为待建工程服务。

（3）引入不同负温、应力状态下的孔隙率变化经验函数，建立了冻土冻胀的孔隙率模型，并结合试验进行了验证。该函数物理意义明确，但参数较难获取，需通过具体土体的冻胀试验进行反演分析获取，孔隙率模型的普适性仍有待进一步研究。

第6章 渠道水-热-力耦合冻胀分析

寒区工程中,季节性的温度变化引起地基土周期性的冻结和融化。在冷季,随着气温下降,土体逐渐冻结;在孔隙水和外界水源补给条件下,水结晶形成透镜体、分凝冰、冰夹层等形式的冰侵入体,使土体积增大,产生冻胀。在暖季,冻结后的土体融化,冰消融成水,加之在自重和外荷载作用下,融化的孔隙水排出,导致土体压缩,产生融沉。寒区土体的冻胀融沉特性易使其上覆工程发生破坏。

寒区渠道冻胀破坏是由渠基冻土的冻融变形及其与渠道衬砌的相互作用所导致,其本质上是热量传输、水分迁移、相变与应力状态相互作用、相互影响的结果。只有综合考虑水、热、力三者的耦合作用,才能较为真实地反映土体冻融过程中的客观物理机制和规律。要了解冻土的冻胀、融沉现象,除了通过现场实地观测与室内试验外,另一有效手段是对冻土结构的基本组分分析后建立不同物理场间参数耦合的数学模型,并通过数值模拟分析不同气象、地质、水文、地表覆盖及建筑物工程条件下,地基冻结时的地温动态、水分重分布及随之产生的冻害特征。

为此,本章在第2章渠道冻融计算力学理论框架下,继续完善补充冻土基本参数确定及参数耦合的内容,逐步建立冻土的水-热耦合模型、水-热-力耦合模型。进一步从冻土的横观各向同性冻胀本构、衬砌-冻土相互作用和冻土的冻胀融沉本构三方面修正渠道冻胀水-热-力耦合模型。该模型计算只需知道外界气候和冻土及结构的相应参数,即可对渠道的冻胀过程进行求解。计算结果与已有的现场监测和模型试验结果较为吻合,可作为渠道冻胀设计的尺寸复核。

6.1 移动泵模型

冻土的水热相互作用研究主要集中于水分迁移驱动力和迁移速率两个方面。周家作建立了移动泵模型,旨在解决水分迁移速率和移动冻结锋面难以处理的问题。该模型是在上一节水动力学模型基础上,对水分迁移方程进行分解,并引入了冻土与未冻土之间的过渡区间和等效源汇概念。移动泵的吸水速率可由试验或反演得到,移动泵的引入避免了冻土渗透系数难以测量和移动界面难以处理的问题,达到简化计算的目的。

6.1.1 控制方程

一维冻土水分迁移的控制方程与 Richards 水头型方程类似,这里给出体积含水量型的水分场方程,即

$$\frac{\partial}{\partial t}\left(\theta_u + \frac{\rho_i}{\rho_w}\theta_i\right) = \frac{\partial}{\partial x}\left(D\frac{\partial \theta_u}{\partial x}\right) \tag{6.1}$$

式中：θ_u 和 θ_i 分别为未冻水和冰的体积含量，m^3/m^3；D 为水分扩散系数；t 为时间。

在温度梯度作用下，土中有两个相变过程同时发生，一是原位水冻结，二是迁移到冻土中的水分冻结。用 q 表示单位时间内迁移的水分聚集在冻土单元体内产生的含水量增量，忽略水分迁移过程中的对流作用，可得到热流方程，即

$$(C+C_L)\frac{\partial T}{\partial t}=\frac{\partial}{\partial x}\left(\lambda\frac{\partial T}{\partial x}\right)+L\rho_w q \tag{6.2}$$

式中：T 为温度，℃；C 为体积热容，$kJ/(m^3 \cdot ℃)$；λ 为导热系数，$W/(m \cdot ℃)$；L 为单位质量水冻结释放的潜热，kJ/kg；ρ_w 为水密度，kg/m^3。

由于冻土渗透系数随着温度降低而急剧衰减，因此可以认为从未冻土中迁移的水分只能聚集在冻结锋面附近的狭窄区域。如图 6.1 所示，T_f 表示冻结温度，$[T_t, T_f]$ 是在冻结温度以下的一个狭窄温度区间。在冻结锋面处有一台假象泵，将未冻区的水分抽吸并储存在冻结锋面后冻土一侧的狭小区域 $[T_t, T_f]$ 内，迁移的水分在该区域内聚集使得单位时间内单位体积储水区间水分增加量为 q，在储水区间外水分增加量为 0。将水分扩散方程等效地分解成两个方程，其中一个方程式（6.3）描述未冻区含水量的减少，另一个方程式（6.4）描述水分在冻土内的聚集。这两个方程相加可消去 q 得到式（6.1）的体积含水量的 Richards 方程，并未引入多余的源项。

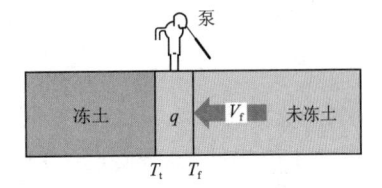

图 6.1 移动泵模型

$$\frac{\partial \theta_u}{\partial t}=\frac{\partial}{\partial x}\left(D\frac{\partial \theta_u}{\partial x}\right)-q \tag{6.3}$$

$$\frac{\partial}{\partial t}=\left(\frac{\rho_i}{\rho_w}\theta_i\right)=q \tag{6.4}$$

假设冻土水分聚集区外渗透系数为 0，水分不会越过这个区域，因此水分扩散系数可表达为

$$D=\begin{cases}D_u, & T\geqslant T_t \\ 0, & T<T_t\end{cases} \tag{6.5}$$

式中：D_u 为与含水量有关的水分扩散系数。

式（6.3）中 θ_u 在 $T<T_t$ 的情况下并非表示真正的未冻水含量，而是表示狭窄区域经过 x 的时刻该处的未冻水含量。由于在狭窄区域外的冻土内水分无法渗透（$D=0$），因此一旦狭窄区域位置超过 x 时，该处 $\theta_{u(x)}$ 保持不变，但真实的未冻水含量可以根据温度计算得到。虽然 θ_u 在 $T<T_t$ 时不能代表真实的未冻水含量，但是 θ_u 和 $\rho_i\theta_i/\rho_w$ 相加仍然等于总含水量，这是移动泵模型的意义所在。

冻结锋面处 x_f（温度 T_f）的水分迁移速率为 V_f，根据达西定律可得流出的水量为

$$V_f=D\frac{d\theta_u}{dx}\bigg|_{x=xf} \tag{6.6}$$

根据 Dirac 函数的性质

$$\int_{-\infty}^{+\infty}\Delta\left(T-\frac{T_t+T_f}{2},T_d\right)dT=\int_{T_f}^{T_t}\Delta\left(T-\frac{T_t+T_f}{2},T_d\right)dT=1 \tag{6.7}$$

可表示为

$$V_f = \int_{-\infty}^{+\infty} D \frac{\mathrm{d}\theta_u}{\mathrm{d}x} \delta(T-T_f) \mathrm{d}T \tag{6.8}$$

Dirac 函数 $\delta(T-T_f)$ 在 T_f 处为 ∞，其他位置为 0，在区域 $[-\infty,\infty]$ 上的积分等于 1。$\delta(T-T_f)$ 可以用 $[T_t,T_f]$ 区间的钟形脉冲函数近似表示，且满足以下条件，即

$$\int_{-\infty}^{+\infty} \Delta\left(T - \frac{T_t+T_f}{2}, T_d\right) \mathrm{d}T = \int_{T_f}^{T_t} \Delta\left(T - \frac{T_t+T_f}{2}, T_d\right) \mathrm{d}T = 1 \tag{6.9}$$

式中：T_d 为储水区间温度宽度的一半，即 $T_d = (T_f - T_t)/2$。显然当 T_d 趋近于 0 时，储水区间趋近于无穷小，钟形脉冲函数趋近于 $\delta(T-T_f)$。

式（6.8）中积分变量也可以写成空间坐标的形式，即

$$V_f \approx \int_{-\infty}^{+\infty} D \frac{\partial \theta_u}{\partial x} \frac{\partial T}{\partial x} \Delta\left(T - \frac{T_t+T_f}{2}, T_d\right) \mathrm{d}x = \int_{x_t}^{x_f} D \frac{\partial \theta_u}{\partial x} \frac{\partial T}{\partial x} \Delta\left(T - \frac{T_t+T_f}{2}, T_d\right) \mathrm{d}x \tag{6.10}$$

式中：x_t 为温度 T_t 对应的空间坐标。

由于冻土储水空间外渗透系数为 0，因此单位时间流进储水空间内的总水量为 V_f。根据定义，单位体积的水分增长率 q 等于储水空间水分总增量率 V_f 对储水空间体积求导数，因此根据式（6.10）可得

$$q = D \frac{\partial \theta_u}{\partial x} \frac{\partial T}{\partial x} \Delta\left(T - \frac{T_t+T_f}{2}, T_d\right) \tag{6.11}$$

储水区域是冰水共存的过渡带，根据 Clapeyron 方程土水势（水压力）与温度和冰压力有关。不考虑滞回效应时土水势与未冻水含量有唯一对应关系，因此式（6.11）中 $\partial \theta_u/\partial x$ 与温度梯度和冰压力梯度有关，为了简化问题本节仅将 $\partial \theta_u/\partial x$ 表示成温度梯度的函数，即

$$\frac{\partial \theta_u}{\partial x} = f\left(\frac{\partial T}{\partial x}\right) \tag{6.12}$$

在实际应用中可以预先假设一种函数形式，然后根据试验数据进行反演确定待定参数。

将式（6.12）代入式（6.11）可得到储水区间内的水分增长率表达式，即

$$q = Df \frac{\partial T}{\partial x} \Delta\left(T - \frac{T_t+T_f}{2}, T_d\right) \tag{6.13}$$

土的热参数包括导热系数和体积热容，其值依赖于土的组成成分及其比例。由于冻土中未冻水含量随温度变化而改变，所以热参数随温度变化。为简化问题，本节将冻土和未冻土的热参数都当作常数，在冻结锋面附近的过渡区域内 $[-T_\xi, T_\xi]$ 将两者用平滑阶梯函数联系起来，阶梯函数由 $\frac{\partial}{\partial t}\left(\frac{\rho_i}{\rho_w}\theta_i\right) = q$ 给出。利用阶梯函数，整体求解域导热系数和体积热容可以表示为

$$\lambda = \lambda_f + (\lambda_u - \lambda_f)H(T, T_\xi) \tag{6.14}$$

$$C = C_f + (C_u - C_f)H(T, T_\xi) \tag{6.15}$$

式中：λ_f 和 λ_u 分别为冻土和未冻土的导热系数；C_f 和 C_u 分别为冻土和未冻土的体积热容。

通过联立求解方程式（6.2）、式（6.3）和式（6.4）就可得到土冻结过程中温度和水分的分布与变化。

6.1.2 模型验证

结合封闭条件下垂直土柱的一维水分迁移试验进行模型验证。土样由非饱和壤土制成，从上至下冻结且无外载。试验土柱高13.68cm，干密度1.5g/cm³，土样侧壁用保温材料隔热，初始饱和度为49.7%，对应于初始体积含水量0.2208。实测未冻水含量表明，当温度从冻结温度降低到−0.37℃时，未冻水体积含量从初始含水量急剧减少到0.1043；当温度低于−0.37℃时，未冻水含量变化很小，因此原位水冻结释放的潜热为$L\rho_w(\theta_0-0.1043)$，其中θ_0初始含水量。在保证释放潜热总量相等的前提下，可以将原位水冻结温度区间转化为冻结锋面附近的过渡区域$[-T_\xi,T_\xi]$。原位水释放潜热量为

$$\int_{-T_\xi}^{T_\xi}C_L dT \approx \int_{-T_\xi}^{T_\xi}L\rho_w(\theta_0-0.1043)\Delta(T,T_\xi)dT \tag{6.16}$$

由于冻结过程中冻融界面处的含水量是变化的，所以式（6.16）中的初始含水量应该由场变量θ_u代替。则对比式（6.16）的被积函数的相变热容为

$$C_L=L\rho_w(\theta_u-0.1043)\Delta(T,T_\xi) \tag{6.17}$$

参照典型粉土热参数值的研究成果，取$\lambda_f=1.58\text{W}/(\text{m}\cdot\text{℃})$，$\lambda_u=1.13\text{W}/(\text{m}\cdot\text{℃})$，$C_f=2.82\text{MJ}/(\text{m}^3\cdot\text{℃})$和$C_u=2.36\text{MJ}/(\text{m}^3\cdot\text{℃})$。

未冻土水分扩散系数（cm²/min）为饱和度S的函数，表示为

$$D_u=2.03S^{7.35} \tag{6.18}$$

式（6.12）中的f设为

$$f=\frac{1}{10}\frac{\partial T}{\partial x} \tag{6.19}$$

初始含水量为0.2208，因此变量θ_u和θ_f的初值分别取0.2208和0，水分边界条件均设为不透水边界。冻结温度取为−0.3℃，与原位水相变过渡区域和储水区域温度宽度有关的T_ξ和T_d应尽可能小，本节中T_ξ和T_d均取为0.3℃。以土样上端作为坐标原点，将场方程式（6.2）、式（6.3）和式（6.4）输入COMSOL Multiphysics模拟软件数学模块中的自定义方程中，应用移动泵模型对冻结过程中的温度场和水分场进行数值模拟。

用θ_f表示冻土区迁移的水分即$\theta_f=\theta_i\rho_i/\rho_w$，图6.2给出了不同时刻$\theta_u$和$\theta_f$的模拟值分布曲线。从图中可以看出，在冻结过程中未冻区体积含水量减少而冻土区迁移的体积含水量增大。由于未冻区没有外界水源补给，随着时间的增长其含水量会一直减少，直到未冻区的非饱和土基质吸力与冻吸力达到平衡，这是与开放系统下的饱和土冻结过程不同的。

将θ_u和θ_f相加即得到总含水量分布，试验共进行了47.2h，图6.3给出了移动泵模拟的总含水量沿土样长度分布与实测值及模拟值的对比。图6.5给出了冻结深度变化曲线的模拟值与实测值对比。从图6.3~图6.5的对比中可以看出，胡和平等的模拟与移动泵的模拟结果都与实测值符合较好。移动泵模型可通过商业有限元程序实现，在求解过程中不需要更新移动边界和重新划分网格，相对于传统的人工编程处理移动边界的方法更方便快捷，而且模型物理意义明白易懂，便于推广应用。

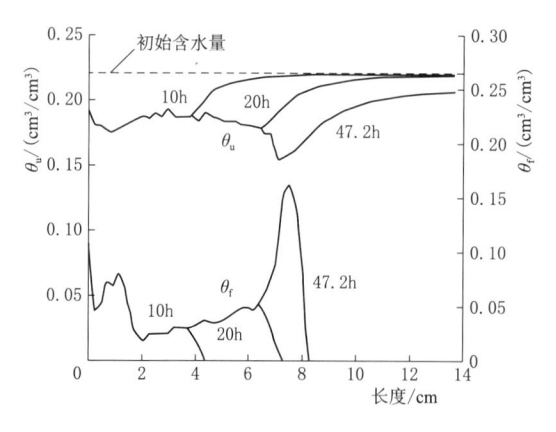

图 6.2 不同时刻 θ_u 和 θ_f 的模拟值分布曲线

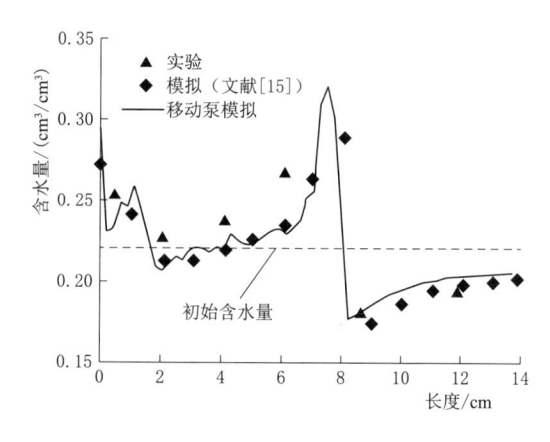

图 6.3 试验后的含水量分布

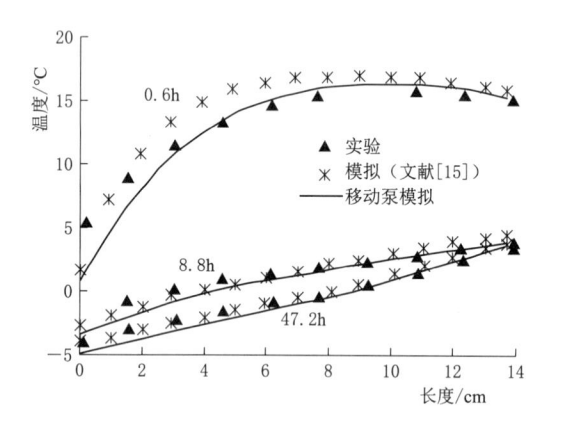

图 6.4 不同时刻的温度分布

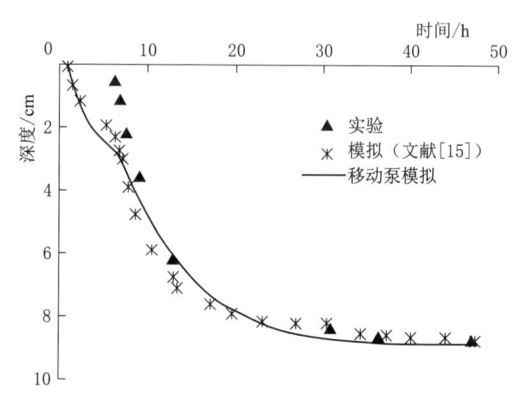

图 6.5 冻结深度变化曲线

6.2 非饱和冻土水-热耦合模型

冻土中的水-热迁移会引起土体内部水分重分布，促进分凝冰的形成与生长，是冻土水-热-力三场耦合的核心内容。只有当水-热耦合模型合理的前提下，冻土的三场耦合模型的建立才有意义。本节主要介绍非饱和冻土温度场与水分场参数间的耦合关系和利用 Clapeyron 方程及土水特征曲线（SWCC）建立联系方程的方法，最后结合前序章节中推导的基本理论框架构建非饱和冻土水-热耦合迁移模型，并结合室内试验分析验证。

6.2.1 非饱和冻土热参数

为详细分析冻土中的水-热迁移过程，首先需确定冻土中的热参数-体积比热容与导热率。在比热容和导热率计算模型中，又分经验模型与半经验半理论模型两类。常用的经验模型，即根据不同土质，假定冻土与未冻土分别取不同的常数值。这种做法简单，也不会对数值计算带来太高的成本，在冻土研究初期被广泛使用。随着学者们对冻土认识的不断深入，提出了许多具有明确物理意义、更符合室内试验结果的半理论半经验模型，本节对此进行介绍与建模。

1. 体积比热容

工程中使用比较广泛的是 de Vries 提出的一种半经验半理论模型。即认为土体的体积比热容具有可加性，可由土体各组分比热容的计算平均来表示，且空气的体积比热容相比土颗粒、水、冰而言可忽略不计，于是有

$$C_{\text{v}} = C_{\text{vp}}(1-n) + C_{\text{vw}}\theta_{\text{w}} + C_{\text{vi}}\theta_{\text{i}} \tag{6.20}$$

式中：n、θ_{w} 和 θ_{i} 分别为土体的孔隙率、未冻水和冰的体积含量；C_{vp}、C_{vw} 和 C_{vi} 分别为土体固体颗粒、水和冰的体积比热容，且水和冰在负温下，可近似为常数，其值分别为 $4.2\text{J}/(\text{m}^3 \cdot \text{K})$、$1.935\text{J}/(\text{m}^3 \cdot \text{K})$。

2. 导热率

土壤导热率的计算方法与比热容相似，但由于其受土体矿物质结构、形状等因素影响，故在计算时引入形状系数 g，并考虑各组分在导热率中的权重，即

$$\lambda = \frac{X_{\text{p}}\theta_{\text{p}}\lambda_{\text{p}} + X_{\text{w}}\theta_{\text{w}}\lambda_{\text{w}} + X_{\text{i}}\theta_{\text{i}}\lambda_{\text{i}} + X_{\text{a}}\theta_{\text{a}}\lambda_{\text{a}}}{X_{\text{p}}\theta_{\text{p}} + X_{\text{w}}\theta_{\text{w}} + X_{\text{i}}\theta_{\text{i}} + X\theta_{\text{a}}} \tag{6.21}$$

式中：X、θ 和 λ 分别为土体各相的加权系数、体积含量、热导率；下标 p、w、i、a 分别表示固相土体颗粒、水、冰、空气。计算时以水为连续介质，其加权系数为 1，其他各相的加权系数取决于该项的平均温度梯度与水的平均温度梯度之比，并且与形状有关。在式 (6.21) 基础上，给出了加权系数 X_j 关于形状系数 g_j 的函数关系，并将其应用于冻土，计算结果与实验数据吻合较好。

$$X_j = \frac{2}{3}[1 + (\lambda_j/\lambda_{\text{w}} - 1)g_j]^{-1} + \frac{1}{3}[1 + (\lambda_j/\lambda_{\text{w}} - 1)(1 - 2g_j)]^{-1}, \quad (j = \text{p,w,i}) \tag{6.22}$$

注意到，土壤中的颗粒组分实际上是由不同矿物质组成，若对每一个矿物质做如式 (6.22) 计算，则所需参数较多，不利于工程应用。雷志栋认为，为计算方便起见，土体中除冰以外的矿物质形状系数可近似取各矿物成分形状系数的平均值，建议 $g_{\text{p}} = 0.125$。再者，空气作为土壤中的特殊组分，当以水分作为连续介质时，空气的形状系数可通过其相对含量来经验表示

$$g_{\text{a}} = 0.333 - (0.333 - 0.035)\frac{\theta_{\text{a}}}{n} \tag{6.23}$$

土壤各组分形状系数汇总于表 6.1。

表 6.1　　　　　　　　　　土壤各组分形状系数

土壤成分	矿 物 质	水	冰	空 气
形状系数 g_j	0.125	0.333	0.333	$0.333 - (\theta_{\text{a}}/n)$

6.2.2　冻土水力学参数

冻土中的水分传输可近似认为是非饱和土渗流，故可以采用非饱和土中的土水特征曲线和渗透模型来确定冻土的水分运动方程参数，如比水容量 C 及渗透系数 k。

1. 土-水特征曲线（SWCC）模型

（1）Brooks-Corey（BC）模型。BC 模型是最早模拟土-水特征曲线的模型之一。在大量的吸力-含水量试验数据基础上，提出了一个与土"孔径分布指数"λ 相关的幂函数表达形式

$$S_e = \begin{cases} 1, & h \geqslant h_b \\ \left(\dfrac{h}{h_b}\right)^\lambda, & h < h_b \end{cases} \tag{6.24}$$

$$S_e = \dfrac{\theta_w - \theta_r}{\theta_s - \theta_r} = \dfrac{S_w - S_r}{1 - S_r} \tag{6.25}$$

$$C(h) = \begin{cases} 0, & h \geqslant h_b \\ -\dfrac{\lambda}{h_b}(\theta_s - \theta_r)\left(\dfrac{h}{h_b}\right)^{\lambda-1}, & h < h_b \end{cases} \tag{6.26}$$

式中：h_b（<0）为进气压力值；S_e、S_w、S_s 和 S_r 分别为土体等效饱和度、饱和度、残余饱和度；θ_w、θ_s 和 θ_r 分别为体积含水量、饱和体积含水量、残余体积含水量；$C(h)$ 为与土水势相关的比水容重。

（2）van Genuchten（VG）模型。

$$S_e = \begin{cases} 1, & h \geqslant 0 \\ \left[1 + (-\alpha h)^{\frac{1}{1-m}}\right]^{-m}, & h < 0 \end{cases} \tag{6.27}$$

或

$$\theta_w = \begin{cases} \theta_s, & h \geqslant 0 \\ \theta_r + (\theta_s - \theta_r)\left[1 + (-\alpha h)^{\frac{1}{1-m}}\right]^{-m}, & h < 0 \end{cases} \tag{6.28}$$

$$C(h) = \begin{cases} 0, & h \geqslant 0 \\ \dfrac{\alpha m}{1-m}(\theta_s - \theta_r) S_e^{1/m}(1 - S_e^{1/m})^m, & h < 0 \end{cases} \tag{6.29}$$

式中：$C(h)$ 为与土水势相关的比水容重；α、m 分别为拟合参数。

从上述方程中可以看出，BC 模型呈现出非光滑或开放的形式，土-水特征曲线在进气值 h_b 处出现非光滑点，这将导致土的水分容量与水力扩散函数曲线呈现不连续点，在模拟接近饱和状态的土内水分迁移时，将出现数值结果不稳定的现象。再者，据试验资料表明，BC 模型比较适合粗颗粒土；当含水量接近于残余含水量，亦即基质势很大时，BC 模型不再适用。与 BC 模型相比，VG 模型较好地弥补了 BC 模型的不足，其包含了进气压力值和趋近残余含水量状态时的拐点转折点信息并且有效地实现拐点处的平滑过渡。另外，函数在 $h<0$ 范围内为一个光滑封闭曲线，保证了比水容量曲线与渗透系数曲线的连续性，提高数值计算稳定性。

2. 渗透系数模型

Mualem and Klute 将渗透系数方程的数学建模分为三类：经验模型、宏观模型和统计模型。经验模型形式简单，主要根据实验数据的一般形状，再结合饱和渗透系数拟合出

经验性的曲线方程。宏观模型，典型地采用一个幂函数形式（$k_r = S_e^\delta$），继而通过考虑土体的级配或孔隙不同几何形状，从经验或者理论上来确定幂函数的指数 δ。常见的经验与宏观公式见表 6.2。

表 6.2　　　　　　　　非饱和土渗透系数方程的经验和宏观公式汇总

形　式	方　程	来　源
$k(\theta)$ 或 $k(S)$	$k(S) = k_s S_e^n$	Averjanov (1950)
	$k(\theta) = k_s \exp[\alpha(\theta - \theta_s)]$	Davidson (1969)
	$k(\theta) = k_s \left(\dfrac{\theta}{\theta_s}\right)^n$	Campbell (1973)
$k(\Psi)$	$k(\Psi) = a\Psi + b$	Richards (1931)
	$k(\Psi) = a\Psi^{-n}$	Wind (1955)
	$k(\Psi) = \dfrac{k_s}{1 + a\Psi^n}$	Gardner (1958)
	$k(\Psi) = k_s \exp(-\alpha\Psi)$ $k(\Psi) = k_s \quad \Psi \geqslant \Psi_b$ $k(\Psi) = k_s \left(\dfrac{\Psi_b}{\Psi}\right)^\eta \quad \Psi < \Psi_b$ $\eta = 2 + 3\lambda$	Brooks and Corey (1964)

而统计模型，其假定土骨架可视为由相互连通的、不同尺寸毛细管构建的网络体系，且水只能通过充满水的毛细管流动。在此概念模型下，可以通过不同半径毛细管的分布及充水毛细管的连通性，应用统计学方法得出指定平面的渗透系数。又因充满水的孔隙与土体吸力相关的，并且可以用土-水特征曲线量化，即土的渗透系数可通过土-水特征曲线间接得出。

根据统计学孔径分布理论发展起来的渗透系数模型有很多，其中 van Genuchten 模型由于上文提到的土-水特征曲线灵活、封闭等优势，在岩土工程应用最为广泛

$$k = k_s S_e^{0.5} \left[1 - (1 - S_e^{1/m})^m\right]^2 \tag{6.30}$$

式中：k、k_s 分别为土体的渗透系数、饱和渗透系数；m 为试验参数。联立土-水曲线方程，即可求得任一基质势下土体的渗透系数。当认为水-冰界面与水-汽界面的曲率半径相等的情况下，冻土中的渗透系数即可用常温下的土体渗透系数来确定。

6.2.3　结冰速率

土冻结过程满足土冻结曲线 SFC，即联系方程 $\theta_u \leqslant \theta_{max}(T)$，当不考虑土冻融时的滞后效应时，方程取等号。而土冻结曲线的建立方法一般有两种：一是通过大量的试验数据，拟合得出关于冻土重量含水量 w_u 或体积含水量 θ_u 与负温 T 之间的经验公式；二是通过土-水特征曲线（SWCC）与 Clapeyron 方程联立推导得出关于未冻水体积含水量 θ_u 与负温之间的计算方程。

前者以试验作为基础，故可以得到针对某一种土的拟合公式；反之，若不具备试验条件，计算公式的形式和具体试验拟合参数均难以确定。后者形式相对复杂，但其是从热力

学与土-水特征曲线出发，具有比较明确的物理意义，适用性也较广。下文对后者进行详细推导，并给出考虑冻土冻结过程的冻结速率表达形式。在通过 SWCC 与 Clapeyron 方程求得冻结曲线后，后续的冻结速率求解过程亦适用于已知 SFC 推导冻结速率的情况，在此不再赘述已知 SFC 推导冻结速率的过程。冻结速率的计算结果可用于补充冻土水-热耦合、水-热-力耦合理论框架。

1. 毛细管理论

毛细管理论是联系土-水特征曲线与土冻结曲线的理论基础。在常温土体中，空气与水形成的压差可以通过 Young-Laplace 方程描述

$$P_a - P_w = 2\frac{\sigma_{aw}}{r_{aw}} \tag{6.31}$$

式中：P_a、P_w 分别为大气压力、孔隙水压力；σ_{aw} 为水-汽表面能；r_{aw} 为水-汽界面平均曲率半径，如图 6.6 所示。同理，水-冰界面压差可以按上述方法近似表示。

$$P_i - P_w = 2\frac{\sigma_{iw}}{r_{iw}} \tag{6.32}$$

假定水-汽界面与水-冰界面具有同样曲率半径，联立式(6.31)与式(6.32)，可得

$$P_a - P_w = \frac{\sigma_{aw}}{\sigma_{iw}}(P_i - P_w) = \beta(P_i - P_w) \tag{6.33}$$

或

$$h_a - h_w = \frac{\sigma_{aw}}{\sigma_{iw}}(h_i - h_w) = \beta(h_i - h_w) \tag{6.34}$$

上式表明，冻土中的水-冰压差可以用常温土体中的水-汽压差表示，但需附加一个比例系数常数 β

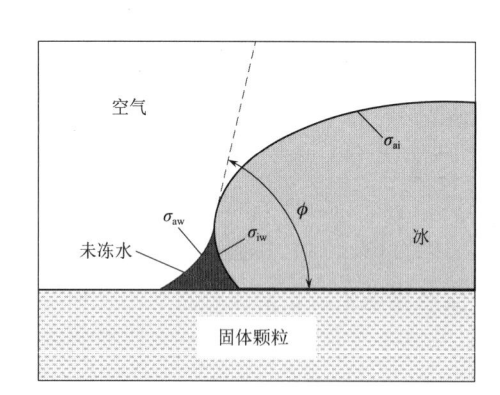

图 6.6 土体各相间接触角及表面能

$$\beta = \frac{\sigma_{aw}}{\sigma_{iw}} = \begin{cases} 2.20, & \text{无黏性土（如砂土、粉土）} \\ 1.0, & \text{黏性土（如黏土、高岭土）} \end{cases} \tag{6.35}$$

式（6.35）不但从机理上证明了 Beskow 的假设，即冻土冻结可视为土体的蒸发过程，而且冻结曲线可以进一步通过常温下得到的土-水特征曲线（SWCC）间接得到，为冻土中应用非饱和土水运动方程提供了理论依据。

2. 广义 Clapeyron 方程

冻土中建立负温与基质势的关系可用广义 Clapeyron 方程表示为

$$dh_w - dh_i = \frac{L_f}{gT}dT \tag{6.36}$$

对上式求积分，得

$$(h_w - h_{w0}) - (h_i - h_{i0}) = \frac{L_f}{g}\ln\left(\frac{T}{T_0}\right) \approx \frac{L_f}{g}\frac{T - T_0}{T_0} \tag{6.37}$$

式中：T、T_0 均取开尔文温度，且 $T_0=273.15$K；h_{w0}、h_{i0} 分别为时最大基质势、最大冰压力；L_f 为单位质量水-冰相变潜热。由于当 $T_0=273.15$K，即 0℃时，土中可能达到的饱和度为1，则相应基质势 $h_{w0}=0$；而常压下水的冻结温度为0℃，亦即 $h_{i0}=0$。则上述方程可改写为

$$h_w - h_i = \frac{L_f}{g}\frac{T-T_0}{T_0} \tag{6.38}$$

令大气压 P_a 或 $h_a=0$，且认为非饱和冻土中的孔隙处处与大气连通，冰在大气压的作用下自由生长，不承担荷载，于是有 $P_i=P_a=0$，联立式（6.33）、式（6.35）及式（6.38），可得

$$h_w = \beta\frac{L_f}{g}\frac{T-T_0}{T_0} \tag{6.39}$$

式中：β 为水-汽与水-冰表面能之比，是未冻水与相邻介质界面间分子作用力的宏观表现；$\beta=2.20$ 表明冻土中毛细管力起主导作用，反之 $\beta=1.0$ 表明吸附力影响显著。

取粉质壤土（Silt loam）、砂土（Sand）及高岭土（Kaolinite）的负温基质势试验数据，并与式（6.39）计算结果一同绘制于双对数坐标系中，如图6.7所示。由图可知，β 分别取1和2.2的Clapeyron方程，在 -0.01～-100℃ 范围内是两条平行的斜直线，不同土质的试验数据基本落在两直线之间，表明用Clapeyron方程描述土基质势与负温之间的关系与试验结果整体规律基本一致，但并非完全吻合。如在0℃附近，高岭石（黏性土）与 $\beta=2.2$ 时的Clapeyron方程曲线比较吻合；相反砂壤土（非黏性土）则表现出与 $\beta=1.0$ 时的Clapeyron方程曲线比较一致。而当负温低于-5℃时，不同土质的试验结果均落在 $\beta=1.0$ 的Clapeyron曲线上。这一结果表明，土体 β 值随温度降低而减少，即土中毛细管力作用随温度下降而减小，吸附力作用随温度下降而增大；冻土中的系数 β 取值与土是否具有黏性关系不大，而与冻土中的有效孔隙体积密切相关。具有良好级配的土（如粉质壤土），初始孔隙率相对较小，且其整个冻结过程孔隙率的变化较小，则整体上与 β 取1.0时的Clapeyron曲线一致。而砂土及高岭土常温下有相对较大的孔隙率，负温较高时（0℃附近），此时受毛细管力作用明显，试验结果在 -0.01～-5℃ 温度范围内与 β 取2.20时的Clapeyron曲线吻合较好；而当负温进一步降低（$T<-5$℃），毛细管力作用逐渐减弱，且冰不断占据土中的孔隙体积，宏观上表现出更为致密的土体，因此整体上表现出从 $\beta=2.20$ 的Clapeyron曲线过渡到 $\beta=1.0$ 的Clapeyron曲线。对于这一现象，曾有学者建议建立 β 与负温 T 相关的函数关系，并提出一些经验方程，但这部分成果目前尚未成熟，本书不再展开讨论。

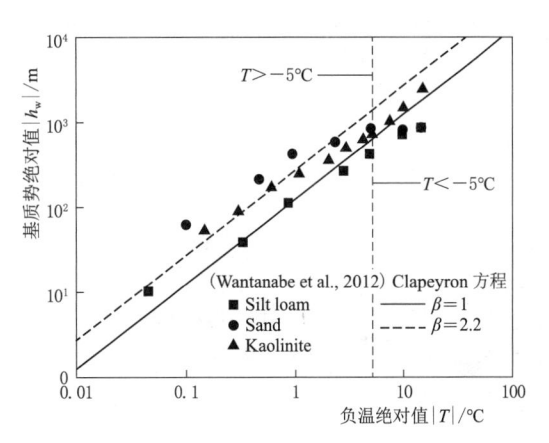

图6.7 不同 β 值Clapeyron曲线与试验结果对比

考虑到本书的研究对象多为冻胀敏感性土，一般具有良好的级配或密实度，故文中不加说明时 β 取 1.0，即式（6.39）可改写为

$$h_w = \frac{L_f}{g} \frac{T - T_0}{T_0} \tag{6.40}$$

3. 冻结曲线推导

在土颗粒-水-冰-空气组成的四相冻土系统中，冰优先在大孔隙处成核结冰，冻土中的未冻水将以薄膜水的形式沿土-冰相间层迁移，将土-冰相间层的通道概化为毛细管，则冻土中作为水分迁移驱动力的毛细管力（或吸附力）可由水-冰界面压差表示，见图 6.8 中的箭头方向。由于土-水特征曲线（SWCC）需以水-汽界面组成的压差作为自变量，因此在利用 SWCC 推求冻结曲线（SFC）时需要利用上述提到的水-汽压差与水-冰压差的函数关系进行转换。

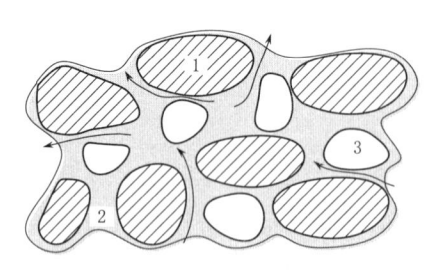

图 6.8 冻土中未冻水迁移概念模型

1—土颗粒；2—未冻水；3——冰；→—未冻水迁移

为描述方便，联立式（6.25）与式（6.27），作以下函数定义

$$S_*(h) = \begin{cases} 1, & h \geqslant 0 \\ S_r + (1 - S_r)\left[1 + (-\alpha h)^{\frac{1}{1-m}}\right]^{-m}, & h < 0 \end{cases} \tag{6.41}$$

$$h_*(S_w) = -\frac{1}{\alpha}\left[\left(\frac{S_w - S_r}{1 - S_r}\right)^{-1/m} - 1\right]^{1-m} \tag{6.42}$$

对冻土而言，当负温达到冻结温度 T_f 时，部分土壤水冻结成冰，而未冻水与负温处于动态平衡，于是有冻土中水分饱和度 S_{wT} 的统一表达式

$$S_{wT} = \begin{cases} S_w, & T \geqslant T_f \\ S_*(h_w - h_a), & T < T_f \end{cases} \tag{6.43}$$

将式（6.34）代入式（6.43）

$$S_{wT} = \begin{cases} S_w, & T \geqslant T_f \\ S_*[\beta(h_w - h_i)], & T < T_f \end{cases} \tag{6.44}$$

将式（6.38）代入式（6.44）

$$S_{wT} = \begin{cases} S_w, & T \geqslant T_f \\ S_*\left(\beta \frac{L_f}{g} \frac{T - T_0}{T_0}\right), & T < T_f \end{cases} \tag{6.45}$$

上式即为由 SWCC 与 Clapeyron 方程推导出来的冻结曲线（SFC）方程。其中，T_f 为冻结温度，可通过冻土中当前的基质势求得

$$T_f = T_0 + \frac{gT_0}{L_f}(h_w - h_a) \tag{6.46}$$

式（6.41）、式（6.42）、式（6.45）、式（6.46）构成与土-水特征曲线关联的冻结曲线方程。

4. 结冰速率推导

冻土中的冰相作为固体材料，与常温下的土壤蒸发有所区别。Painter 通过试验观察指出，冰占据了部分原有土体孔隙的体积，冻土中的有效孔隙体积降低；Richards 方程是与表观饱和度相对应的基质势下的水量平衡方程。基于此，可以建立冻土水分的表观饱和度 $S_*(h_w-h_a)$ 与由负温决定的饱和度 S_{wT} 之间的函数关系

$$\frac{S_{wT}}{1-S_i} = S_*(h_w-h_a) \tag{6.47}$$

当不考虑有效孔隙体积变化对土-水特征曲线试验参数的影响时，联立式（6.44）与式（6.47）可得

$$S_{wT} = \begin{cases} S_*(h_w-h_a), & T \geqslant T_f \\ S_*\left(\beta \dfrac{L_f}{g} \dfrac{T-T_0}{T_0}\right), & T < T_f \end{cases} \tag{6.48}$$

$$S_i = 1 - \frac{S_{wT}}{S_*(h_w-h_a)} \tag{6.49}$$

对于非饱和冻土，假定冻融循环不会引起土体的冻胀及融沉，即认为求解过程的土体孔隙率不变。于是对上式左右两边各乘孔隙率 n_0，并将其左右两边分别对时间 t 求偏导，即可得到结冰速率的表达式

$$\frac{\partial \theta_i}{\partial t} = \begin{cases} 0, & T \geqslant T_f \\ -n_0 \dfrac{\dfrac{\partial S_{wT}}{\partial t}S_*(h_w-h_a) - S_{wT}\dfrac{\partial S_*(h_w-h_a)}{\partial t}}{S_*^2(h_w-h_a)}, & T < T_f \end{cases} \tag{6.50}$$

由于 S_{wT}、$S_*(h_w-h_a)$ 分别是温度 T、土水势 h_w 的单变量函数，于是令 $h_a=0$，且由链式法则得

$$\begin{aligned} \frac{\partial S_{wT}(T)}{\partial t} &= \frac{\partial S_*}{\partial h}\frac{\partial h}{\partial T}\frac{\partial T}{\partial t} \\ \frac{\partial S_*(h_w)}{\partial t} &= \frac{\partial S_*}{\partial h}\frac{\partial h_w}{\partial t} \end{aligned} \tag{6.51}$$

由式（6.40）、式（6.41），得

$$\begin{aligned} \frac{\partial S_*}{\partial h} &= (1-S_r)\frac{\alpha m}{1-m}(-\alpha h)^{\frac{m}{1-m}}\left[1+(-\alpha h)^{\frac{1}{1-m}}\right]^{-m-1} \\ \frac{\partial h}{\partial T} &= \beta \frac{L_f}{gT_0} \end{aligned} \tag{6.52}$$

将式（6.52）代入式（6.51）得

$$\begin{aligned} \frac{\partial S_{wT}}{\partial t} &= (1-S_r)\frac{\alpha m}{1-m}\left(-\alpha\beta\frac{L_f}{g}\frac{T-T_0}{T_0}\right)^{\frac{m}{1-m}}\left[1+\left(-\alpha\beta\frac{L_f}{g}\frac{T-T_0}{T_0}\right)^{\frac{1}{1-m}}\right]^{-m-1} \\ &\quad \times \beta\frac{L_f}{gT_0}\frac{\partial T}{\partial t}\frac{\partial S_*(h_w)}{\partial t} \end{aligned}$$

$$= (1-S_r)\frac{\alpha m}{1-m}(-\alpha h_w)^{\frac{m}{1-m}}\left[1+(-\alpha h_w)^{\frac{1}{1-m}}\right]^{-m-1}\frac{\partial h_w}{\partial t} \qquad (6.53)$$

至此，非饱和冻土水-热耦合控制方程已推导完毕，为了便于后续算例及章节描述方便，以 T、h 作为自变量，并取大气压 $h_a=0$，将本书所采用的非饱和冻土水-热耦合控制方程汇总于表 6.3。

表 6.3　　　　　　　　　　非饱和土水-热耦合控制方程

冻土热传导方程
$C_v\dfrac{\partial T}{\partial t}=\nabla\cdot(\lambda\nabla T)-C_{vw}\nabla(vT)+L_f\rho_i\dfrac{\partial\theta_i}{\partial t}$ $C_v=C_{vp}(1-n)+C_{vw}\theta_w+C_{vi}\theta_i$ $\lambda=\dfrac{X_p\theta_p\lambda_p+X_w\theta_w\lambda_w+X_i\theta_i\lambda_i+X_a\theta_a\lambda_a}{X_p\theta_p+X_w\theta_w+X_i\theta_i+X\theta_a}$ $X_j=\dfrac{2}{3}\left[1+(\lambda_j/\lambda_w-1)g_j\right]^{-1}+\dfrac{1}{3}\left[1+(\lambda_j/\lambda_w-1)(1-2g_j)\right]^{-1},(j=p,w,i)$ $g_a=0.333-(0.333-0.035)\dfrac{\theta_a}{n}$ $V=k(h)\nabla h$
土壤水运动方程
$C(h)\dfrac{\partial h}{\partial t}=\nabla\cdot[k(h)\nabla(h+y)]-\dfrac{\rho_i}{\rho_w}\dfrac{\partial\theta_i}{\partial t}$ $C(h)=\begin{cases}0, & h\geqslant 0\\ \dfrac{\alpha m}{1-m}(\theta_s-\theta_r)S_e^{1/m}(1-S_e^{1/m})^m, & h<0\end{cases}$ $k=k_sS_e^{0.5}\left[1-(1-S_e^{1/m})^m\right]^2$ $S_e=\dfrac{\theta_w-\theta_r}{\theta_s-\theta_r}=\dfrac{S_w-S_r}{1-S_r}=\begin{cases}1, & h\geqslant 0\\ \left[1+(-\alpha h)^{\frac{1}{1-m}}\right]^{-m}, & h<0\end{cases}$
源　项（结冰速率）
$\dfrac{\partial\theta_i}{\partial t}=\begin{cases}0, & T\geqslant T_f\\ -n_0\dfrac{\dfrac{\partial S_{wT}}{\partial t}S_*(h)-S_{wT}\dfrac{\partial S_*(h)}{\partial t}}{S_*^2(h)}, & T<T_f\end{cases}$ $\dfrac{\partial S_{wT}}{\partial t}=(1-S_r)\dfrac{\alpha m}{1-m}\left(-\alpha\beta\dfrac{L_f}{g}\dfrac{T-T_0}{T_0}\right)^{\frac{m}{1-m}}\left[1+\left(-\alpha\beta\dfrac{L_f}{g}\dfrac{T-T_0}{T_0}\right)^{\frac{1}{1-m}}\right]^{-m-1}\beta\dfrac{L_f}{gT_0}\dfrac{\partial T}{\partial t}$ $\dfrac{\partial S_*(h)}{\partial t}=(1-S_r)\dfrac{\alpha m}{1-m}(-\alpha h)^{\frac{m}{1-m}}\left[1+(-\alpha h)^{\frac{1}{1-m}}\right]^{-m-1}\dfrac{\partial h}{\partial t}$ $S_*(h)=\begin{cases}1, & h\geqslant 0\\ S_r+(1-S_r)\left[1+(-\alpha h)^{\frac{1}{1-m}}\right]^{-m}, & h<0\end{cases}$ $h_*(S_w)=-\dfrac{1}{\alpha}\left[\left(\dfrac{S_w-S_r}{1-S_r}\right)^{-1/m}-1\right]^{1-m}$ $T_f=T_0+\dfrac{gT_0}{\beta L_f}h$

6.2.4 模型验证

1. Mizoguchi 非饱和土冻结试验模拟

（1）试验概况。Mizoguchi 取四个直径 8cm，长 20cm 的日本神奈川砂质壤土（Kanagawa sandy loam）土柱进行室内竖向、封闭系统的单向冻结试验，土柱的初始体积含水量约为 0.33，试验过程无外界水分补给；土样初始温度为 6.7℃，底面保持温度为 6.7℃，顶面维持温度 −6℃，侧面绝热；试验历时共 50h，且分别在 t 为 0h、12h、24h 和 50h 时刻取出一个土柱，沿长度方向均匀切割 20 层并采用烘干法测定每一层的总含水量。试验示意图及土样基本参数分别见图 6.9 和表 6.4。

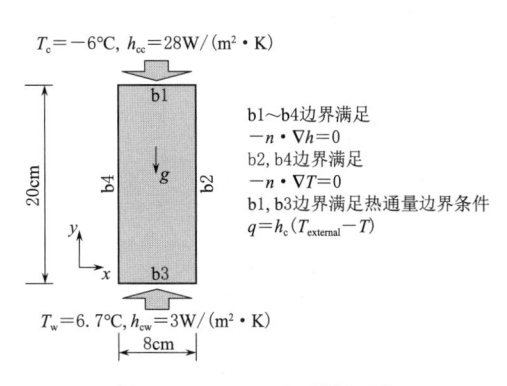

图 6.9 Mizoguchi 封闭系统非饱和土冻结试验

（2）COMSOL 数值模拟及结果。令 T、h、θ_i 为自变量，编写表中控制方程于 COMSOL 的 PDEs 模块中，然后指定耦合变量并搭建不同场间的耦合求解框架；而其他复杂变量计算则采用 MATLAB 子程序的形式求解，结果供 COMSOL 调用。

表 6.4 Mizoguchi 试验水-热耦合数值分析基本参数

变量名	取值	单位	描述
ρ_i	931	kg/m³	冰密度
ρ_w	1000	kg/m³	水密度
ρ_p	2700	kg/m³	土颗粒密度
g	9.81	m/s²	重力加速度
T_0	273.15	K	纯水常压下冻结温度
L_f	3.34×10^5	J/kg	水-冰相变潜热
h_{cc}	28*	W/(m²·K)	土柱冷端对流换热系数
h_{cw}	3*	W/(m²·K)	土柱暖端对流换热系数
T_w	6.7*	℃	试验暖端控制温度
T_c	−6*	℃	试验冷端控制温度
T_{ini}	6.7	℃	土样初始温度
C_p	2×10^6	J/(m³·K)	土样颗粒体积比热容
C_w	4.2×10^6	J/(m³·K)	纯水体积比热容
C_a	1.2×10^3	J/(m³·K)	空气体积比热容
C_i	1.935×10^6	J/(m³·K)	冰体积比热容
λ_p	5	W/(m·K)	土颗粒导热系数
λ_w	0.552	W/(m·K)	纯水导热系数

续表

变量名	取值	单位	描述
λ_i	2.22	W/(m·K)	冰导热系数
λ_a	0.0243	W/(m·K)	常温常压下空气导热系数
g_p	0.125		土颗粒形状系数
θ_0	0.35	m³/m³	土样初始体积含水率
θ_r	0.05	m³/m³	土样残余体积含水率
n 或 θ_s	0.535		土样孔隙率或饱和体积含水率
k_s	3.2×10^{-6}	m/s	土样饱和渗透系数
α	1.11		土样土-水特征曲线试验参数
m	0.23		土样土-水特征曲线试验参数

有限元模型共划分 4000 个单元,即控制每个单元的平均长度为 2mm;重力指向 y 轴负方向。根据试验的实际情况,土柱顶部 b1 边界设置外界温度为 -6℃、对流换热系数为 28W/(m²·K) 的通量边界条件 (Neumann boundary condition);而底部 b3 设置外界温度为 6.7℃、对流换热系数为 3W/(m²·K);侧边 b2、b4 为绝热边界,即边界上热通量为 0 或 $-n\cdot\nabla T=0$ (n 为单位法线方向张量)。同理,由于冻结过程无外界水分交换,于是 b1~b4 边界均满足 $-n\cdot\nabla h=0$。求解总时间步为 50h,最大荷载步设为 100s,计算结果如图 6.10 所示。

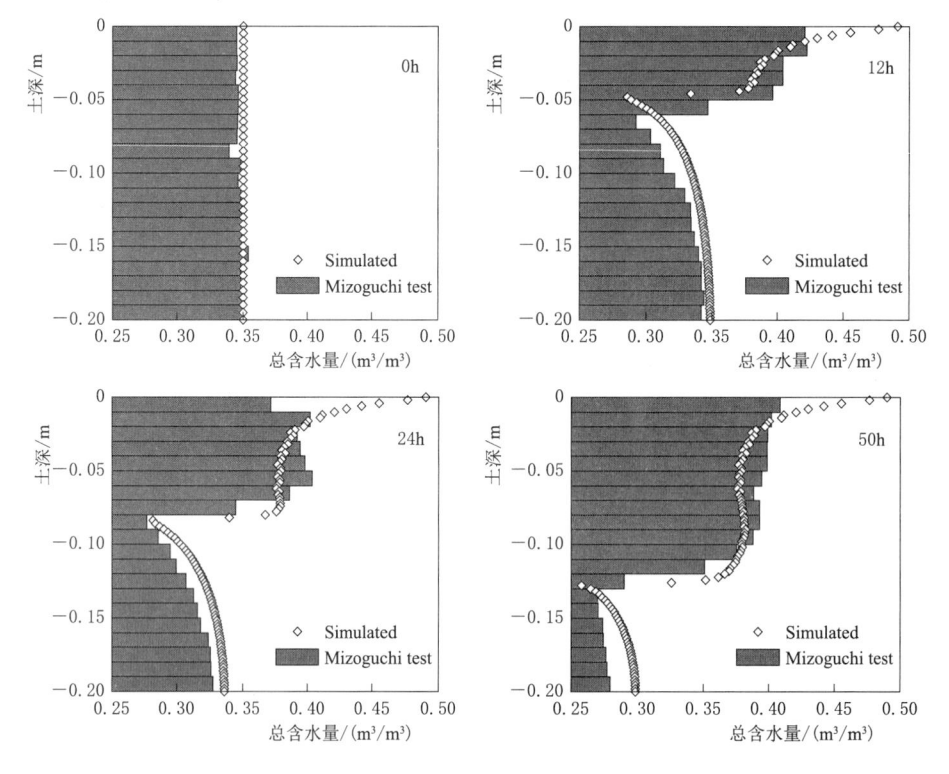

图 6.10 冻结 0h、12h、24h、50h 后总含水量模拟结果与试验数据对比

2. Jame and Norum 非饱和土冻结试验模拟

(1) 试验概况。Jame and Norum 对具有较低含水量（重量含水量为 15.59%、15.0%、10.08%）的硅粉开展室内水平向、封闭系统的单向冻结试验，各组试验固定土柱长 30cm，直径 10cm。试验开始前，试件恒温至设计初始温度 10h，随后进行共 72h 的单向冻结试验。对重量含水量为 15.59%、15.0%、10.08% 的土样分别施加约为 1℃/m、0.33℃/m、0.33℃/m 的恒定温度梯度进行冻结，并采用铜-康铜热电偶及 γ 透射法分别测定和记录试件不同深度的温度、总含水量随冻结历时的变化过程。试验示意图、试验方案及土样基本参数分别见图 6.11、表 6.5 和表 6.6。

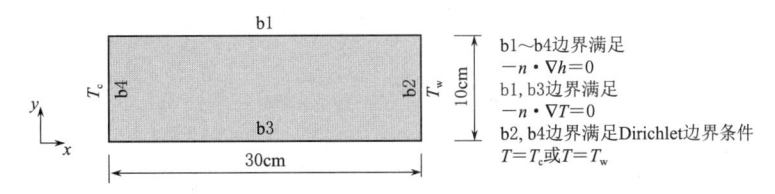

图 6.11 Jame and Norum 封闭系统非饱和土冻结试验示意图

表 6.5 Jame 试验方案及初始条件

试验方案名	初始温度 T_{ini}/℃ 和暖端温度 T_w/℃	初始重量含水量 W/%
test1	20	15.59
test2	5	15
test3	5	10.08

表 6.6 Jame 和 Norum 试验水-热耦合数值分析基本参数

变量名	取 值	单 位	描 述
C_p	$1.89×10^6$	J/(m³·K)	硅粉体积比热容
$λ_p$	8.37	W/(m·K)	硅粉导热系数
$θ_r$	0.02*	1	土样残余体积含水率
n 或 $θ_s$	0.49*	1	土样孔隙率或饱和体积含水率
k_s	$5×10^{-7}$*	m/s	土样饱和渗透系数
$α$	0.14*	1	土样土-水特征曲线试验参数
m	0.60*	1	土样土-水特征曲线试验参数

注 常规参数参考表 4.2 取值。

(2) COMSOL 数值模拟及结果。COMSOL 中水-热耦合框架的搭建与前一算例一致，此处不赘述。本算例有限元共划分 7500 个单元，控制单元的平均长度为 2mm。x 轴正向为冻结锋面推进方向，不考虑重力 g 作用。土柱冷端（b4）和暖端（b2）满足第一边界条件，即取实际试验温度监测值，如图 6.13 (a)、图 6.14 (a)、图 6.15 (a) 所示，其他边界均作绝缘边界处理。冻结曲线参数通过与试验数据回归得出，如图 6.12 所示。求解总时间步为 72h，最大荷载步为 100s，温度及总质量含水量计算结果如图 6.13~图 6.15 所示。

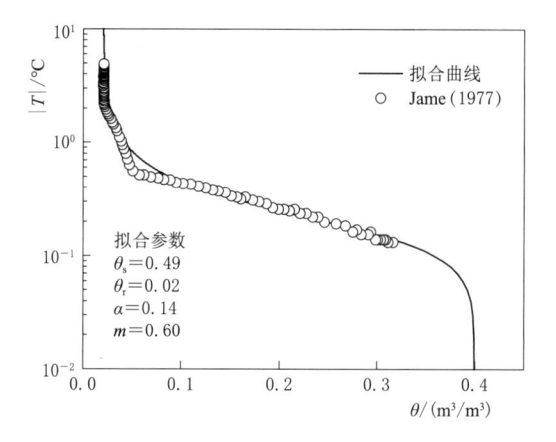

图 6.12　Jame 冻结曲线及参数拟合

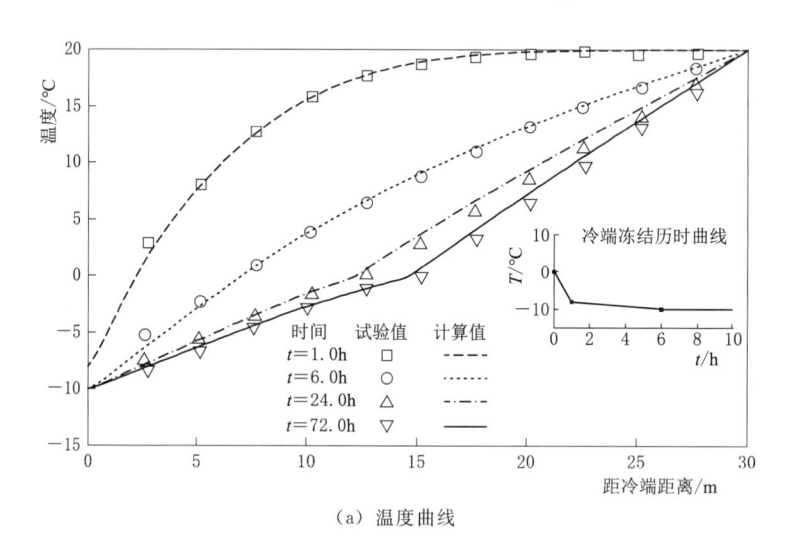

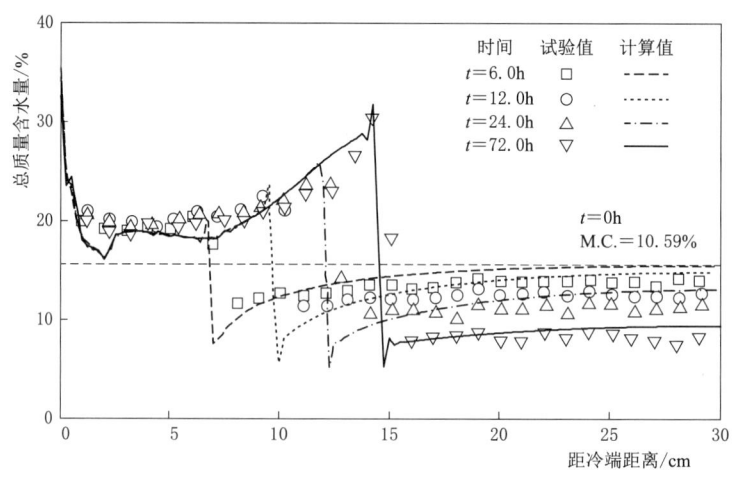

（a）温度曲线

（b）总质量含水量曲线

图 6.13　模拟与试验结果（test1）

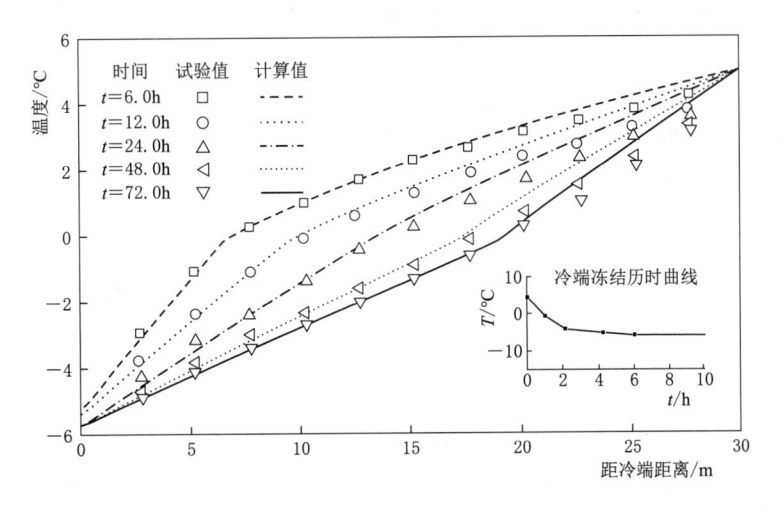

(a) 温度曲线

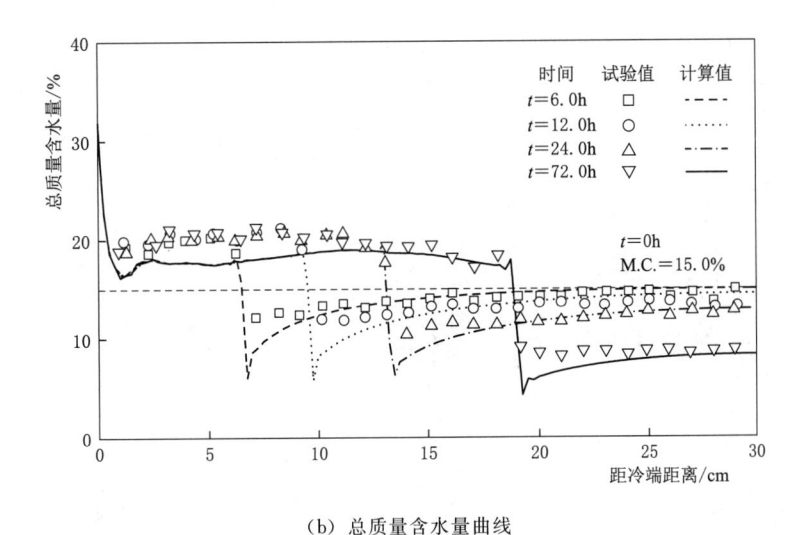

(b) 总质量含水量曲线

图 6.14 模拟与试验结果（test2）

3. 结果讨论

通过两组典型的、室内封闭系统非饱和土单向冻结试验验证，表明了本书提出的非饱和土水-热耦合模型（以下简称模型）整体上能较好地反映非饱和土冻结过程的水分重分布规律，尤其是温度的分布规律。通过水分、温度二场的结果对比，计算结果与试验结果相差较小，故可以认为理论框架及模型中的参数取值是较为合理的。对部分试验或计算结果讨论如下：

（1）本书提出的模型均在冷端出现较大水分聚积，其主要原因是土体初始冻结时刻，冷端附近温度梯度较大，在冷端很薄的土层范围内冻土与未冻土之间形成比较大的压力梯度，促使未冻区中水分迅速向冻结锋面迁移。且这一现象与外界温度-土体温度差有关，

(a) 温度曲线

(b) 总质量含水量曲线

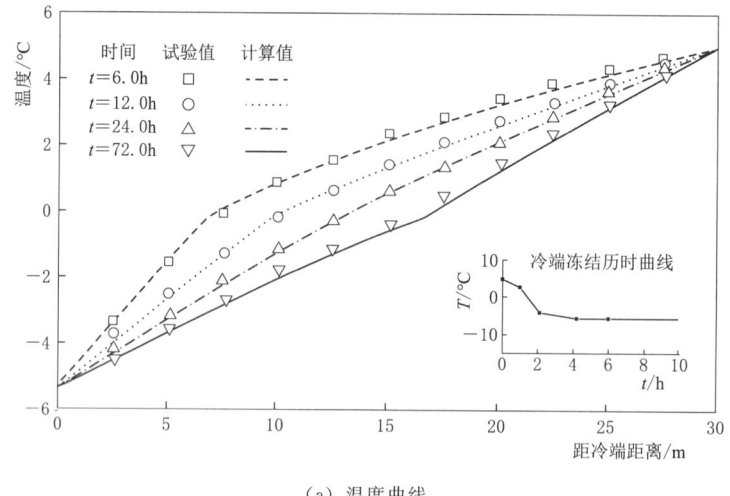

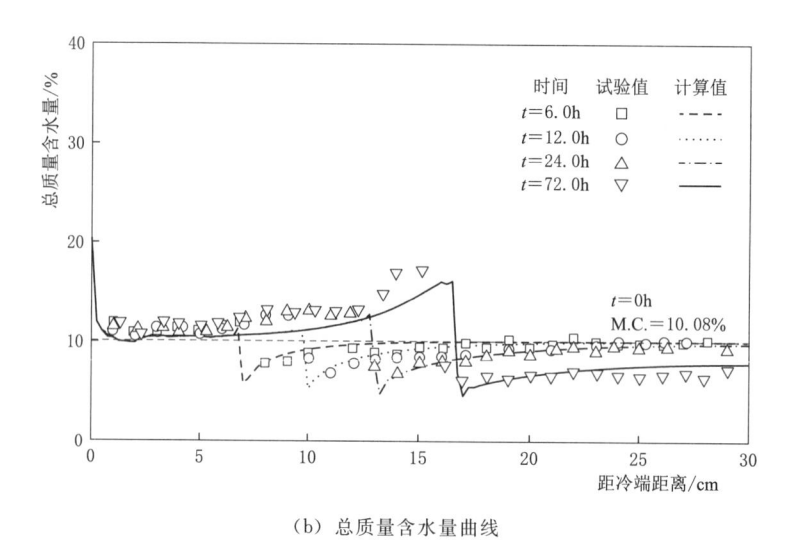

图 6.15 模拟与试验结果 (test3)

而与模型具体的边界条件类型关系不大（Mizoguchi 试验-Neumann 边界条件；Jame 试验-Dirichlet 边界条件）。虽然试验结果中对此并未有所体现，然而在冻土学科中，这一现象存在并称之为析冰或冰膜。其表现为两种不同热性质的材料同处一体，在冻结过程中由于热平衡状态的变化，在冻土与基础壁面接触处形成的冰膜。

亦因如此，冻土区总含水量在距离冷端后一定距离局部呈现数值偏小的凹状。Hansson 曾对此现象进行一些探讨，其认为土体与空气交界面的对流换热系数 h_c 应与温度相关，且与负温的二次方递减；并通过数值模拟说明充分考虑 h_c 的变化可以得到与试验数据较为吻合的结果。但本书考虑到实际工程中不同土体对流换系数 h_c 随温度的变化函数关系难以得出，且不利于工程应用，所以后续的研究涉及热对流边界（Neumann 边界条件）中的 h_c 均按常数对待，不再对此展开分析和讨论。

（2）模型能较好地反映冻结锋面基本稳定后的水分集聚现象，如图 6.13 和图 6.15 所示。试验和模型均反映了土体在冻结后期，冻结锋面位置基本稳定时，未冻土中的水分在恒定温度梯度作用下持续向冻结锋面迁移，于是出现了在冻结锋面前后较大的总质量含水量差。而目前常用的冻土水-热耦合有限元求解中，需要对结冰速率积分求得含冰量，从而对微分方程组中的各材料参数进行计算。而当认为结冰速率即为温度 T 的单一变量函数时，根据链式法则

$$\frac{\partial \theta_i}{\partial t} = -\frac{\rho_w}{\rho_i} \frac{\partial \theta_u(T)}{\partial T} \frac{dT}{dt} \tag{6.54}$$

式（6.54）在非平衡态热力学中是正确的，然而当假设土体各相处于局部热力学平衡态（即未冻水温度等于当地土温）时，这一做法将导致温度恒定（$dT/dt=0$）的冻土区水分只迁移而不冻结。随着含水量的增大，直到在重力作用下达到平衡。这一现象与基本假设"未冻水含量与土壤负温处于动态平衡"是矛盾的。而本书提出的模型，在一定程度上弥补上述不足，其原因是式（6.48）分子第二项隐含 dh/dt 项，即土水势的变化也会引起结冰率的变化，继而可以实现冻土区水分迁移与冻结，以及保证未冻水含量与土温处于动态平衡的假定。同理，用本文模型可以实现冷端有补给水情况下的冻土水-热耦合有限元数值分析。

需要强调，采用有限差分法不会出现上述问题，原因是有限差分法并不需要通过式（6.54）积分来求解含冰量，而是通过温度场所对应的最大未冻水含量与当前水分场差值计算所得。鉴于有限差分法不是本书所采用求解方法，限于篇幅，不再赘述，可参考文献有关有限差分法求解土壤水-热耦合问题部分。

6.3 考虑冻土横观各向同性的水-热-力耦合冻胀模型

上节对冻土的水热耦合现象进行了定量描述，可得到低温环境下冻土内部的冰、水含量，将其代入第 2 章力学场计算方程式（2.21）～式（2.24）即可计算冻土的冻胀量，实现冻土的水-热-力耦合。这是冻土冻胀计算常用的数值方法，已被大多数学者广泛采用，所得结果基本是室内试验或现场监测数据基本一致。

已有试验表明（图 6.16），均质土体冻结过程中，在与温度梯度垂直的方向上会形成细小、密集的层状分凝冰；远离冷源的位置，层状分凝冰的间距、厚度虽随之有所增大，但整体上仍然保持平行，从宏观上表现出平行于温度梯度与垂直温度梯度两个主方向上变形、力学性能的明显差异。然而常规使用的冻土水-热-力耦合冻胀模型认为冻土是各向同性材料，这与已有试验结果不一致，有必要修正。这一节重点介绍冻土为横观各向同性材料的水热力耦合模型修正，常规的冻胀模型可为此模型的特例，在此不再单独叙述。

6.3.1 冻土横观各向同性弹性本构模型

为下文描述方便，定义冻土某一点的整体坐标系 Oxy 与材料坐标系 $O12$，如图 6.17 所示。1 方向与温度梯度方向平行，2 方向垂直于温度梯度方向；T_{Xj}（$X=x,y,z$；$j=1$，

2，3) 表示整体坐标系 X 轴到材料坐标系 j 的转角余弦值，转角以逆时针方向为正。

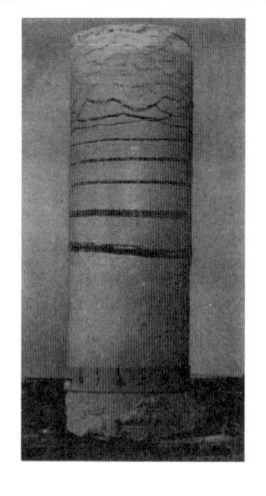

(a) 顶部荷载为 0　　　(b) 顶部荷载为 15kg/cm^2

图 6.16　冻结黏土透镜体分布

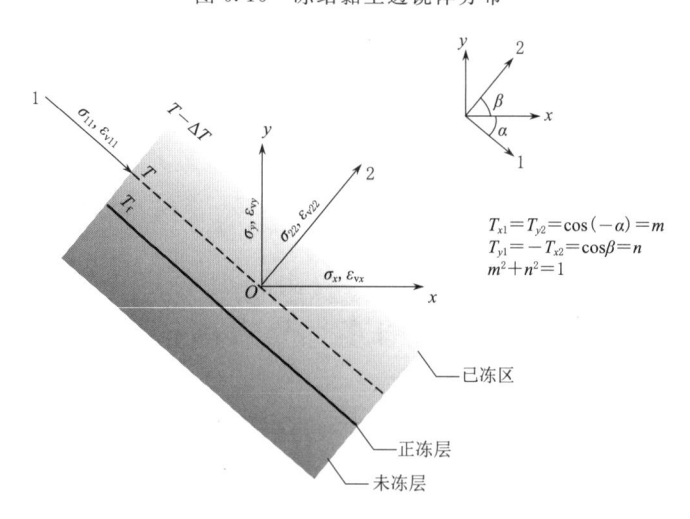

图 6.17　冻土中一点的材料坐标与整体坐标系

6.3.1.1　冻土的正交特性

1. 冻胀变形的横观各向同性

Michalowski 认为冻土的冻胀具有方向性，引入分配权重 ξ 描述平行和垂直于温度梯度方向的体积改变量。

$$\varepsilon_{\text{vh},123} = (\theta_w + \theta_i - n_0)\begin{bmatrix} \frac{1}{2}(1-\xi) & 0 & 0 \\ 0 & \xi & 0 \\ 0 & 0 & \frac{1}{2}(1-\xi) \end{bmatrix} \quad (6.55)$$

式中：$\varepsilon_{vh,123}$ 为材料坐标系下水-冰相变引起的体积应变张量；$\xi \in [1/3, 1]$，用于描述冻土冻胀横观各向同性特征；特别地，当 $\xi = 1/3$ 时，冻土退化为各向同性材料，即常规冻胀模型。通过模拟与试验对比后建议，细颗粒土和级配良好均质土的 ξ 取 0.9。

2. 冻土力学参数的横观各向同性

因冻土冻胀变形具有横观各向同性，相应的冻土材料亦应考虑横观各向同性性质。于是，令材料坐标系 $O123$（1 为平行于温度梯度的方向，2 为平面内垂直于温度梯度的方向，3 为平面外法线方向；1、2、3 满足右手法则）应力张量和应变张量分别为

$$\begin{aligned} \boldsymbol{\sigma}_{123} &= \boldsymbol{D}_{123} \boldsymbol{\varepsilon}_{123} \\ \boldsymbol{\sigma}_{123} &= \{\sigma_{11}, \sigma_{22}, \sigma_{33}, \tau_{12}, \tau_{23}, \tau_{31}\}^T \\ \boldsymbol{\varepsilon}_{123} &= \{\varepsilon_{11}, \varepsilon_{22}, \varepsilon_{33}, \gamma_{12}, \gamma_{23}, \gamma_{31}\}^T \\ \gamma_{ij} &= \varepsilon_{ij} + \varepsilon_{ji}, (i, j = 1, 2, 3) \end{aligned} \tag{6.56}$$

考虑横观各向同性的基本性质，则有

$$\boldsymbol{D}_{123} = \begin{bmatrix} d_{11} & d_{12} & d_{13} & & & \\ & d_{22} & d_{12} & & \boldsymbol{0} & \\ & & d_{11} & & & \\ & & & d_{44} & & \\ & \text{sym} & & & \dfrac{d_{11} - d_{13}}{2} & \\ & & & & & d_{44} \end{bmatrix} \tag{6.57}$$

其中：

$$d_{11} = \frac{1 - \nu_{23}}{1 - \nu_{23} - 2\nu_{12}\nu_{21}} E_1 \qquad d_{22} = d_{33} = \frac{1 - \nu_{21}\nu_{12}}{(1 - \nu_{23} - 2\nu_{12}\nu_{21})(1 + \nu_{23})} E_2$$

$$d_{12} = \frac{\nu_{21}}{1 - \nu_{23} - 2\nu_{12}\nu_{21}} E_1 \qquad d_{13} = \frac{\nu_{21}}{1 - \nu_{23} - 2\nu_{12}\nu_{21}} E_1$$

$$d_{23} = \frac{\nu_{23} + \nu_{12}\nu_{21}}{(1 - \nu_{23} - 2\nu_{12}\nu_{21})(1 + \nu_{23})} E_2 \qquad d_{44} = 2G_{23} = \frac{E_2}{1 + \nu_{23}}$$

$$d_{55} = d_{66} = 2G_{31} = 2G_{12} = \frac{2E_1 E_2}{E_1(1 + \nu_{21}) + E_2(1 + \nu_{12})}$$

由上式可知，当视冻土为横观各向同性材料时，需要已知 E_1、E_2、ν_{12}、ν_{23} 及 G_{12} 共 5 个力学指标。

6.3.1.2 材料坐标系与整体坐标系变换

受外界复杂温度边界的影响，计算域内每一点的温度梯度方向都不同，且同一点不同时刻温度梯度方向也有可能不同。因此，与裂隙岩体等工程材料不同，冻土中的正交材料特性（或材料坐标系 $O123$）无法在模型求解前预先指定。因此，要实现每一点温度梯度方向的实时获取与更新，需根据温度梯度方向建立材料坐标系，并通过坐标转换的办法，把材料坐标系中的冻胀变形张量 $\varepsilon_{vh,123}$ 及刚度矩阵 $\boldsymbol{D}_{123}$ 变换到整体坐标系 $Oxyz$ 中的 $\varepsilon_{vh,xyz}$、$\boldsymbol{D}_{xyz}$。

1. 坐标系变换基本公式

对任意两直角坐标系，分别为 $Oxyz$ 和 $O123$，则 $Oxyz$ 坐标系中的刚度矩阵、应力

张量和应变张量可通过转换矩阵 **T** 计算得到 $O123$ 坐标系中相应的刚度矩阵、应力张量及应变张量

$$\mathbf{D}_{xyz} = \mathbf{T}^{\mathrm{T}} \mathbf{D}_{123} \mathbf{T} \tag{6.58}$$

$$\mathbf{T} = \begin{bmatrix} x_1^2 & y_1^2 & z_1^2 & 2y_1z_1 & 2x_1z_1 & 2x_1y_1 \\ x_2^2 & y_2^2 & z_2^2 & 2y_2z_2 & 2x_2z_2 & 2x_2y_2 \\ x_3^2 & y_3^2 & z_3^2 & 2y_3z_3 & 2x_3z_3 & 2x_3y_3 \\ x_1x_2 & y_1y_2 & z_1z_2 & y_1z_2+y_2z_1 & x_1z_2+x_2z_1 & x_1y_2+x_2y_1 \\ x_2x_3 & y_2y_3 & z_2z_3 & y_2z_3+y_3z_2 & x_2z_3+x_3z_2 & x_2y_3+x_3y_2 \\ x_3x_1 & y_3y_1 & z_3z_1 & y_3z_1+y_1z_3 & x_3z_1+z_1z_3 & x_3y_1+x_1y_3 \end{bmatrix} \tag{6.59}$$

$$\{\sigma_{xx}, \sigma_{yy}, \sigma_{zz}, \tau_{yz}, \tau_{zx}, \tau_{xy}\}^{\mathrm{T}} = \mathbf{T}^{-1} \{\sigma_{11}, \sigma_{22}, \sigma_{33}, \tau_{23}, \tau_{31}, \tau_{12}\}^{\mathrm{T}}$$

$$\left\{\varepsilon_{xx}, \varepsilon_{yy}, \varepsilon_{zz}, \frac{1}{2}\gamma_{yz}, \frac{1}{2}\gamma_{zx}, \frac{1}{2}\gamma_{xy}\right\}^{\mathrm{T}} = \mathbf{T}^{-1} \left\{\varepsilon_{11}, \varepsilon_{22}, \varepsilon_{33}, \frac{1}{2}\gamma_{23}, \frac{1}{2}\gamma_{31}, \frac{1}{2}\gamma_{12}\right\}^{\mathrm{T}} \tag{6.60}$$

式中，X_j ($X=x$, y, z; $j=1$, 2, 3) 表示整体坐标系的 X 轴到材料坐标系 j 的转角余弦值，转角以逆时针分方向为正。

2. 平面问题的坐标变换及变量表达式

对于平面问题，假定 z 轴与 3 轴平行，则 $z_j = 0$，$(j=1, 2)$；$z_3 = 1$。且令 $x_1 = y_2 = m$，$y_1 = -x_2 = n$，$m^2 + n^2 = 1$（图 6.17）代入式（6.59），整理得

$$\mathbf{T} = \begin{bmatrix} m^2 & n^2 & 0 & 0 & 0 & 2mn \\ n^2 & m^2 & 0 & 0 & 0 & -2mn \\ 0 & 0 & 1 & 0 & 0 & 0 \\ -mn & mn & 0 & 0 & 0 & m^2-n^2 \\ 0 & 0 & 0 & m & -n & 0 \\ 0 & 0 & 0 & n & m & 0 \end{bmatrix} \tag{6.61}$$

$$\mathbf{T}^{-1} = \begin{bmatrix} m^2 & n^2 & 0 & -2mn & 0 & 0 \\ n^2 & m^2 & 0 & 2mn & 0 & 0 \\ 0 & 0 & 1 & 0 & 0 & 0 \\ 0 & 0 & 0 & 0 & m & n \\ 0 & 0 & 0 & 0 & -n & m \\ mn & -mn & 0 & m^2-n^2 & 0 & 0 \end{bmatrix} \tag{6.62}$$

将式（6.62）代入式（6.60），即可得出已知整体坐标系与材料坐标系转角的情况下，横观各向同性材料的应变张量在整体坐标系下的具体表达式，于是有

$$\begin{bmatrix} \varepsilon_{xx} \\ \varepsilon_{yy} \\ \varepsilon_{zz} \\ \varepsilon_{yz} \\ \varepsilon_{zx} \\ \varepsilon_{xy} \end{bmatrix} = \begin{bmatrix} m^2 \varepsilon_{11} + n^2 \varepsilon_{22} - 2mn\varepsilon_{23} \\ n^2 \varepsilon_{11} + m^2 \varepsilon_{22} + 2mn\varepsilon_{31} \\ \varepsilon_{33} \\ m\varepsilon_{31} + n\varepsilon_{12} \\ -n\varepsilon_{31} + m\varepsilon_{12} \\ mn(\varepsilon_{11} - \varepsilon_{22}) + (m^2 - n^2)\varepsilon_{23} \end{bmatrix} \tag{6.63}$$

6.3 考虑冻土横观各向同性的水-热-力耦合冻胀模型

又因冻土冻胀为体积膨胀，见式（6.55），即 $\varepsilon_{ij}=0.5\gamma_{ij}=0$，$(i,j=1,2,3,$ 且 $i\neq j)$，将式（6.55）代入式（6.63），可得冻土冻胀量在整体坐标系的表达式

$$\begin{bmatrix}\varepsilon_{0,xx}\\ \varepsilon_{0,yy}\\ \varepsilon_{0,zz}\\ \varepsilon_{0,yz}\\ \varepsilon_{0,zx}\\ \varepsilon_{0,xy}\end{bmatrix}=(\theta_w+\theta_i-n_0)\begin{bmatrix}m^2\xi+n^2\dfrac{1}{2}(1-\xi)\\ n^2\xi+m^2\dfrac{1}{2}(1-\xi)\\ \dfrac{1}{2}(1-\xi)\\ 0\\ 0\\ mn\left(\xi-\dfrac{1}{2}(1-\xi)\right)\end{bmatrix} \quad (6.64)$$

同理可得整体坐标系与材料坐标系下单元刚度矩阵的相互转换关系式

$$\mathbf{D}_{xyz}=\begin{bmatrix}D_{11}&D_{12}&D_{13}&0&0&D_{16}\\ &D_{22}&D_{23}&0&0&D_{26}\\ &&D_{33}&0&0&D_{36}\\ &&&D_{44}&0&0\\ &\mathbf{sym}&&&D_{55}&0\\ &&&&&D_{66}\end{bmatrix} \quad (6.65)$$

$D_{11}=m^4d_{11}+2m^2n^2d_{12}+n^4d_{22}+m^2n^2d_{44}$

$D_{22}=n^4d_{11}+2m^2n^2d_{12}+m^4d_{22}+m^2n^2d_{44}$

$D_{33}=d_{33}$

$D_{44}=m^2d_{55}+n^2d_{66}=d_{55}$

$D_{55}=n^2d_{55}+m^2d_{66}=d_{55}$

$D_{66}=4m^2n^2d_{11}-8m^2n^2d_{12}+4m^2n^2d_{22}+(m^2-n^2)^2d_{44}$

$D_{12}=D_{21}=m^2n^2d_{11}+(m^4+n^4)d_{12}+m^2n^2d_{22}-m^2n^2d_{44}$

$D_{13}=D_{31}=m^2d_{13}+n^2d_{23}$

$D_{16}=D_{61}=2m^3nd_{11}-2(m^3n-mn^3)d_{12}-2mn^3d_{22}-mn(m^2-n^2)d_{44}$

$D_{23}=D_{32}=m^2d_{23}+n^2d_{13}$

$D_{26}=D_{62}=2mn^3d_{11}+2(m^3n-mn^3)d_{12}-2m^3nd_{22}+mn(m^2-n^2)d_{44}$

$D_{36}=D_{63}=2mnd_{13}-2mnd_{23}$

$D_{45}=D_{54}=-mnd_{55}+mnd_{66}=0$

$d_{11}=\dfrac{1-\nu_{23}}{1-\nu_{23}-2\nu_{12}\nu_{21}}E_1$

$d_{22}=d_{33}=\dfrac{1-\nu_{21}\nu_{12}}{(1-\nu_{23}-2\nu_{12}\nu_{21})(1+\nu_{23})}E_2$

$d_{12}=\dfrac{\nu_{21}}{1-\nu_{23}-2\nu_{12}\nu_{21}}E_1$

$$d_{13} = \frac{\nu_{21}}{1-\nu_{23}-2\nu_{12}\nu_{21}}E_1$$

$$d_{23} = \frac{\nu_{23}+\nu_{12}\nu_{21}}{(1-\nu_{23}-2\nu_{12}\nu_{21})(1+\nu_{23})}E_2$$

$$d_{44} = 2G_{23} = \frac{E_2}{1+\nu_{23}}$$

$$d_{55} = d_{66} = 2G_{31} = 2G_{12} = \frac{2E_1E_2}{E_1(1+\nu_{21})+E_2(1+\nu_{12})}$$

6.3.2 冻土弹性力学参数的确定

从冻土的基本组成来看，冻土是土颗粒、水、汽、冰组成的四相复合结构体。目前，用于描述冻土的复合材料特性的方法主要有两种：一种是混合律理论；另一种是串联、并联力学模型。

混合律理论预测各向同性复合材料的弹性模量 E 或泊松比 ν，通常使用以下基本公式

$$f = \sum_i \phi_i f_i, \quad (f=E,\nu) \tag{6.66}$$

基于上述的基本公式，部分学者也针对冻土提出较为复杂的模型，如提出的各向同性冻土等效弹性模量和等效泊松比计算办法

$$E = \frac{[\theta_m E_m(1-2\nu_i)+\theta_i E_i(1-2\nu_m)][\theta_m E_m(1+\nu_i)+\theta_i E_i(1+\nu_m)]}{\theta_m E_m(1+\nu_i)(1-2\nu_i)+\theta_i E_i(1+\nu_m)(1-2\nu_m)} \tag{6.67}$$

$$\nu = \frac{\theta_m E_m \nu_m(1+\nu_i)(1-2\nu_i)+\theta_i E_i \nu_i(1+\nu_m)(1-2\nu_m)}{\theta_m E_m(1+\nu_i)(1-2\nu_i)+\theta_i E_i(1+\nu_m)(1-2\nu_m)} \tag{6.68}$$

式中：θ_i、θ_m 分别为材料体积分数；下标 i、m 分别表示冰和土。

通过上述两个公式不难发现，混合律理论多适用于各向同性的复合材料。而关于冻土的正交异性力学特性的试验资料非常少见，难以从实验中获取。再者，混合律模型需以各组成成分变形相互独立为前提的。对于冻土，冰作为胶结材料，在应力水平不足以破坏冻土结构（如断裂等）时，可以认为冻土和冰满足变形协调。因此，目前已有的基于混合律理论得出的冻土力学参数模型，只能作为估算，难以用于横观各向同性的冻土力学参数预测。

除了混合律理论以外，对于成分简单（一般为两种材料的复合）、宏观上满足横观各向同性的复合材料，可以通过材料力学办法，在指定断面分别建立正交材料组分间的力平衡方程与应变协调方程，继而通过方程组求解得出材料各主轴方向的力学指标。

以冻土为例，根据横观各向同性的材料分布特性，可将问题分解为串联力学模型和并联力学模型。串联模型适用于分析当材料受到垂直冰透镜体向作用力时材料的力学性能；而并联模型则适用于分析当材料受到平行与冰透镜体向作用力时材料的力学性能。为了便于变量描述，仍按上述材料坐标系方向规定，令 2 方向为垂直于冰透镜体方向，1、3 方向为平行于冰透镜方向，服从右手法则，如图 6.18 所示。

假定冰与土骨架是紧密黏结，考虑冰与土颗粒间的相互作用。下文假定土体骨架（由土颗粒、水、空气组成的统一体）与冰透镜体都可视为片状材料，对串联和并联模型进行

详细推导。

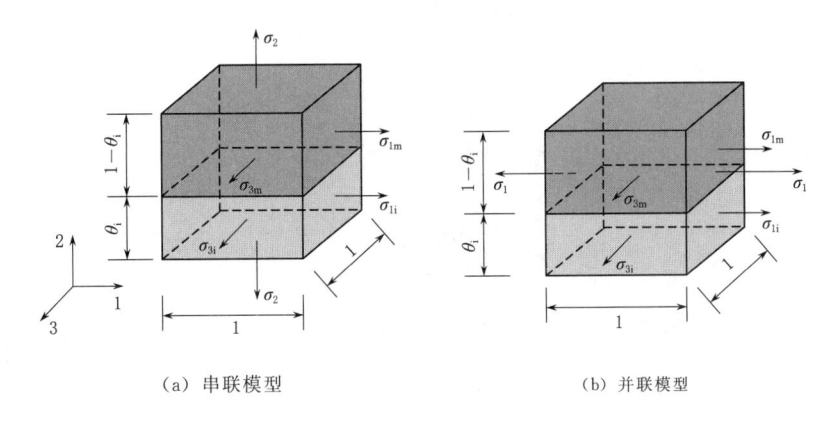

（a）串联模型　　　　　　　　　（b）并联模型

图 6.18　横观各向同性材料力学指标计算

6.3.2.1　串联模型

当在垂直于冰透镜体方向承受应力 σ_1 时，在 1 方向上，由力平衡条件可知，冰透镜体 σ_{i1} 与土体骨架应力 σ_{m1} 均等于 σ_1。由横观各向同性体的对称性，冰透镜体在 2、3 两个方向上所受约束力相等，即 $\sigma_{i2}=\sigma_{i3}=\sigma_i$；同理对于土体骨架，有 $\sigma_{m2}=\sigma_{m3}=\sigma_m$。令冰透镜体的体积分数为 θ_i，则土体骨架体积分数为 $1-\theta_i$，由力平衡条件和应变协调条件求出 σ_i 和 σ_m，继而采用弹性力学办法计算各方向的应变以及弹性模量常数，计算简图如图 6.18（a）所示。

由同性面性质可得

$$\sigma_{1m}=\sigma_{3m}=\sigma_m \tag{6.69}$$

$$\sigma_{1i}=\sigma_{3i}=\sigma_i \tag{6.70}$$

由静力平衡条件可得

$$\sigma_{2i}=\sigma_{2m}=\sigma_2$$
$$\sigma_m(1-\theta_i)+\sigma_i\theta_i=0 \tag{6.71}$$

由应变协调条件可得

$$\varepsilon_1=\varepsilon_3=\frac{1}{E_i}(\sigma_i-\nu_i\sigma_i-\nu_i\sigma_2)=\frac{1}{E_m}(\sigma_m-\nu_m\sigma_m-\nu_m\sigma_2) \tag{6.72}$$

由材料力学基本性质可得

$$\varepsilon_2=\frac{1}{E_i}(\sigma_2-2\nu_i\sigma_i)\theta_i+\frac{1}{E_m}(1-\theta_i)(\sigma_2-2\nu_m\sigma_m) \tag{6.73}$$

上述未知变量为 σ_i 和 σ_m，因此联立式（6.71）与式（6.72）即可求解。各变量求解结果为

$$\sigma_m=\frac{\left(\nu_m-\nu_i\dfrac{E_m}{E_i}\right)\sigma_2}{1-\nu_m+(1-\nu_i)\dfrac{(1-\theta_i)}{\theta_i}\dfrac{E_m}{E_i}} \tag{6.74}$$

$$\sigma_i = -\frac{\sigma_m(1-\theta_i)}{\theta_i} = -\frac{(1-\theta_i)}{\theta_i}\frac{\left(\nu_m - \nu_i\dfrac{E_m}{E_i}\right)\sigma_2}{1-\nu_m + (1-\nu_i)\dfrac{(1-\theta_i)}{\theta_i}\dfrac{E_m}{E_i}} \tag{6.75}$$

$$\varepsilon_1 = \varepsilon_3 = \frac{-\sigma_2}{E_i}\left[\frac{(1-\nu_m)\nu_i + \nu_m(1-\nu_i)\dfrac{(1-\theta_i)}{\theta_i}}{(1-\nu_m) + (1-\nu_i)\dfrac{(1-\theta_i)}{\theta_i}\dfrac{E_m}{E_i}}\right] \tag{6.76}$$

$$\varepsilon_2 = \frac{\sigma_2}{E_m}\left[\left(1-\theta_i + \theta_i\frac{E_m}{E_i}\right) - \frac{2(1-\theta_i)\left(\nu_m - \nu_i\dfrac{E_m}{E_i}\right)^2}{1-\nu_m + (1-\nu_i)\dfrac{(1-\theta_i)}{\theta_i}\dfrac{E_m}{E_i}}\right] \tag{6.77}$$

$$E_2 = \frac{\sigma_2}{\varepsilon_2} = \frac{E_m}{\left(1-\theta_i + \theta_i\dfrac{E_m}{E_i}\right) - \dfrac{2(1-\theta_i)\left(\nu_m - \nu_i\dfrac{E_m}{E_i}\right)^2}{1-\nu_m + (1-\nu_i)\dfrac{(1-\theta_i)}{\theta_i}\dfrac{E_m}{E_i}}} \tag{6.78}$$

$$\nu_{21} = \nu_{23} = -\frac{\varepsilon_3}{\varepsilon_2}$$

$$= \frac{\left[\nu_i(1-\nu_m) + \nu_m(1-\nu_i)\dfrac{1-\theta_i}{\theta_i}\right]\dfrac{E_m}{E_i}}{\left[(1-\theta_i) + \theta_i\dfrac{E_m}{E_i}\right]\cdot\left[1-\nu_m + (1-\nu_i)\dfrac{1-\theta_i}{\theta_i}\dfrac{E_m}{E_i}\right] - 2(1-\theta_i)\left(\nu_m - \nu_i\dfrac{E_m}{E_i}\right)^2} \tag{6.79}$$

6.3.2.2 并联模型

与串联基本手段一致，假定在 2 方向施加应力 σ_2 作用时，冰透镜体在 1、3 方向产生的约束应力为 σ_{i1}、σ_{i3}；同理对于土体骨架 1、3 方向的约束应力为 σ_{m1}、σ_{m3}，计算简图如图 6.18（b）所示。

由静力平衡条件有

$$\sigma_{1i}\theta_i + \sigma_{1m}(1-\theta_i) = \sigma_1 \cdot 1 \tag{6.80}$$

$$\sigma_{3i}\theta_i + \sigma_{3m}(1-\theta_i) = 0 \tag{6.81}$$

由应变协调条件

$$\varepsilon_2 = \frac{\sigma_{2i}}{E_i} - \frac{\nu_i\sigma_{3i}}{E_i} = \frac{\sigma_{2m}}{E_m} - \frac{\nu_m\sigma_{3m}}{E_m} \tag{6.82}$$

$$\varepsilon_3 = \frac{\sigma_{3i}}{E_i} - \frac{\nu_i\sigma_{2i}}{E_i} = \frac{\sigma_{3m}}{E_m} - \frac{\nu_m\sigma_{2m}}{E_m} \tag{6.83}$$

由胡克定律 1 方向上的应变为

$$\varepsilon_1 = -\frac{\nu_i\theta_i(\sigma_{2i} + \sigma_{3i})}{E_i} - \frac{\nu_m(1-\theta_i)(\sigma_{2m} + \sigma_{3m})}{E_m} \tag{6.84}$$

上述未知变量为 σ_{2i}、σ_{3i} 和 σ_{2m}、σ_{3m}，需联立式（6.80）～式（6.83）进行求解。各

变量求解结果为

$$\sigma_{2i} = \frac{\sigma_2}{\theta_i}\left\{1 - \frac{E_m(1-\theta_i)}{E_i\theta_i} \cdot \frac{1 + \frac{E_m(1-\theta_i)}{E_i\theta_i} - \nu_i\left[\nu_m + \nu_i\frac{E_m(1-\theta_i)}{E_i\theta_i}\right]}{\left[1 + \frac{E_m(1-\theta_i)}{E_i\theta_i}\right]^2 - \left[\nu_m + \nu_i\frac{E_m(1-\theta_i)}{E_i\theta_i}\right]^2}\right\} \quad (6.85)$$

$$\sigma_{2m} = \frac{\sigma_2 \cdot 1 - \sigma_{2i}\theta_i}{1 - \theta_i} \quad (6.86)$$

$$\sigma_{3i} = -\sigma_2 \frac{1-\theta_i}{\theta_i^2} \frac{E_m}{E_i} \frac{\nu_m - \nu_i}{\left[1 + \frac{E_m(1-\theta_i)}{E_i\theta_i}\right]^2 - \left[\nu_m + \nu_i\frac{E_m(1-\theta_i)}{E_i\theta_i}\right]^2} \quad (6.87)$$

$$\sigma_{3m} = -\sigma_{3i} \cdot \frac{\theta_i}{1-\theta_i} = \frac{\sigma_2}{\theta_i}\frac{E_m}{E_i} \frac{\nu_m - \nu_i}{\left[1 + \frac{E_m(1-\theta_i)}{E_i\theta_i}\right]^2 - \left[\nu_m + \nu_i\frac{E_m(1-\theta_i)}{E_i\theta_i}\right]^2} \quad (6.88)$$

$$\varepsilon_1 = -\frac{\sigma_2}{E_i\theta_i}\left\{\nu_i\theta_i + \frac{(1-\theta_i)(\nu_m - \nu_i\frac{E_m}{E_i})(1-\nu_i)\left[1 + \nu_m + (1+\nu_i)\frac{E_m(1-\theta_i)}{E_i\theta_i}\right]}{\left[1 + \frac{E_m(1-\theta_i)}{E_i\theta_i}\right]^2 - \left[\nu_m + \nu_i\frac{E_m(1-\theta_i)}{E_i\theta_i}\right]^2}\right\}$$
$$(6.89)$$

$$\varepsilon_2 = \frac{\sigma_2}{E_i\theta_i}\left\{\frac{1 - \nu_m^2 + (1-\nu_i^2)\frac{E_m(1-\theta_i)}{E_i\theta_i}}{\left[1 + \frac{E_m(1-\theta_i)}{E_i\theta_i}\right]^2 - \left[\mu_m + \nu_i\frac{E_m(1-\theta_i)}{E_i\theta_i}\right]^2}\right\} \quad (6.90)$$

$$\varepsilon_3 = \frac{\sigma_2}{E_i\theta_i}\left\{\frac{-\nu_m\frac{E_m(1-\theta_i)}{E_i\theta_i} - \nu_i\left[1 - \nu_m - \nu_i\frac{E_m(1-\theta_i)}{E_i\theta_i}\right]}{\left[1 + \frac{E_m(1-\theta_i)}{E_i\theta_i}\right]^2 - \left[\nu_m + \nu_i\frac{E_m(1-\theta_i)}{E_i\theta_i}\right]^2}\right\} \quad (6.91)$$

$$\nu_{21} = -\frac{\varepsilon_1}{\varepsilon_2} = [\nu_i\theta_i + \nu_m(1-\theta_i)] + \frac{(\nu_m - \nu_i)\theta_i(1-\theta_i)\left[\nu_m(1+\nu_m) - \nu_i(1+\nu_i)\frac{E_m}{E_i}\right]}{(1-\nu_m^2)\theta_i + (1-\nu_i^2)(1-\theta_i)\frac{E_m}{E_i}}$$
$$(6.92)$$

$$\nu_{23} = -\frac{\varepsilon_3}{\varepsilon_2} = \nu_i + \frac{(\nu_m - \nu_i)(1-\nu_i^2)\frac{E_m}{E_i}(1-\theta_i)}{(1-\nu_m^2)\theta_i + (1-\nu_i^2)(1-\theta_i)\frac{E_m}{E_i}} \quad (6.93)$$

$$E_2 = \frac{\sigma_2}{\varepsilon_2} = [E_i\theta_i + E_m(1-\theta_i)] + \frac{(\nu_m - \nu_i)^2 E_m E_i\theta_i(1-\theta_i)}{(1-\nu_m^2)E_i\theta_i + (1-\nu_i^2)E_m(1-\theta_i)} \quad (6.94)$$

6.3.2.3 定量分析

以冻结砂土为例，将本节串联模型与并联模型（以下简称模型）计算的冻土弹性量与泊松比与文献［51］和文献［52］（为描述方便，下面分别简称为宁文与王文）的计算结果汇总于表 6.7 和表 6.8。

表 6.7　　　　　　　　冻结砂土弹性模量不同计算方法结果对比

含冰量**	土温**/℃	1-含冰量	冰弹性模量/MPa	E_2/MPa	E_1/MPa	$E_\perp^*$/MPa	$E_\parallel^*$/MPa	E^{**}/MPa
0.05	-2.0	0.95	4910	78	289	84.138	322	291
	-5.4		6342	89	361	84.155	393	363
	-8.0		6820	101	385	84.159	417	389
0.10	-2.0	0.90	4910	88	533	88.728	563	534
	-5.4		6342	100	676	88.764	706	678
	-8.0		6820	116	724	88.773	754	728
0.20	-2.0	0.80	4910	102	1019	99.594	1046	1021
	-5.4		6342	117	1306	99.686	1332	1308
	-8.0		6820	137	1401	99.708	1428	1405

注　上标*为文献[52]数据；上标**为文献[51]数据；砂土弹性模量统一取 46MPa。

表 6.8　　　　　　　　冻结砂土泊松比不同计算方法结果对比

含冰量	土温/℃	1-含冰量	砂土泊松比**	ν_{12}	ν_{21}	ν_{13}	$\nu_\perp^*$	$\nu_\parallel^*$	ν^{**}
0.05	-2.0	0.95	0.38	0.41	0.11	0.31	0.38	0.38	0.32
	-5.4		0.40	0.45	0.11	0.31	0.40	0.40	0.32
	-8.0		0.42	0.49	0.13	0.31	0.42	0.41	0.33
0.10	-2.0	0.90	0.38	0.41	0.07	0.31	0.38	0.37	0.31
	-5.4		0.40	0.45	0.07	0.31	0.40	0.39	0.31
	-8.0		0.42	0.48	0.08	0.31	0.42	0.41	0.30
0.20	-2.0	0.80	0.38	0.40	0.04	0.30	0.38	0.36	0.30
	-5.4		0.40	0.43	0.04	0.30	0.40	0.38	0.31
	-8.0		0.42	0.46	0.05	0.30	0.42	0.40	0.31

注　上标*为文献[52]数据；上标**为文献[51]数据；冰泊松比统一取 0.3。

由表 6.7 可知，整体上所得结果与文献资料在数量级上基本一致。其次模型反映出，即使土体在体积含冰量相对较小的情况下，模型所得弹性模量在 1、2 方向也有明显的差异；且随着温度或冰含量的增大，差异越显著，弹性模量比值 E_2/E_1 在 3.7~10.2 范围内。再者，与宁文结果对比发现，模型计算结果 E_2 与文献提出等效弹模计算结果相当，表明等效弹模计算只能得到冻土平行于冰透镜体方向的弹性模量。而与王文比较，E_1 计算结果只有在含冰量较小情况下才能与模型计算结果接近，表明不考虑侧向应变协调的串、并联模型只有在体积含冰量较小情况下才能得到误差较小的 E_1 值、但 E_2 值普遍估算过高。

由表 6.8 可知，模型结果满足 $\nu_{12}<\nu_{23}<\nu_{21}$。泊松比同样具有明显的横观各向特性，$\nu_{12}$（$=\nu_{13}$）要明显小于其他方向的计算结果。尤其在冰含量相对较大时，泊松比仅为 0.05；联合弹性模型的计算结果，此时 $E_2/E_1>10$，表明冻土在含冰量相对较大时，作

用在垂直于冰透镜体向的荷载，主要产生该方向上的变形，对侧向变形几乎没有影响。ν_{23}（$=\nu_{32}$）受体积含冰量影响不显著，其值约等于冰的泊松比。其主要原因是冰的弹模远大于土体骨架弹模，于是在同性面（平行于冰透镜体）内，冰体变形起着主导作用，土体骨架则表现出被动变形状态。宁文认为土体是各向同性材料，故而无法满足正交法则，而王文虽考虑受力主方向的变形协调，但其忽视了侧向变形协调，故也无法满足正交特性，即 $E_{/\!/}\nu_{\perp}\neq E_{\perp}\nu_{/\!/}$。而模型计算正交指标的平均相对误差 $|E_1\nu_{21}-E_2\nu_{12}|/E_2\nu_{12}\times 100\%=0.0002\%$，表明该方法用于描述横观各向同性是科学有效的。

鉴于有关冻土横观各向同性的弹性常数试验资料极少，在无法通过大量试验回归得到合适的经验公式情况下，采用理论分析的手段进行估算是比较可取的途径。推导的模型虽然形式比较复杂，但是从物理本质上足以全面反映冻土横观各向同性的特性，是目前比较科学，也比较精确的冻土弹性常数估算办法。

6.3.2.4 剪切刚度

由于假定冰透镜体与土冻结时二者理想黏结，保证在剪力作用下，冰透镜体与土层不会因为剪力作用而产生相互剥离，即冰透镜体剪应变与土料骨架剪应变均等于整体等效总应变。由静力平衡条件和材料力学基本方程，有

$$\tau_{12}=\tau_i\theta_i+\tau_m\theta_m \tag{6.95}$$

$$\tau_{12}=G_{12}\gamma_{12},\ \tau_i=G_i\gamma_i,\ \tau_m=G_m\gamma_m \tag{6.96}$$

式中：τ_{12}、γ_{12}、G_{12} 分别为 1、2 面内特征单元体的剪应力、剪应变以及等效剪切刚度。

将 $\gamma_i=\gamma_m=\gamma_{12}$ 代入式（6.95）和式（6.96），容易得到

$$G_{12}=G_i\theta_i+G_m(1-\theta_i) \tag{6.97}$$

6.3.3 理想塑性模型

塑性应变表达式为

$$\{\Delta\varepsilon^p\}=\lambda_p\frac{\partial Q}{\partial\{\sigma\}} \tag{6.98}$$

式中：λ_p 为塑性乘子；Q 为塑性势函数，满足相关联流动法则，公式如下：

$$Q_p=F[(\sigma_{22}-\sigma_{33})^2+(\sigma_{11}-\sigma_{22})^2]+G(\sigma_{33}-\sigma_{11})^2+2L(\sigma_{23}^2+\sigma_{12}^2)+2M\sigma_{31}^2-1 \tag{6.99}$$

$$F=\frac{1}{2}\frac{1}{\sigma_{ys2}^2},\ G=\frac{1}{\sigma_{ys1}^2}-\frac{1}{2}\frac{1}{\sigma_{ys2}^2},\ L=\frac{1}{2}\frac{1}{\sigma_{ys12}^2},\ M=\frac{1}{2}\frac{1}{\sigma_{ys31}^2}$$

式中：σ_{ys2} 表示平行于冰透镜体方向的无侧限单轴压缩强度；σ_{ys1} 表示垂直于冰透镜体方向的无侧限单轴压缩强度。

6.3.4 模型验证

选取土柱的单向冻胀标准算例作为素材，验证本节所提出的计算模型的有效性。试验开始前，先使土样饱和，并在轴向压力为 50kPa 下固结完毕。取出土样，制备成高 10cm 的土柱后进行轴向恒定压力为 50kPa、自下而上的单向冻结试验。顶部设有补水系统，保证水位与柱顶持平。试验顶部与底部设有可控温的、紧贴土体的冷却板，并根据试验方案

在试验前对土体在设计温度梯度进行下恒温24h,待试验开始时以同等速率同时降温,此试验方法亦称斜坡降温冻结试验。

按不同的温度梯度、降温速率两个控制条件,共设计了两种试验设计方案,且底部冷端的初始温度恒定为0℃,试验方案的温度控制见表6.9。

试验布置及计算示意图如图6.19所示,不同设计方案的(顶部)暖端与(底部)冷端历时降温曲线如图6.20所示。

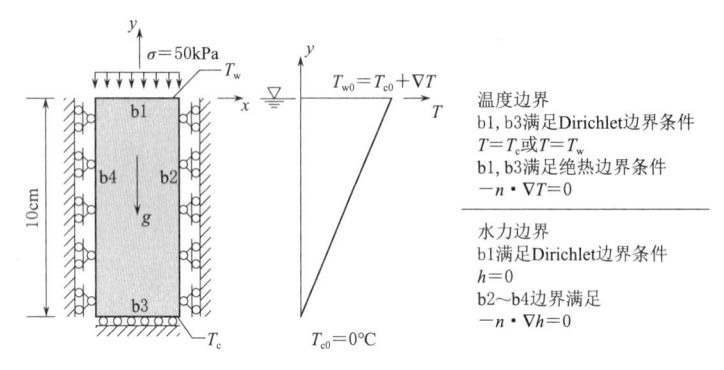

图 6.19 Penner 冻胀试验

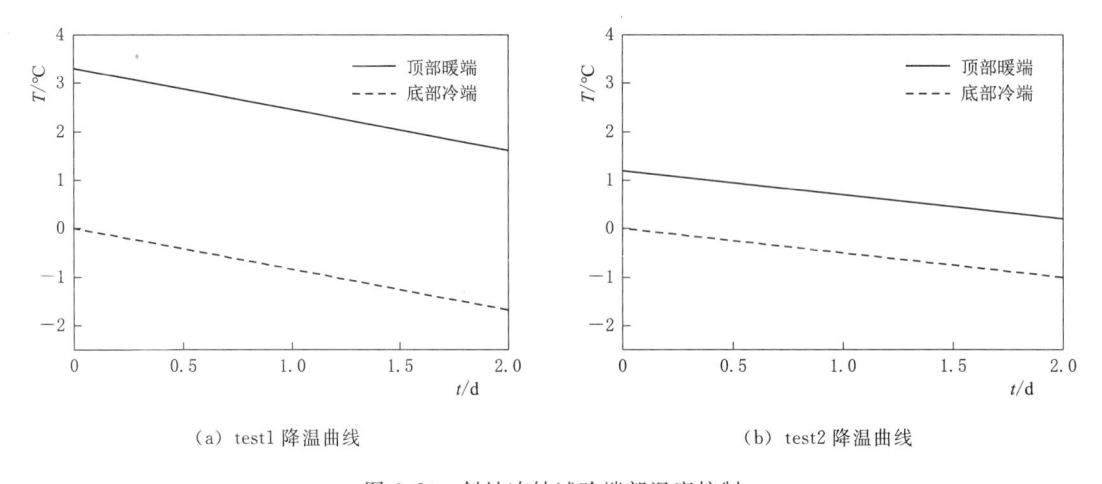

(a) test1 降温曲线　　　　　　　　　(b) test2 降温曲线

图 6.20 斜坡冻结试验端部温度控制

6.3.4.1 有限元模型与参数选取

本算例有限元控制单元的平均长度为1mm; x 轴为水平方向, y 轴正向竖直向上,考虑重力作用,重力正方向指向 y 轴负方向。土柱冷端(b3)和暖端(b1)满足第一边界条件,取实际试验温度控制值。其他边界均作绝热边界处理,即 $-n \cdot \nabla T = 0$。材料基本参数见表6.9。

表 6.9　　　　　　　　　　冻 结 试 验 条 件 汇 总

试验方案序号	降温速率/(℃/d)	温度梯度/(℃/cm)	试验历时/d
1	0.84	0.33	2
2	0.50	0.12	2

顶端（b1）补水装置，土体的初始为饱和状态，且冻结过程瞬态分析中保持顶部（b1）为恒定水头边界，即 $h=0$；其余边界为不透水边界，即 $-n \cdot \nabla h=0$。冻结曲线参数通过试验数据回归得出，如图 6.21 所示。

试验开始前，饱和土样已做轴压为 50kPa 的固结处理，所以模型在瞬态分析前先作顶部（b1）为 50kPa 轴压的土压力平衡计算，避免数值分析中因上覆荷载产生的压缩变形造成的计算结果与试验结果误差。之后进行水-热-力三场耦合的瞬态分析，求解最大荷载步为 100s。其余参数见表 6.10。

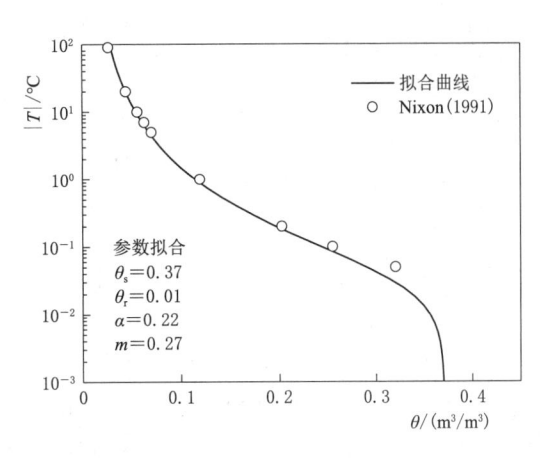

图 6.21 Nixon 冻结曲线及参数拟合

表 6.10　　Konrad 试验冻胀数值分析基本参数

变量名	取　值	单　位	描　述
ρ_s	2700	kg/m³	硅粉体积比容
C_p	2×10^6	J/(m³·K)	硅粉体积比热容
λ_p	0.907	W/(m·K)	硅粉导热系数
θ_r	0.01	m³/m³	土样残余体积含水率
n_0 或 θ_s	0.37		土样孔隙率或饱和体积含水率
k_s	3×10^{-8} *	m/s	土样饱和渗透系数
α	0.22		土样土-水特征曲线试验参数
m	0.27		土样土-水特征曲线试验参数
E_s	50	MPa	土体常温下的弹性模量
ν_s	0.4		土体常温下的泊松比
E_i	5	GPa	近似取 -2℃时的冰弹模
ν_s	0.33		冰泊松比

6.3.4.2　结果分析

分别采用本节提出的横观各向同性冻胀模型、各向同性的冻胀模型与试验结果进行对比。不考虑试验前冷端 -10℃引起的预冻冻深，故下文对比分析时予以剔除，见表 6.11 中第三列"试验结果修正"。

冻结锋面推进速率结果见表 6.11。由表可见，采用不同的冻土本构，对冻深的计算结果没有影响。计算值与试验值在冻深推进速率时稍有误差，相对误差分别为 28%、11.4%；但考虑到试验前瞬时低温会造成土样负温端较大范围内初始温度梯度变化，故认为模型结果误差在合理范围之内。

第6章 渠道水-热-力耦合冻胀分析

表 6.11　　　　　　　　　　冻结锋面推进速率对比分析　　　　　　　　　单位：mm/d

试验序号	试验结果	试验结果修正*	横观各向同性	各向同性	相对误差
1	35.0	28	20	20	28%
2	34.0	29	25.7	25.7	11.4%

注　*对试验前,短时间施加-10℃后所引起的额外冻深量予以剔除。

冻胀量分析结果如图 6.22 所示。随冻结历时增加，横观各向同性模型与各向同性模型计算得到的冻胀量基本呈线性变化，与试验规律基本一致。横观各向同性模型计算精度较各向同性模型明显要高，试验（试验1和试验2）结束时冻胀量的绝对误差分别为：横观各向同性模型 0.64mm 和 0.57mm；各向同性模型 -2.90mm 和 -1.20mm。最大相对误差分别为 6.5% 和 11.5%，低于各向同性冻胀模型的 29.3% 和 23.8%。因此，本节提出的考虑冻土横观各向同性特性的水热力耦合模型结果更为准确。

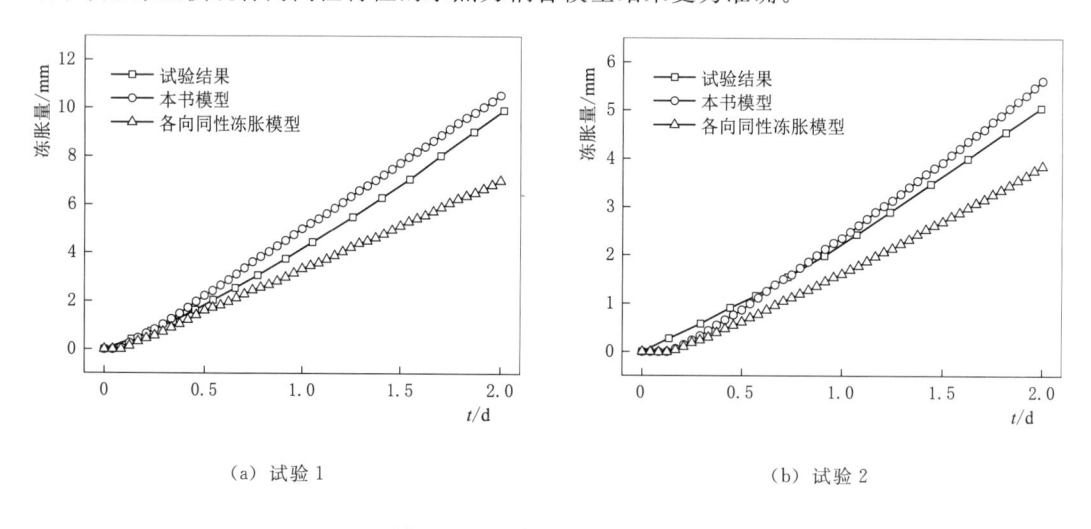

(a) 试验 1

(b) 试验 2

图 6.22　总冻胀量随时间变化

6.4 衬砌-基土接触面模型

6.4.1 模型提出

衬砌-基土间冻胀力大于二者冻结强度时，将会产生脱离或滑动。目前，对于现浇混凝土衬砌板与渠基冻土界面多采用满足莫尔-库仑准则的接触单元模拟，但其对于法向冻结力的模拟及其计算收敛性较差，不符合界面间实际受力情况且计算成本较高。基于此，拟采用弹性薄层单元，对其进行修正，以模拟上述行为。

弹性薄层单元的实质是在结构间的接触界面处建立具有一定刚度的法向和切向弹簧单元，其弹簧刚度可随弹簧的拉伸量非线性变化。依据结构之间的相对位移来计算二者之间的接触反力，并根据反力来进一步调整二者之间的相对位移，基本方程为

$$\sigma_n = -k_{An}(u_{nl} - u_{ns}) \tag{6.100}$$

$$\sigma_t = -k_{At}(u_{tl} - u_{ts}) \tag{6.101}$$

式中：σ_n、σ_t 分别为法向和切向弹性薄层反力，MPa；k_{An}、k_{At} 分别为薄层单元法向和切向刚度 MPa/m；u_{nl}、u_{tl} 分别为衬砌法向和切向位移，m；u_{ns}、u_{ts} 分别为土体法向和切向位移，m。结合衬砌-基土相互作用情况，对上述方程的法向和切向刚度进行修正。

$$k_{An} = \begin{cases} E_s, & \sigma_n < \tau_f \\ 0, & \sigma_n \geqslant \tau_f \end{cases} \tag{6.102}$$

$$k_{At} = \begin{cases} k'_{At}, & \sigma_t < \tau_f \\ f \cdot \dfrac{\sigma_n}{|u_{tl} - u_{ts}| + \varepsilon'}, & \sigma_t \geqslant \tau_f \end{cases} \tag{6.103}$$

式中：E_s 为基土弹性模量，MPa；τ_f 为基土与衬砌的冻结强度，MPa；k'_{At} 为冻土-衬砌间未达到冻结强度时的剪切刚度，MPa/m；f 为衬砌-基土摩擦系数；ε' 为大于 0 的极小数。

6.4.2 模型验证

基于低温实验室内混凝土块与冻土的直接剪切试验，选取试验温度－5℃，含水率 13.1%，法向压力为 100kPa 和 200kPa 的两组冻土-混凝土界面剪切试验数据，采用上述接触模型对直剪试验进行数值模拟，以验证接触模型的合理性。由试验数据近似得：$k'_{At}=320$MPa/m，$f=0.8$，τ_f 分别取 0.20MPa 和 0.25MPa，次峰值强度对应剪切位移取 2mm。有限元模型及结果对比如图 6.23 所示，数值模拟结果与试验结果基本一致，且可反映出冰胶结强度对界面强度的影响，因此该模型可合理反映出冻土-混凝土衬砌间的接触行为。

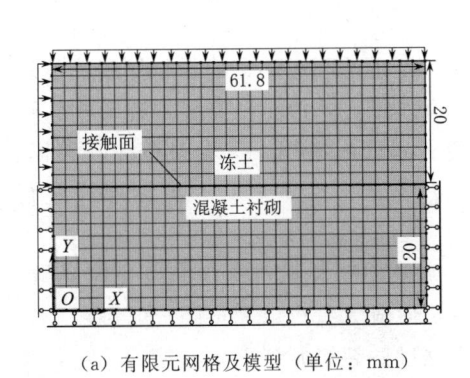

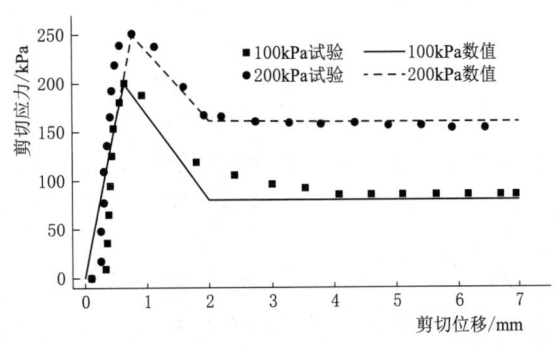

(a) 有限元网格及模型（单位：mm）　　(b) 试验及数值计算结果对比

图 6.23　有限元模型及结果对比

为进一步验证接触模型合理性，针对已有文献中土工布间摩擦系数测定试验，进行土工布接触剪切过程数值模拟。结合无纺布试验结果，反算式（6.103）相关参数，即摩擦系数 $f=0.5$，$\sigma_{tmax}=0.01$MPa 和 $k'_{At}=10$MPa/m。建立图 6.24（a）中的有限元模型，计算剪切应力与剪切位移的变化，结果如图 6.24（b），20kPa 正应力下无纺布接触面极限抗剪强度为 10kPa，对应剪切位移 0.3mm。达到极限抗剪强度后，产生动摩擦滑动，接触层间摩擦力趋于定值。由表 6.12 试验与数值模拟结果的相对误差小于 13%，可看出本书模型能够合理地反映实际无纺布之间的接触性能。

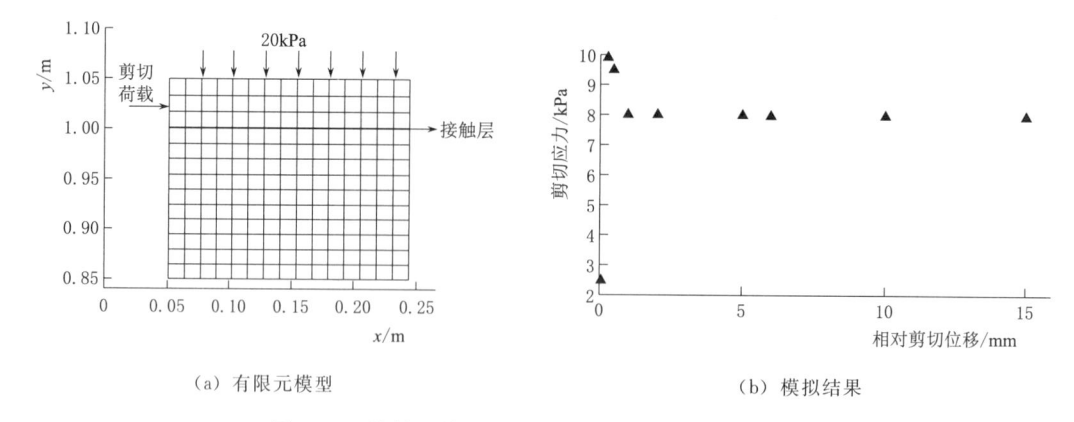

(a) 有限元模型

(b) 模拟结果

图 6.24　接触面剪切数值模拟有限元模型及模拟结果

表 6.12　　　　　　　　　　　试验与数值模拟结果对比

指　标	试　验　值	模　拟　值	相对误差/%
正应力/kPa	20.00	20.00	0
最大剪切强度/kPa	8.90	10.00	12.36
极限剪切位移/mm	—	0.30	—
摩擦系数	0.43	0.40	−6.98

6.5　考虑冻土冻融劣化的水-热-力耦合冻胀-融沉模型

冻融循环是季节性冻土区产生病害的关键因素，常发生地面塌陷、建筑物倾斜、倒塌等危害。随着"一带一路"倡议与西部大开发战略的持续推进，冻土区修建的建筑物将逐步增多。以大型渠道工程为例，渠坡周期冻融过后会引起表层滑塌，造成渠道冻胀破坏-衬砌失稳，亟待建立土体冻融循环下的弹塑性损伤力学本构模型对这一破坏形式进行预测。

渠基土冻结过程中，分凝冰位置处土体被撑开，冰融化后孔隙水压力难以快速消散，土体有效应力骤减，抗剪强度显著降低。水分消散后，形成大量难以完全闭合的裂隙，导致土体的结构损伤从而强度和弹性模量降低。多次冻融过后裂缝开展度逐渐趋于稳定，强度和模量降到最低值并保持稳定。可见，渠基土的冻融劣化本质原因有两个，其一是额外的孔隙水压力造成的有效应力降低，其二是冻胀作用造成的土体塑性损伤。本节在 6.2 节水热耦合计算模型的基础上，在力学场方程中建立考虑含冰量和孔隙水压力的土体塑性本构，建立考虑冻土冻融劣化的水-热-力耦合冻胀-融沉模型。

6.5.1　冻融土体弹塑性模型

本书基于刚冰假设，认为冰不可压缩，但土颗粒可以压缩，增长的冰对土的作用力取决于土的弹模，以此建立冰孔压表达式。

$$p_i = -K \cdot \left(\int_t \frac{\partial \theta_i}{\partial t} dt - n\right) \tag{6.104}$$

虽然土体冰压力为孔隙压力，类似于孔隙水压力作用于土骨架，然而由于冰的黏结作用，同时组成土体骨架的一部分，参与土体的变形和应力。建立土体荷载响应的控制方程时，假设孔隙水压力为骨架外应力，孔隙冰压力为土体内应力，土体弹塑性变形控制方程为

$$\nabla(\sigma + p_w) + F = 0 \tag{6.105}$$

其应力-应变关系采用切线模量模型表示为

$$\Delta\sigma = 2G_t \cdot \mathrm{dev}(\Delta\varepsilon_s) + [K_t \cdot \mathrm{trace}(\Delta\varepsilon_v) + p_i] \tag{6.106}$$

$$G_t = \frac{E_t}{2(1+\nu)} \tag{6.107}$$

$$K_t = \frac{E_t}{3(1-2\nu)} \tag{6.108}$$

$$\Delta\varepsilon_s = \Delta\varepsilon_s^e - \Delta\varepsilon_s^p \tag{6.109}$$

$$d\varepsilon_s^p = d\lambda \frac{\partial Q}{\partial q} \tag{6.110}$$

式中，G_t 为土体切线剪切模量，Pa；K_t 为土体切线压缩模量，Pa；E_t 为切线弹模，Pa，ν 为泊松比；ε_v、ε_s 分别为土的体应变与广义剪应变，其中上标 e 和 p 分别代表弹性部分与塑性部分；Q 为土体塑性势函数，此处假设土体塑性变形主要由广义剪应变产生而忽略体应变产生的塑性变形；$d\lambda$ 为塑性流动规则参数。

6.5.2 土体冻融破坏强度准则

寒区渠道渠坡冻融滑塌过程主要发生剪切破坏，同时因不均匀冻融变形和渠顶滑弧受拉也可能发生拉伸破坏，存在着复杂的应力状态（图 6.25）土体的剪切破坏一般认为符合莫尔-库仑强度理论，以剪切强度为准则。若存在拉应力破坏的情况下，原莫尔-库仑强度包线不再是直线，根据 Griffith 对岩石脆性破裂模型，采用双曲线对莫尔-库仑强度包线进行拟合，并以原强度包线的直线为渐近线，考虑拉伸与剪切破坏的渠基土强度准则如下。

$$\bar{\tau}^2 = \sin^2\varphi[(\bar{\sigma} + c\cot\varphi)^2 - (c\cot\varphi - \sigma_t)^2] \tag{6.111}$$

$$\bar{\tau} = \frac{\sigma_1 - \sigma_3}{2}; \quad \bar{\sigma} = \frac{\sigma_1 + \sigma_3}{2} \tag{6.112}$$

$$\bar{\sigma} = \frac{4\sigma_t}{\sqrt{1+\tan\varphi^2} - \tan\varphi} \tag{6.113}$$

式（6.106）表示的曲线如图 6.26 所示，与 $(\sigma_1+\sigma_3)/2$ 轴的截距为抗拉强度 σ_t，以莫尔-库仑的直线为渐近线；θ 为应力洛德角，表示中主应力与两个主应力间的相对比例，(°)；c 为土体黏聚力，KPa；φ 为土体内摩擦角，(°)。

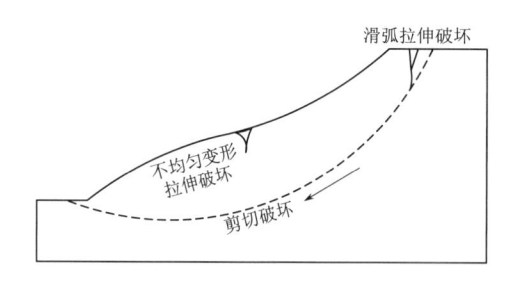

图 6.25 寒区渠道基土冻融破坏类型 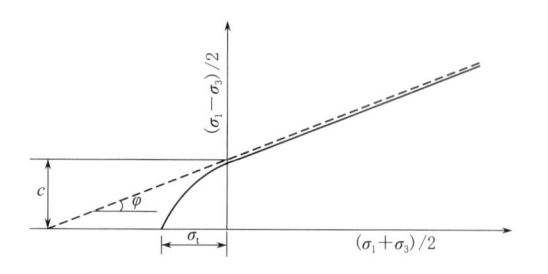　　图 6.26 渠基土拉伸和剪切破坏包线

6.5.3 力学参数动态变化模型

渠基土冻融本构及强度准则，反映了寒区渠道工程系统在外环境作用下内部土体、水、冰间相互作用转化、作用的规律，以及由此产生的应力、应变和位移响应，最后表现出来的土体滑坡灾害及对应的判别条件。

需要强调的是，土体冻胀时冰压力贡献了土体内的拉应力，当该拉应力超过土体有效应力后，土体开裂。开裂土体冰压力释放，与土体上覆荷载相等，拉应力不再增长而变形持续，与理想弹塑性变形特点相似。事实上在土体冻结时，由于冰的胶凝作用，冻土强度提高，虽然应变量远远超过土体极限应变的范畴，但是在融沉阶段，冰融化后冻胀产生的应变恢复，具有弹性变形特点。因此土体冻胀时考虑冻结胶凝作用，强度指标和变形模量产生强化，这一胶结作用与冻土负温与含冰量的相关，其中弹性模量可以表示为冰与土的混合率模型描述，可表示为

$$E = \frac{\theta_s E_s + \theta_i E_i}{(\theta_s + \theta_i)^2} \tag{6.114}$$

$$E_i = -7.75T + 415 \tag{6.115}$$

式中：E_i 为纯冰的弹性模量，MPa；E_s 为土体弹性模量，MPa；θ_i 为冰体积含量；θ_s 为土骨架体积含量。

在多次冻融循环后，土体弹性模量受此影响发生一定的改变，研究表明，小围压条件下土体发生冻融软化，大围压条件冻融硬化，考虑渠道基土冻融过程发生于表面土层，因此具有冻融软化特性，定义弹性模量的软化系数 $R_n = E_n/E_0$（E_n 为冻融循环 n 次后的弹性模量，E_0 为未冻融时的弹性模量），参考试验数据，土体弹性模量随着冻融循环次数增加呈先减小后增大并逐渐趋于稳定的规律，据此拟合 R_{En} 及土体模量表达式为

$$R_{En} = 1 - 0.104n + 0.01n^2 \tag{6.116}$$

$$G_{tn} = R_{En} \frac{E_t}{2(1+\nu)} \tag{6.117}$$

$$K_{tn} = R_{En} \frac{E_t}{3(1-2\nu)} \tag{6.118}$$

同理，土体冻融过程中抗拉强度 σ_t、黏滞系数 c 和内摩擦角 φ 等强度参数同样与温度和冰含量相关，同时多次冻融循环后强度劣化也有所体现。具体的冻胀时，土体抗拉、抗剪强度显著提高，而融化时则因原先聚集的冰层融化导致含水量暂时增加，从而比未冻胀

6.5 考虑冻土冻融劣化的水-热-力耦合冻胀-融沉模型

前有所下降；经历反复冻融并且多余融化水消散后，土体疏松并且原先结构破坏导致其力学强度发生永久劣化。因此土体的强度参数一方面会因土体升温融化而软化，另一方面因冻融循环而劣化。基于已有的阿拉斯加黏土、兰州黄土、青藏粉砂土等典型寒区工程土质的轴压及三轴试验数据，拟合冻土抗强度参数随温度的表达式。

$$c = -0.417T + 2.255 \quad T \leqslant 0\text{℃} \tag{6.119}$$

$$\varphi = -0.607T + 27.27 \quad T \leqslant 0\text{℃} \tag{6.120}$$

结合多次冻融循环的劣化损伤试验数据，进一步对强度参数进行修正得

$$c = \begin{cases} -0.417T + 30.92 & T \leqslant 0\text{℃} \\ 30.92 - 7.6\ln(n) & T > 0\text{℃} \end{cases} \tag{6.121}$$

$$\varphi = \begin{cases} -0.607T + 27.27 & T \leqslant 0\text{℃} \\ 27.27 - \ln(n) & T > 0\text{℃} \end{cases} \tag{6.122}$$

常温下，渠坡土体抗拉强度较小，一般拉应变超过 0.1% 时土体产生拉裂破坏，据此反算土体抗拉强度参数表达式为

$$\sigma_t = 0.001 K_{tn} \tag{6.123}$$

6.5.4 模型验证与分析

以北疆阿勒泰地区某供水渠道为例，针对连续两年运行过程渠基的渗漏、冻胀-融沉变形及破坏过程进行数值仿真模拟。渠道位于白砂岩基础上，每年 4 月中旬至 10 月中旬供水运行，10 月中旬开始逐渐停水检修，随之气温开始进入冻结期，至第二年 4 月初进入融化期。渠槽为弧底梯形断面，渠深 5.5m，坡比 1:2，弧角半径 7.1m。考虑结构对称性，建立如图 6.27 所示几何模型，并设置温度及水位边界条件。计算初始时刻（0d）渠道开始通水，6d 后达到设计水位 5.5m，150d 后渠道开始停水，至第 160d 水位为 0m，停

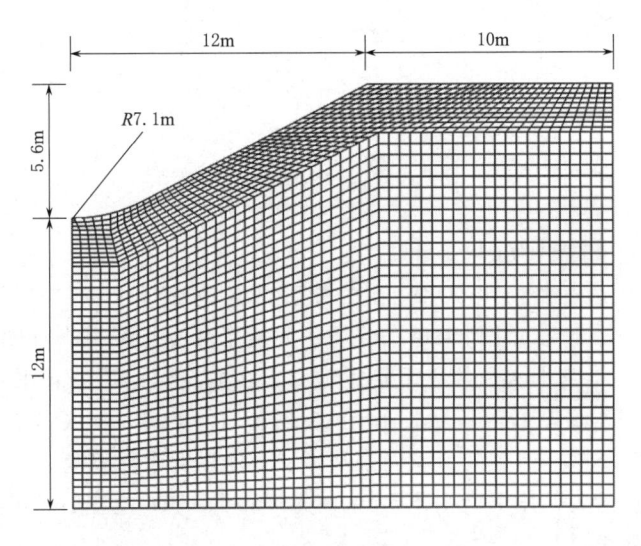

图 6.27 北疆输水渠道几何模型

水直到第360d后开始新的循环[图6.28(a)]。初始时刻(0d)为当地渠道开始行水时气温10℃,180d后气温降至0℃,渠道进入冻结期;直到330d后气温开始回到正温,渠道进入融化期[图6.28(b)]。不考虑渠道衬砌结构,对渠基土经历的湿干冻融循环两个周期内的变形情况进行分析。

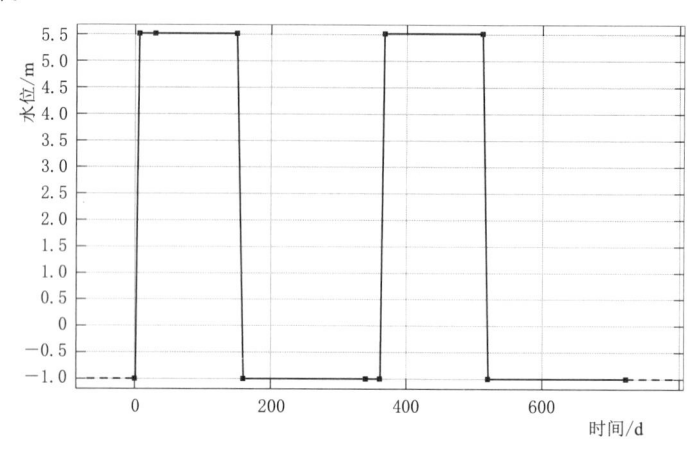

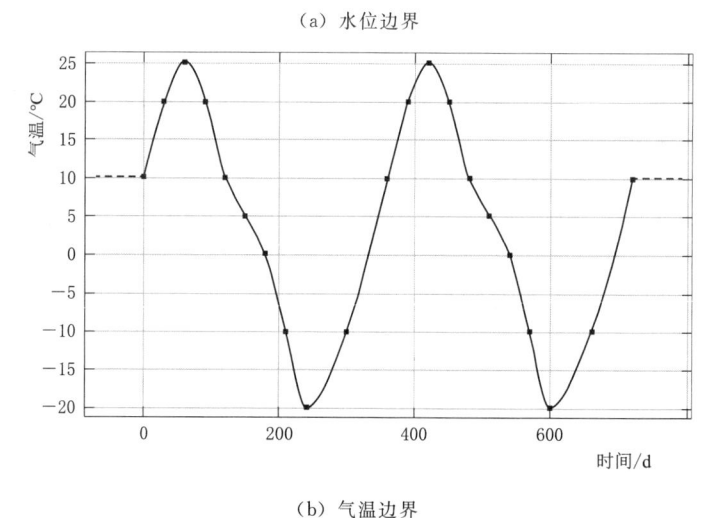

(a) 水位边界

(b) 气温边界

图6.28 边界条件

1. 行水-停水对渠道影响分析

计算初始时刻渠道开始行水,水位在一周后升至正常行水位,145d后开始停水,并在155d后渠道水完全排空,此时渠道水分场、温度场和变形场分布如图6.29所示。

经过一次行水,渠基水位线以下接近饱和,在完全停水后渠基水外渗,渠基土饱和度降低,其中渠顶脱水最剧烈,基土水分聚集在渠基向外渗出,渠底含水量变化微小。渠道表面土体温度因气温下降而迅速降低,而渠基深层土体温度下降较慢。在停水后由于渠顶脱水,渠底排水,在渗透力作用下产生7.5mm的渠底抬升和1mm左右的渠坡右向沉降变形。

2. 停水-冻结期渠道变形分析

首次冻结期从180d至330d,冻深达到最大,土体含冰量最大,冻胀最为严重,此后

6.5 考虑冻土冻融劣化的水-热-力耦合冻胀-融沉模型

基土开始逐渐消融。由图 6.30（a）至图 6.30（c）可以看出，0℃等温线以上的移动层内，基土未冻水含量急剧下降，由于渠顶含水量过小，冻结成冰后不足以造成土体冻胀变形，土体在自重及负基质吸力下固结沉降，最大沉降变形达 5cm。渠底含水量较高冻结过程中产生 2.5cm 的冻胀隆起变形。可见因停水造成的渠基水分分布差异，导致冻结期不同位置冻胀变形量差异，甚至过小含水量部分产生固结沉降。

（a）饱和度分布　　　　　　　　　　（b）位移及方向

图 6.29　155d 渠道水分、温度和变形分布

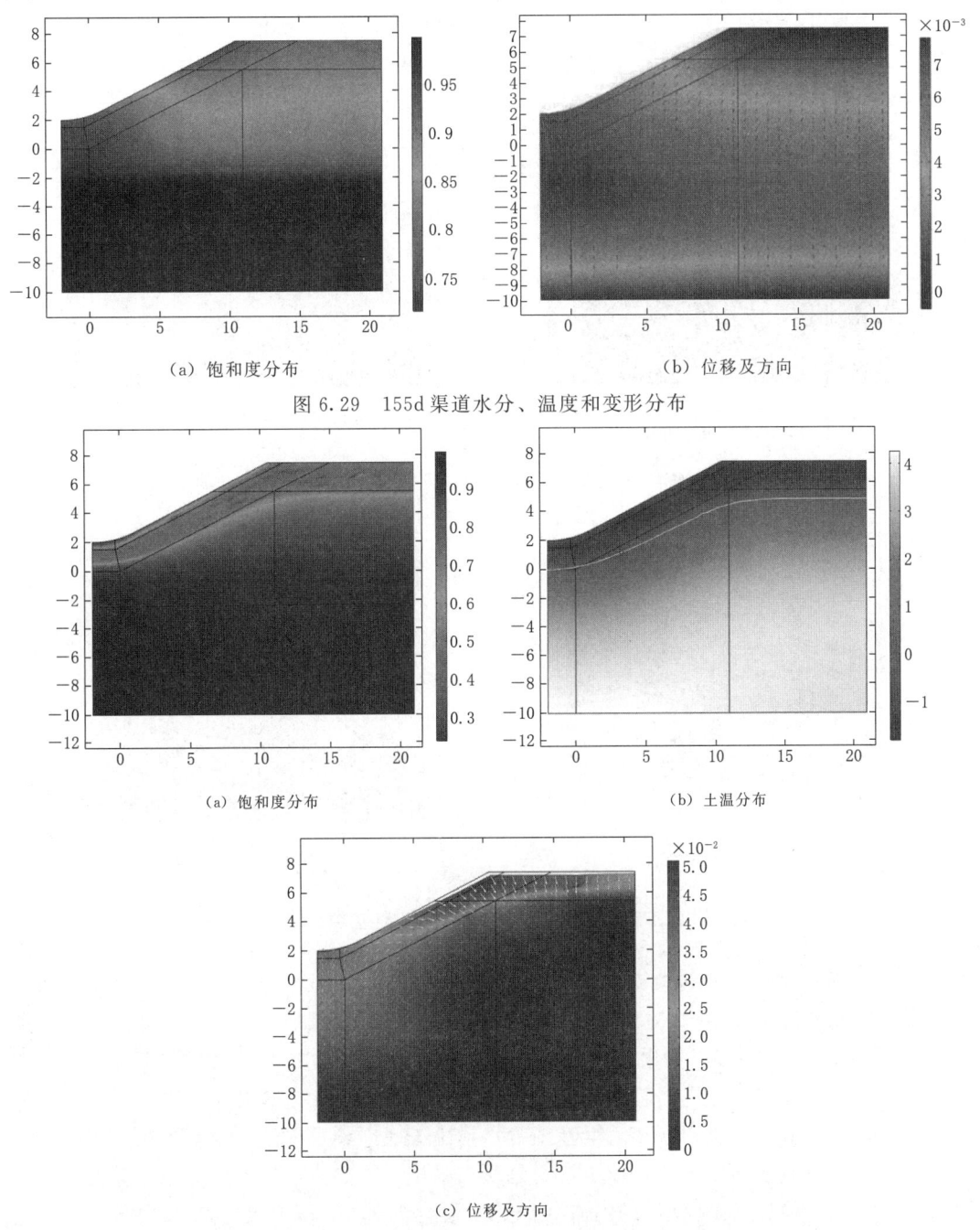

（a）饱和度分布　　　　　　　　　　（b）土温分布

（c）位移及方向

图 6.30　330d 渠道水分、温度和变形分布

3. 冻融对土体变形及破坏影响

经过一次冻融后到第二次行水前（360d），渠基土表层逐渐融化，含水量增多[图6.31(a)]，而深层依然冻结，基土中间存有夹层冰，导致融化水分无法入渗而在自重作用下继续向渠底汇聚。在渠坡融沉量达到9cm，在渗流作用下，渠坡上方土体向渠底滑动，渠底土体则继续隆起变形达到4cm[图6.31(b)]。因冻融作用导致土体强度降低，提取渠基塑性变形云图6.31（c）可以看出，融沉过程中渠顶首先屈服进入塑性，即渠坡土体向下滑塌同时拉裂渠顶基土，这与实际破坏形式吻合[图6.31(d)]。

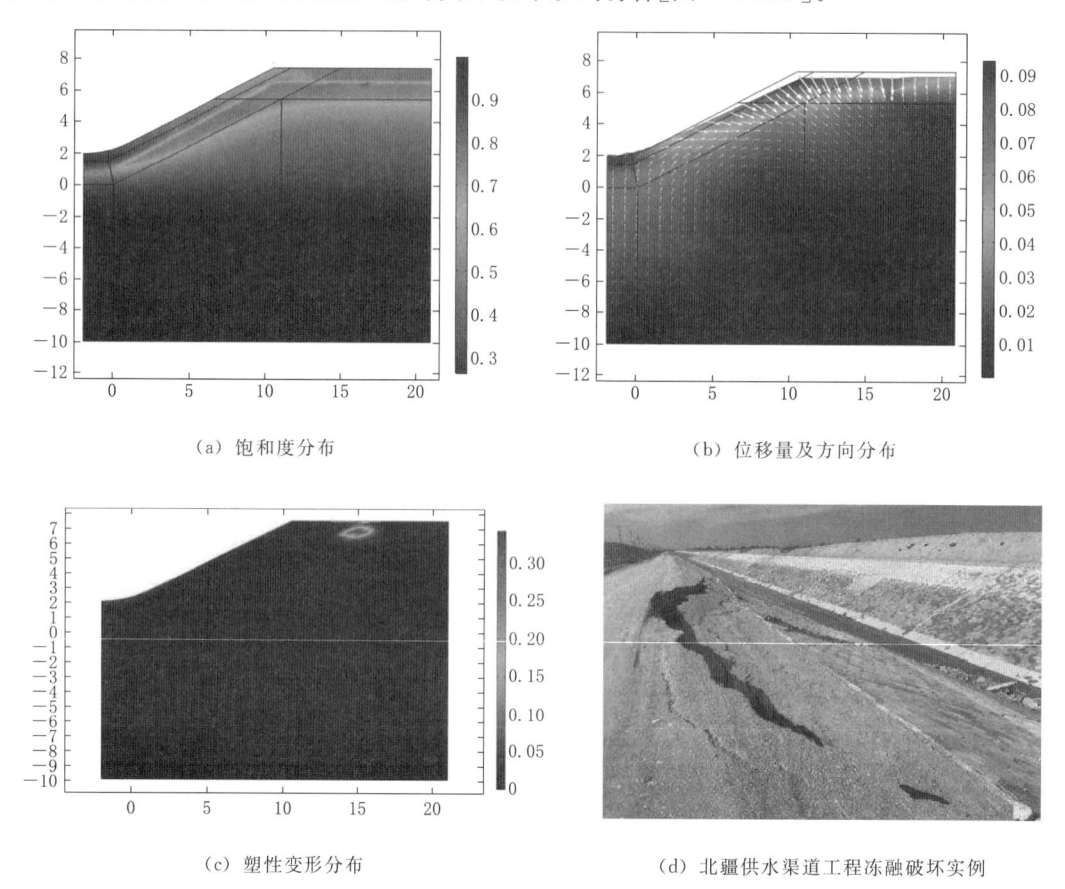

(a) 饱和度分布

(b) 位移量及方向分布

(c) 塑性变形分布

(d) 北疆供水渠道工程冻融破坏实例

图6.31 360d渠道水分、温度、变形、塑性区和破坏位置分布

4. 湿干冻融循环对渠道变形及破坏的影响

渠道周期性湿干冻融循环过程中，渠道不同位置体积含水量、含冰量随时间变化规律如图6.32（a）所示。可以看出，行水期，基土含水量较高，随着停水逐渐下降，而随之而来的冻结期则导致含水量降至最低。随着温度升高，基土含水量开始升高，行水期到来后，含水量升至最高点达到饱和。渠基土含水量由渠底向渠顶逐渐减少，且渠顶和渠堤含水量变化受渠道行水和停水影响较小，而是受冻融作用影响大。渠基土冻土活动层含冰率呈现逐年增加的趋势，渠底增长显著，由0.75增至1.3；渠顶则仅由0.05增至0.1。这是由于周期冻融过程，渠道底部水分不断向表层聚集，而越向渠顶，水分迁移难度越大。

6.5 考虑冻土冻融劣化的水-热-力耦合冻胀-融沉模型

渠道不同位置总位移及塑性应变随时间变化规律如图6.32（b）所示。可以看出，渠基土位移主要因冻胀产生，而融沉期位移恢复但仍有残余位移，且随着冻融循环次数的增加，渠道表面的位移变形逐渐增大，且分布不均匀。渠基土因冻融变形产生塑性屈服位移，从而产生不可恢复的残余位移，塑性位移的增加呈现台阶状，即在冻融阶段才会出现增加现象，说明冻融变形对土体劣化影响显著。

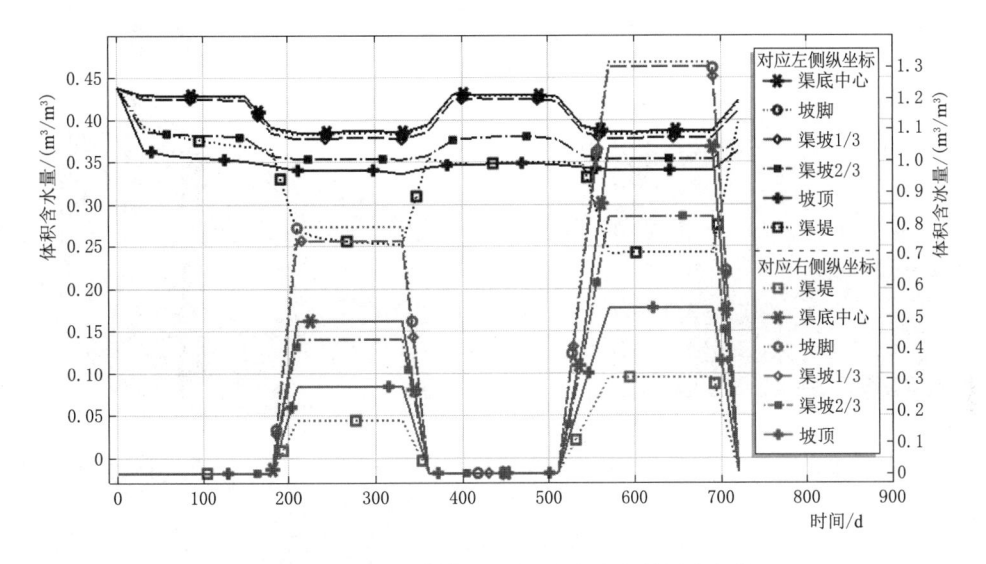

（a）渠道表层不同位置体积含水量含冰量随时间变化规律

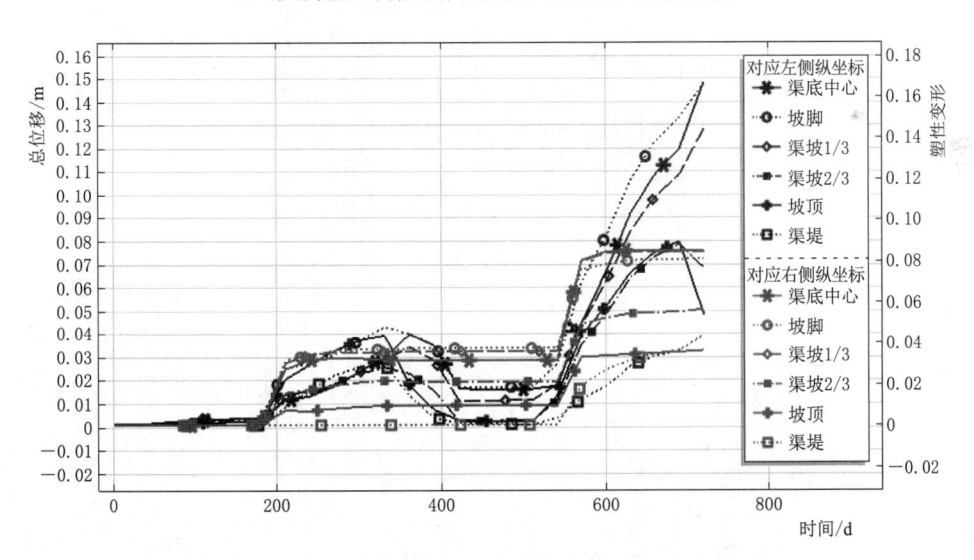

（b）渠道表层不同位置总位移及塑性应变随时间变化规律

图6.32 渠道表层冻胀响应结果

经过两次冻融循环后（720d），渠基土整体变形云图如图6.33（a）所示，渠顶沉降量由原先9cm恢复为5cm，而渠底隆起变形则由4cm增加至7cm，渠底隆起变形显著加大。其次两次冻融后土体进一步劣化，塑性应变增加两倍如图6.33（b）所示。根据塑性分析所示，渠坡表面土体开始大面积进入塑性屈服区域，在重力和渗透率作用下坡面破坏的土体可能向渠坡脚堆积。结合该渠道进行缩尺模型的离心试验，观测到渠基表层土体在湿干循环后因"子土块"的剥落而最终产生滑坡破坏。分析湿干冻融循环的共同作用，结果显示渠基土的破坏是由顶部土体的拉裂破坏、渠坡土体的剥蚀破坏以及渠底不可恢复的隆起变形共同引起的。这与现场对实际渠道的破坏观测相符［图 6.33（c）］，本模型可以比较准确地模拟渠道渗漏、脱水、冻胀、融沉过程中渠道水、冰、热、变形、破坏等状态参量的实时变化。

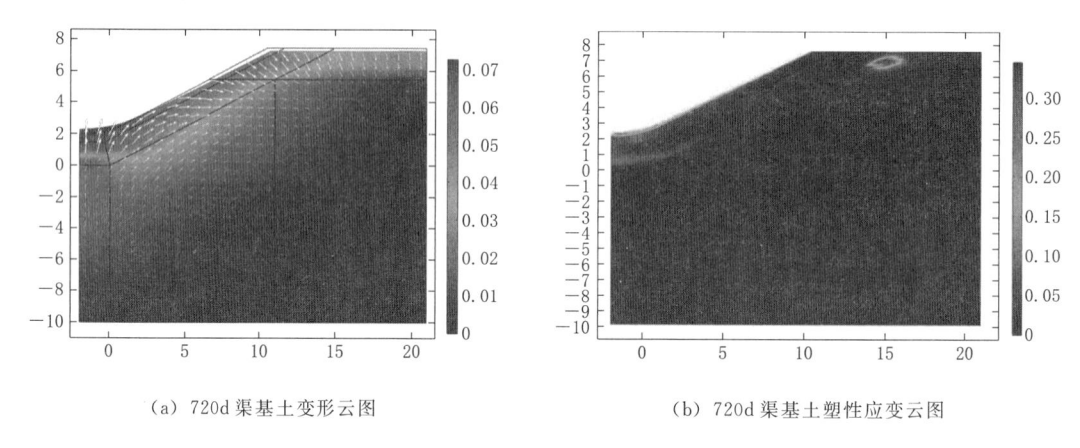

(a) 720d 渠基土变形云图

(b) 720d 渠基土塑性应变云图

(c) 北疆供水渠道多次湿干冻融循环破坏实例图

图 6.33　渠道冻胀响应结果

6.6　本章小结

本章进一步考虑水分迁移、水冰相变、冰体积膨胀，在经典的水动力学冻胀理论框架基础上，建立了冻土移动泵模型、水热耦合模型、考虑冻土横观各向同性的水热力耦合冻胀模型和冻胀-融沉模型。主要成果如下：

（1）对水分迁移方程进行分解，引入了冻土与未冻土之间的过渡区间和等效源汇概念。由试验或反演得到移动泵的吸水速率，移动泵的引入避免了冻土渗透系数难以测量和移动界面难以处理的问题，达到简化计算的目的。

(2) 基于前序章节中推导的温度场和水分场方程，利用 Clapeyron 方程及水分特征曲线（SWCC）建立联系方程，构建了非饱和冻土水-热耦合迁移模型，并结合室内试验进行了分析验证。

(3) 在水-热耦合模型基础上，考虑冻土的横观各向同性冻胀及力学本构，采用弹性薄层单元修正衬砌与冻土的接触模型，提出了渠道水-热-力耦合冻胀数值模型，并结合现场监测验证了模型的合理性。

(4) 在水-热耦合模型基础上，考虑冻土融化时孔隙水压力增加造成的有效应力降低和冻胀作用造成的土体塑性损伤。在力学场方程中建立考虑含冰量和孔隙水压力的土体塑性本构，建立了考虑冻土冻融劣化的水-热-力耦合冻胀-融沉模型，并结合现场破坏情况对模型进行了验证。

第7章 渠道冻融计算力学应用实例

7.1 新型衬砌材料与结构形式的防冻胀性能研究

渠道衬砌结构的形式及其刚度对渠道冻胀影响较大，本节介绍三种新型衬砌材料及一种高地下水位区使用的滤透式衬砌结构。采用5.1节热力耦合数值模型分析新型衬砌材料及衬砌结构的防冻胀性能，为其使用提供理论依据。

7.1.1 聚合物涂层与沥青混凝土衬砌渠道冻胀性能

7.1.1.1 新型结构与性能

沥青混凝土衬砌渠道整平胶结层及聚合物柔性增强涂层防渗结构形式如图7.1所示。图7.1（b）的设计要点：①采用柔性增强聚合物水泥防水涂层材料将整个渠道全部覆盖起来，要求这种涂层薄膜有足够的弹性和强度，以便能适应将来的冻胀变形而不损坏它与基底黏结强度和防渗功能；②涂层薄膜现场施工完成，不同于复合土工膜防渗材料，它靠聚合物和水泥的黏结力牢固地黏结在过渡层上，而且没有纵缝、横缝，具有整体性防渗功能；③渠道开挖、整坡后，需设置80～100mm厚的低标号干硬性砂浆层（即过渡层），其配比为 $m_{水泥}:m_{砂}:m_{水}=1:6:1$，铺设后再进行碾压、找平。目的主要是排水作用，渠底设有集中排水沟，坡降大于渠道坡降，其次是作为防渗涂层的支承体，传递载荷给地基。

(a) 渠道整平胶结层 (b) 聚合物柔性增强涂层

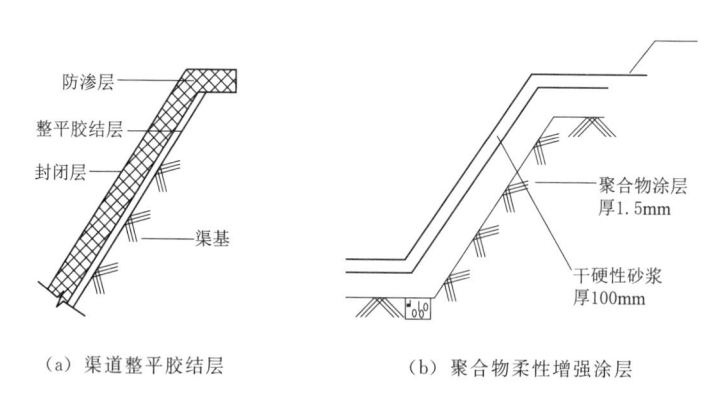

图7.1 沥青混凝土衬砌渠道整平胶结层及聚合物柔性增强涂层防渗结构形式

7.1.1.2 有限元模型与参数选取

以甘肃省靖会总干梯形渠道为例，采用ADINA进行模拟。渠底板长200cm，渠深250cm，坡比为1:1.5。衬砌材料选用：①混凝土衬砌；②沥青混凝土衬砌；③聚合物涂层结构。各工况下衬砌厚度均为10cm。

渠底基础从底板向下取250cm，左右边界取10cm，有限元模型如图7.2（a）所示。渠道各部位月平均表面温度和模型观测结果见表5.1和表5.2。冻深处0℃，下边界温度取10℃，左右边界近似为绝热。在计算应力、位移时，模型将冻土和衬砌作为一个整体进行数值模拟，四周边界在 X 和 Y 向位移为0，渠底基土下边界加 Z 向约束。柔性增强涂层采用MITC4 shell 四结点壳单元模拟。

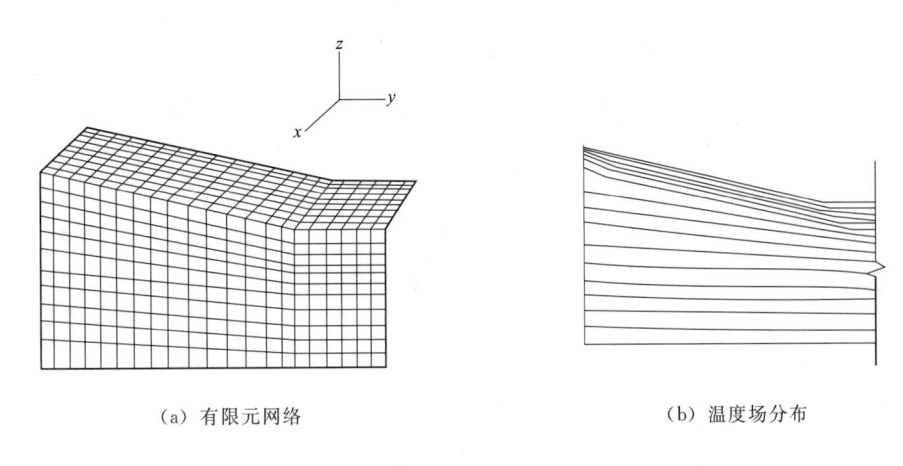

(a) 有限元网络　　　　　　　　　(b) 温度场分布

图7.2　梯形渠道有限元网格及模型温度场分布

土壤冻结时导热系数 $\lambda_f = 1.9870 \text{W}/(\text{m} \cdot \text{℃})$，将冻土冻胀系数作为负的热膨胀系数，其弹性模量参考表5.3。其余参数见表7.1。

表7.1　材料力学参数

介质	弹性模量	泊松比 ν	导热系数 λ	线膨胀系数 α	极限抗拉强度	极限拉应变
混凝土	2.2×10^4	0.167	2.3	1.1×10^{-5}	1.10	0.5×10^{-4}
沥青混凝土	1.8×10^3	0.35	1.04	3.4×10^{-5}	2.40	1.3×10^{-3}
柔性增强涂层	30.4	0.2	1.3	4.1×10^{-5}	6.53	0.215
砂浆	2.0×10^4	0.2	1.54	1.1×10^{-5}	—	—
冻土	46	0.33	1.987	η/T	—	—

7.1.1.3　结果分析

从图7.2（b）可以看出，从渠坡到渠底的温度变化快，而在离渠坡较远的渠堤下，温度分布呈一组几乎平行的直线，基本上不受渠坡边界温度的影响，计算结果与实测成果吻合。

为直观显示衬砌板的位移分布，在衬砌板上选取9个监测点，监测位置与李安国室内模型试验一致。图7.3给出了不同工况下混凝土衬砌板冻胀量展开图。从图7.3中可以看出，普通混凝土与模型实测结果较为接近，验证了本书模型的正确性。沥青混凝土衬砌和聚合物防渗结构因整体刚度低，加之其热膨胀系数较普通混凝土大，使得其冻胀变形增大，但变形的均匀性有所提高。

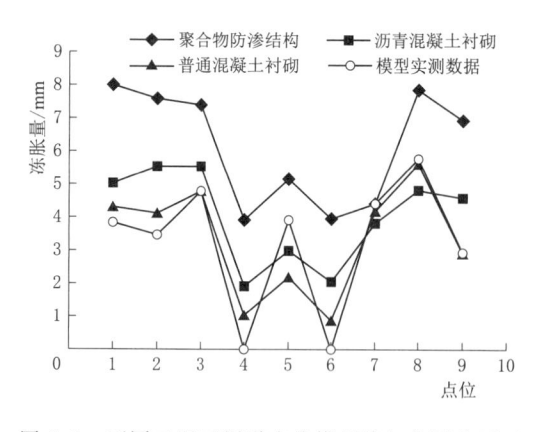

图 7.4 给出了不同工况下衬砌板受到的法向冻胀力分布。由图 7.4 可知，法向冻胀力沿坡面呈上小下大规律分布，在渠底趋于均匀，阴坡较阳坡数值更大，工况 2、3 采用柔性材料，变形得到释放，受力状态得到改善，数值变小，如图 7.4（b）和图 7.4（c）所示。就本例而言，采用沥青混凝土防渗结构可使阴坡最大法向冻胀力降低 25%，局部最大能降到 46%，采用聚合物材料防护结构阴坡最大法向冻胀力降低 35%，局部最大能降到 42%。说明这两种柔性结构适应冻胀变形的能力较强。

图 7.3 不同工况下渠道变位模拟值与实测值展开

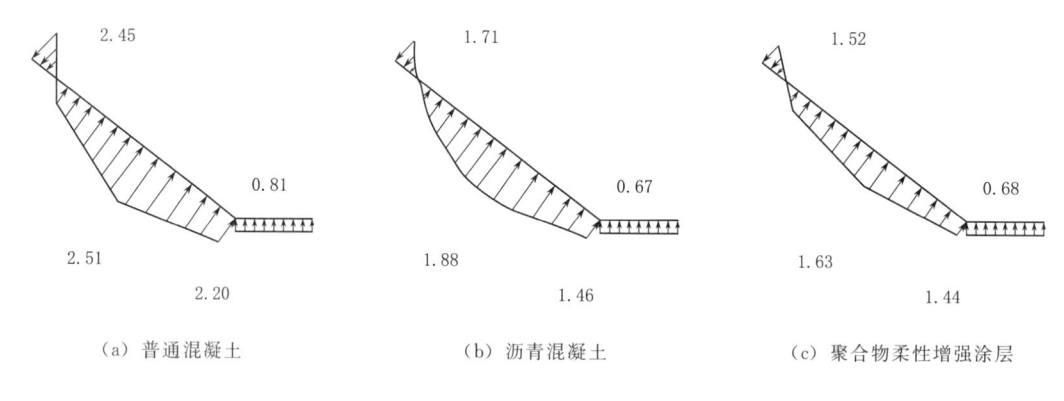

(a) 普通混凝土　　(b) 沥青混凝土　　(c) 聚合物柔性增强涂层

图 7.4 不同工况下衬砌板受到的法向冻胀力分布（单位：MPa）

进一步研究不同工况下衬砌板下表面切向冻胀力分布得到，通过采用柔性材料结构形式，变形得到释放，切向冻胀力减小。采用沥青混凝土结构阴坡最大切向冻胀力减少 40%，采用聚合物材料防护结构减少 37%。

7.1.2　复合土工膜与纳米混凝土衬砌渠道冻胀性能

7.1.2.1　新型结构与性能

复合土工膜结构将单膜的拉伸强度、抗刺破、抗顶破强度提高了 2~3 倍，具有竖向防渗、水平导水的功能。带布的一面还能增大与渠基土或过渡层、保护层之间的摩擦系数，对保护渠体稳定，以及抗冻胀均起到一定的作用。纳米高性能混凝土可提高混凝土的抗渗、抗冻及其抗压和抗拉强度。二者组成的新型渠道结构形式如图 7.5 所示。

7.1.2.2　有限元模型与参数选取

有限元模型同 7.1.1 节一致，计算工况发生变化，这节主要模拟普通混凝土衬砌及复合土工膜和纳米混凝土复合衬砌结构两种。薄膜与冻土之间的摩擦系数为 0.6，与混凝土的摩擦系数为 0.4。在 7.1.1 节计算参数基础上，补充纳米混凝土和复合土工膜参数，见表 7.2。

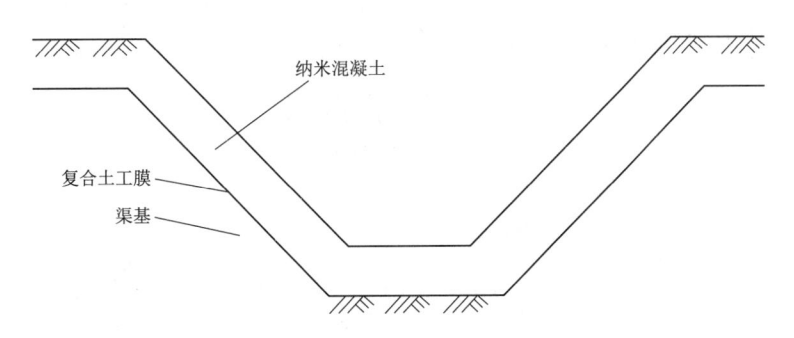

7.1 新型衬砌材料与结构形式的防冻胀性能研究

图 7.5 复合土工膜+纳米混凝土新型渠道

表 7.2 材料力学参数

介 质	弹性模量	泊松比 ν	导热系数 λ	线膨胀系数 α	极限抗拉强度	极限拉应变
纳米混凝土	4.7×10^4	0.23	0.76	6.1×10^{-5}	7.11	3.85×10^{-3}
土工膜	98	0.22	1.20	7.2×10^{-5}	9.96	0.328

7.1.2.3 结果分析

从图 7.6 可以看出，从渠坡到渠底的温度变化快，而在离渠坡较远的渠堤下，温度分布呈一组几乎平行的直线，基本上不受渠坡边界温度的影响，结果与实测吻合。

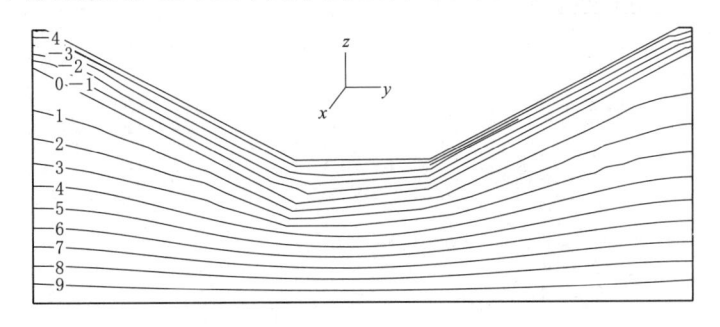

图 7.6 模型温度场分布

衬砌板上 9 个监测点同 7.1.1 节。从图 7.7 可以看出，复合土工膜和纳米混凝土复合衬砌结构，由于弹性模量显著降低及热胀系数增大，因而冻胀变形相应增大。因渠底地下水埋深较浅，渠底自由冻胀量大，渠坡底部冻胀量大于上部，冻胀变形分布不均匀。冻胀方向是渠侧向里，渠底向上，两种工况下冻胀量分布规律与实测情况吻合。渠坡板上部法向冻胀量小，坡板与渠堤顶部冻结为一体同步变形，而下部法向冻胀量大，因而上部受冻结力约束，下部受底板限制，中下部冻胀变形较大。

图 7.8 给出了不同工况下衬砌板受到的法向冻胀力分布。由图 7.8 可知，法向冻胀力沿坡面呈上小下大规律分布，在渠底趋于均匀，阴坡较阳坡数值更大。工况 2 采用纳米高性能混凝土材料、工况 3 采用纳米高性能混凝土材料和复合土工膜结构，变形得到释放，受力状态得到改善，数值变小。就本例而言，采用纳米混凝土防渗结构可使阴坡最大法向冻胀力降低 30%，局部最大能降到 48%，采用"纳米混凝土+复合土工膜防护结构"阴

坡最大法向冻胀力降低39%，局部最大能降到44%。

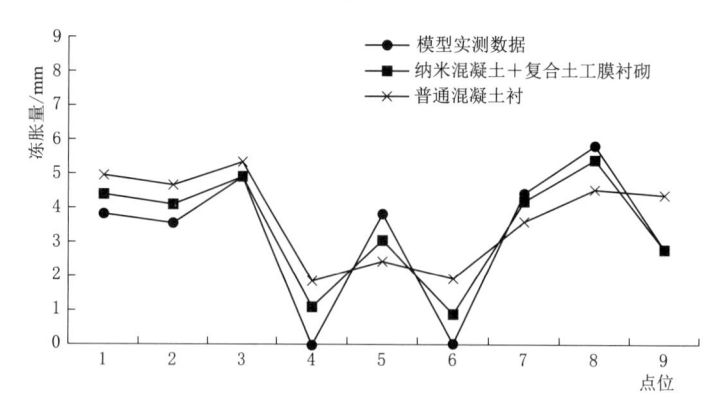

图7.7 不同工况下渠道变位模拟值与实测值展开图

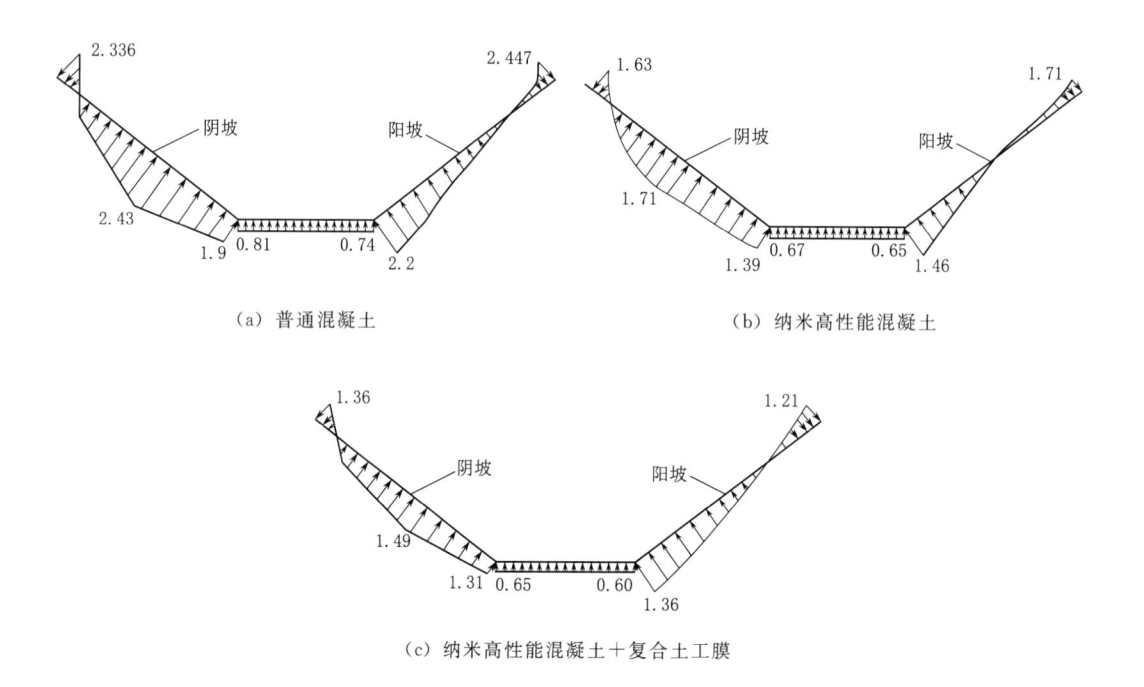

（a）普通混凝土

（b）纳米高性能混凝土

（c）纳米高性能混凝土＋复合土工膜

图7.8 不同工况下衬砌板受到的法向冻胀力分布（单位：MPa）

进一步研究不同工况下衬砌板下表面切向冻胀力分布得到，通过采用纳米混凝土与复合土工膜柔性材料结构形式，变形得到释放，切向冻胀力减小。采用纳米高性能混凝土结构阴坡最大切向冻胀力减少44%，采用"纳米混凝土＋复合土工膜防护结构"减少39%。

衬砌板的抗冻胀性能从根本上可看成是表面拉应力与极限拉应力或者表面拉应变与极限拉应变之间的差距。因此，对不同情况下的极限拉应力、极限拉应变与实际值进行比较（图7.9），可以看成是安全储备或者安全系数。从图中可以看出普通混凝土、纳米混凝土和复合土工膜材料的拉应力和拉应变的安全储备平均为1，3，6左右。因此，这两种技术措施防渗抗冻胀的作用是很强的。

7.1.3 玻璃钢防渗渠道冻胀性能

7.1.3.1 新型结构与性能

为了减少材料用量,提高过流能力,增强防渗体的稳定性,玻璃钢防渗渠槽断面采用弧形底梯形断面。玻璃钢渠槽自重轻、刚度小,承受渠槽外侧土压力的能力较小,因此边坡系数不宜小于0.5,最好为0.6~0.8,以确保渠槽稳定、不变形。玻璃钢防渗渠槽虽强度高、抗冲击能力强,但刚度较小,容易变形、失稳。为了提高玻璃钢防渗渠槽的刚度,保持渠槽的稳定、不变形,需进行加固处理。玻璃钢材料具有较高的抗疲劳强度,允许重复弯曲而无永久形变,且耐低温性能好,在-30℃状态下,仍具有良好的韧性和极高的强度。本小节重点分析玻璃钢衬砌渠道的冻胀性能,为其应用提供理论依据。

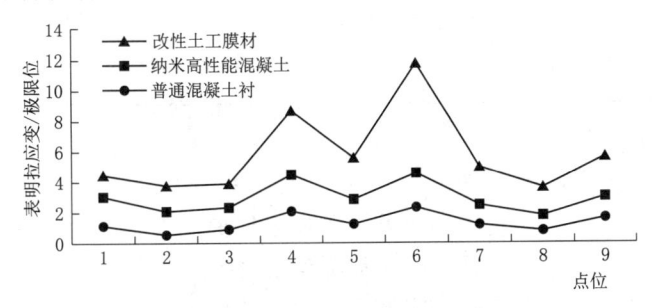

图 7.9 不同工况下各点位表面拉应变与极限拉应变比值

7.1.3.2 有限元模型与参数选取

以甘肃靖会总干的弧底梯形渠道为例,运用有限元软件 ADINA 对渠道进行冻胀模拟。渠道底板长为381cm,弧底半径为324cm,坡板长为350cm,渠深194cm,坡比为1:1.5,混凝土衬砌板厚为10cm。玻璃钢渠道断面形式及尺寸和混凝土渠道相同,只是衬砌板厚为5mm。原型渠道基本情况见表7.3。

表 7.3 原型渠道基本情况

部 位	渠床土质	冻深/cm	冻胀量/cm	冻胀率/%
阴坡	粉质壤土	80	3.9	4.88
渠底	粉质壤土	61	2.8	4.59
阳坡	粉质壤土	47	3.8	8.09

模型底部从底板向下取250cm,左右边界取75cm。温度场计算取原渠道各部位月平均表面温度最大值为有限元模型边界温度,见表7.4。冻深处温度取0℃,下边界温度取10℃,左右边界近似为绝热。在计算应力、位移场时,模型将冻土和衬砌板作为一个整体进行数值模拟,有限元模型约束条件为四周边界在 X 和 Y 向的位移为0,渠底基土下边界加 Z 向约束。

土壤冻结时,取导热系数 $\lambda_f=1.987W/(m \cdot ℃)$。将冻土冻胀系数作为负的热膨胀系数,取冻土统一冻胀系数为 η/T,其中 η 为冻胀率。假设冻土为各向同性体,冻土弹性模量见表5.3,泊松比 ν 为0.33。其他材料力学参数见表7.5。

表 7.4 渠道各部位月平均表面温度和冻结期

部位	月平均表面温度/℃ 12月	1月	2月	冻 结 期
阴坡	−4.92	−4.85	−0.72	11月27日至次年2月27日
渠底	−4.56	−5.22	−1.15	11月27日至次年2月26日
阳坡	−3.55	−4.75	−0.54	11月27日至次年2月27日

表 7.5 材 料 力 学 参 数

介质	弹性模量 E/Pa	泊松比 ν	导热系数 λ/[W/(m·℃)]	线膨胀系数 α/℃$^{-1}$
混凝土	2.40×10^{10}	0.167	1.580	1.1×10^{-5}
玻璃钢	1.35×10^{10}	0.140	0.500	1.3×10^{-5}
未冻土	1.50×10^{7}	0.375	1.320	0

7.1.3.3 结果分析

混凝土渠道温度场等值线如图 7.10 所示。混凝土渠道各坡及渠底冻深分布状况与温度分布规律基本相同，但受渠道走向影响，阴坡温度梯度大于阳坡温度梯度。整体来看，温度场上部冻深较大，底部冻深较小，阴坡冻深较大而阳坡冻深较小。玻璃钢衬砌渠道温度分布规律与混凝土衬砌渠道模拟结果基本一致，在此不再赘述。

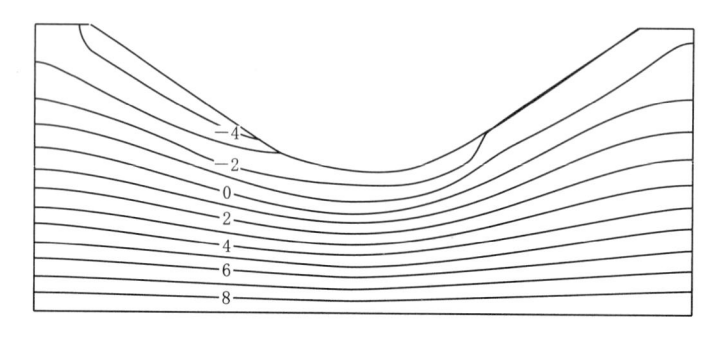

图 7.10 混凝土渠道温度场等值线

混凝土衬砌最大位移为 3.81cm，在冻胀力作用下，阴坡变位最大，阳坡次之，渠底变位最小，与实测资料基本一致。玻璃钢衬砌最大位移为 4.40cm，阴坡变位最大，阳坡次之，渠底变位最小，玻璃钢衬砌渠道比混凝土衬砌渠道最大释放变形量多达 71.9%，但变位值更加均匀。

混凝土和玻璃钢衬砌板下表面法向冻胀力分布如图 7.11 所示，由图 7.11 可知，法向冻胀力沿坡面呈上小下大的规律分布，在渠底趋于均匀，阴坡较阳坡数值大。混凝土衬砌板下表面最大法向冻胀力发生在阴坡坡板与渠底交接处，冻胀力为 3.69MPa。玻璃钢衬砌渠道变形得到释放，受力状态得到改善，冻胀力较小，最大法向冻胀力也发生在阴坡坡板与渠底交接处，值为 1.81MPa。采用玻璃钢防渗结构可使阴坡最大法向冻胀力降低 51%，局部最大法向冻胀力降低 74%。

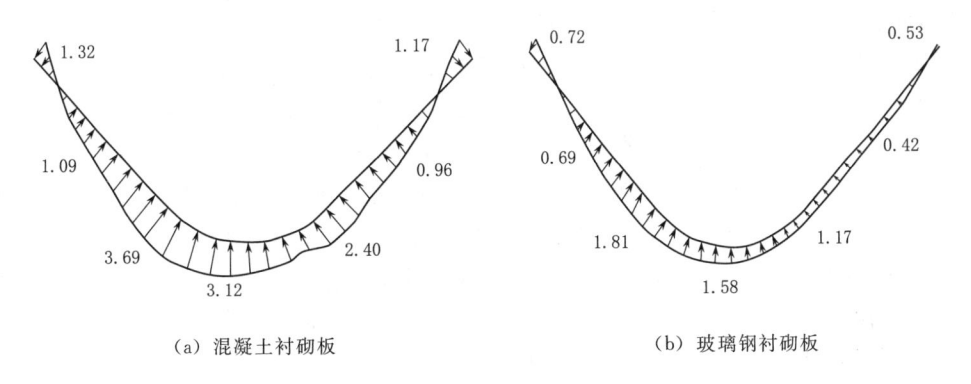

7.1 新型衬砌材料与结构形式的防冻胀性能研究

(a) 混凝土衬砌板　　　　(b) 玻璃钢衬砌板

图 7.11　衬砌板受到的法向冻胀力（单位：MPa）

两种工况下衬砌板下表面切向冻胀力分布如图 7.12 所示，可以看出，切向冻胀力沿坡面呈上小下大规律分布，在渠底趋于 0。阴坡较阳坡数值大，混凝土衬砌板下表面最大切向冻胀力发生在阴坡中部，冻胀力为 3.44MPa。采用玻璃钢材料衬砌，变形得到释放，切向冻胀力减小，最大切向冻胀力也发生在阴坡中部，冻胀力为 2.27MPa。采用玻璃钢材料衬砌阴坡最大切向冻胀力降低 34%，局部最大切向冻胀力降低 46%。

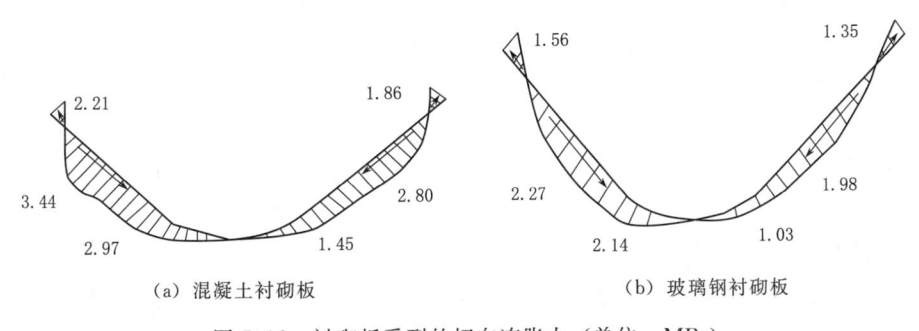

(a) 混凝土衬砌板　　　　(b) 玻璃钢衬砌板

图 7.12　衬砌板受到的切向冻胀力（单位：MPa）

综上可知，玻璃钢衬砌渠道在冻土冻胀作用下，冻胀变形得到了增大，但变形不均匀程度减少，受到的法向和切向冻胀力亦减少。相比于混凝土衬砌渠道，玻璃钢衬砌渠道的适应冻胀能力强。

7.1.4　高地下水位灌排渠道滤透式刚柔耦合衬护结构冻胀性能

7.1.4.1　新型结构与性能

对于寒区高地下水位修建的渠道，采用常规的混凝土衬砌无法将渠基土内水分排出，对衬砌结构的稳定性不利，且冻胀强，加剧渠道破坏。为此，在多年实践经验基础上，引入了滤透式刚柔耦合衬护结构，如图 7.13 所示。其基本原理：一是改变过去以"堵截"为主的衬

图 7.13　滤透式刚柔耦合衬砌渠道结构及其有限元模型

113

护处理思路，采取"疏导"为主的技术路线，在衬护结构上实现"导渗滤水"，使渠周地下水正常渗出排除或自然掺入渠水用于灌溉；二是布设特殊的框架式衬护构件，在渠床上形成整体性强、传力均衡的衬护骨架，起到防滑固坡作用。骨架内空隙部分填以块状柔性充填材料（块石或卵石），充填材料间隙可排水导渗，并具有良好的护坡作用和变形适应性。整体上形成以衬护构件为骨架，以块状充填材料为实体，以渠床滤料为保护层的刚柔耦合衬护结构。在发生冻胀时，依靠排水功能和刚柔耦合结构措施最大限度减少冻胀力和冻胀变形，削弱冻胀破坏因素；在冻胀及地下水渗蚀作用下始终保持渠道完整的外形和良好的输排水功能。滤透式刚柔耦合衬护结构不仅适用于灌溉渠道，也适用于治理盐碱地和控制地下水位的排水渠，同时可将输水排水功能合一，因而具有广泛的适用性。

7.1.4.2 有限元模型与参数选取

以甘肃东坪电灌工程滤透式刚柔耦合衬砌渠道例，采用5.1节热力耦合模型为数值计算手段，以普通混凝土衬砌为对比，重点分析滤透式刚柔耦合衬砌的冻胀性能。渠道坡比1:1.25，弧底圆心角77.3°，弦长75cm，渠坡板水平投影距离为150cm。模型底部从底板向下取150cm，左右边界取100cm，有限元模型如图7.13所示。由于渠道所处位置与断面形式及尺寸与7.1.3节所选案例基本一致，因此渠道衬砌板表面各部位月平均温度按表7.4选取，最大值作为有限元模型各部位边界温度，下边界温度取5℃，左右边界近似为绝热。基本冻胀情况见表7.3。在计算应力、位移场时，模型将冻土和衬砌板作为一个整体进行数值模拟，有限元模型约束条件为四周边界在x和y向位移为零，渠底基土下边界加z向约束。冻土弹性模量见表5.3，泊松比$\nu=0.33$，其他材料力学参数见表7.5。

7.1.4.3 结果分析

温度场计算结果基本与7.1.3节一致，在此不再分析。两种衬砌结构的位移场云图如图7.14和图7.15所示。选取相应的节点位移进行比较，可得冻胀量比较图，如图7.16所示。

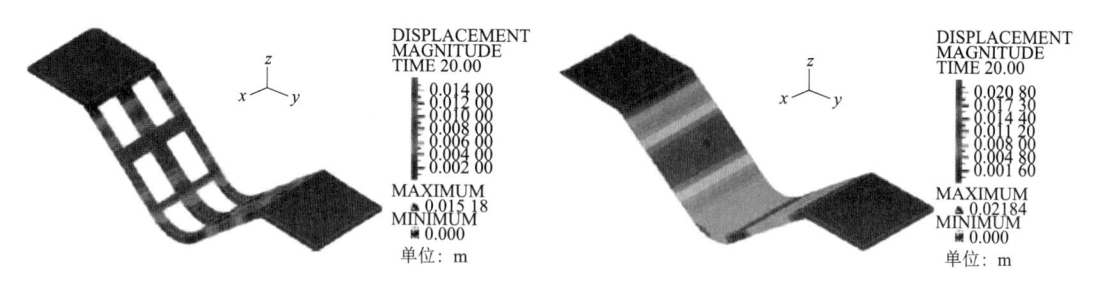

图7.14 滤透式刚柔耦合衬砌渠道位移场云图

图7.15 全断面衬砌渠道位移场云图

两种结构法向冻胀力如图7.17和图7.18所示。可知法向冻胀力沿衬砌板呈现上小下大规律分布，在弧形渠底处趋于均匀。图中滤透式刚柔耦合衬砌渠道法向冻胀力明显地小于全断面衬砌渠道法向冻胀力，其中阴坡法向最大法向冻胀力较全断面衬砌渠道减小34%，渠底法向最大法向冻胀力减小48%，阳坡法向最大法向冻胀力减小38%，且前者

7.1 新型衬砌材料与结构形式的防冻胀性能研究

法向冻胀力分布更加均匀。

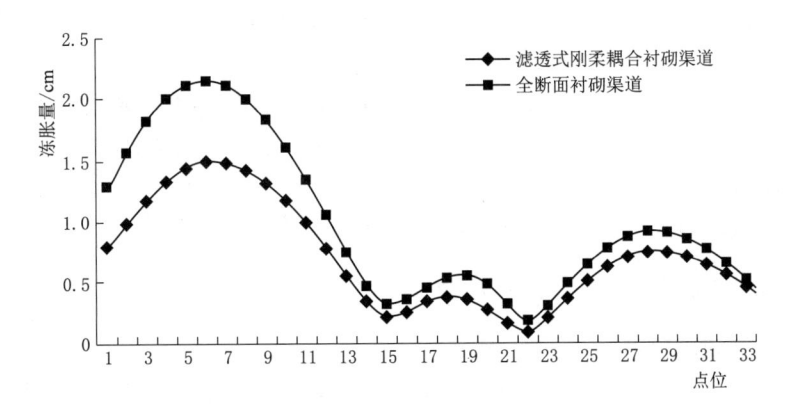

图 7.16 冻胀量比较图

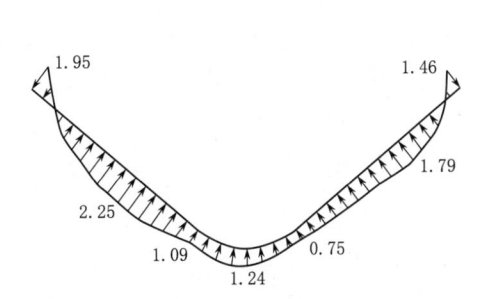

图 7.17 滤透式刚柔耦合衬砌渠道法向冻胀力（单位：MPa）

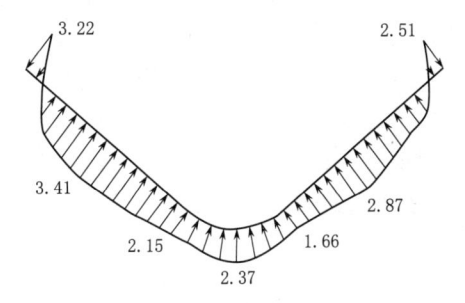

图 7.18 全断面衬砌渠道法向冻胀力（单位：MPa）

由图 7.19 和图 7.20 可以看出滤透式刚柔耦合衬砌渠道的切向冻胀力明显较小，其中阴坡切向最大法向冻胀力较全断面衬砌渠道减小 25.58%，接缝处切向最大法向冻胀力减小 27.27%，阳坡切向最大法向冻胀力减小 26.95%，并且前者分布更加均匀。

综上所述，滤透式刚柔耦合衬砌结构冻胀量总体明显降低，变形得到释放，法向冻胀力和切向冻胀力均显著减小，较全断面衬砌结构有明显优势，适用于高地下水位地区渠道衬砌。

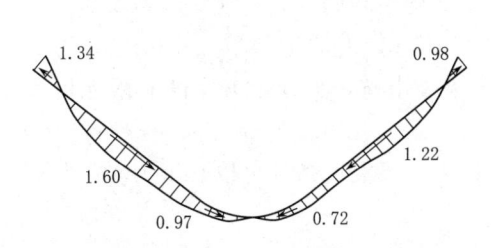

图 7.19 滤透式刚柔耦合衬砌渠道切向冻胀力（单位：MPa）

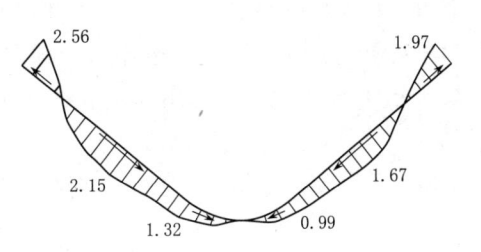

图 7.20 全断面衬砌渠道切向冻胀力（单位：MPa）

7.2 渠基冻胀敏感性土换填措施防冻胀研究

渠基土的冻胀敏感性对上覆渠道衬砌结构影响较大。对于冻胀敏感性基土,工程中常采用置换措施,即采用弱冻胀土或不冻胀性土置换部分冻胀敏感性土,从而削减冻土对渠道衬砌的冻胀作用,以减少冻害。本节结合现场监测数据,采用有限元手段重点分析基土换填措施对渠道冻胀的影响,为工程应用提供理论参考。

7.2.1 砂砾土换填措施防冻胀分析

7.2.1.1 基土换填渠道形式

东北某一输水干渠的梯形渠道地处东北中部山前平原深季节冻土区,浅层的黏质黄土是冻胀敏感性土。当地拥有丰富的砂砾土,拟采用粉黏粒含量不超过5%的砂砾土作为渠基的换填土。原型渠道设计冻深为1.5m,混凝土衬砌板厚度为0.1m。根据《渠道防渗工程技术规范》(GB/T50600—2020),渠底换填比为70%~80%,坡板上部为50%~70%。根据换填比=(防渗层深度+换填层深度)×100%/工程设计冻深,得知渠底和渠坡的换填深度为65~110cm。按照换填深度为30cm、40cm、50cm、60cm、70cm、80cm和无换填层等七种工况进行建模计算。换填采用等深度换填方式,图7.21是换填深度为80cm的渠道断面形式。

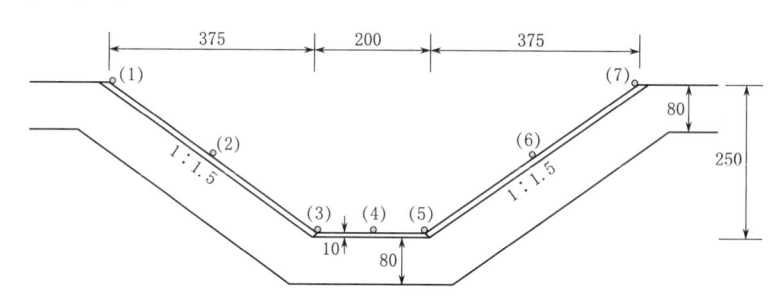

图 7.21 换填深度为80cm的渠道[(1)~(7)为渠道计算点]断面形式(单位:cm)

7.2.1.2 有限元模型与参数选取

将渠基土和混凝土衬砌板作为一个整体进行分析,衬砌板两坡脚设置接缝,采用小弹性模量的材料模拟伸缩缝。换填方案与无换填方案建模相同,只是换填区域所对应土质的热力学参数不同。计算模型下边界从渠顶向下取10m,左右边界取0.75m。采用映射网格,共划分单元2890个。采用5.1节热力耦合模型求解,无换填方案的有限元模型如图7.22所示。

根据当地气象观测资料及附面层原理,渠道上边界温度条件可以表示为

$$T = T_b + \Delta T + A\sin\left(\frac{2\pi t}{8760} + \frac{\pi}{2}\right) \tag{7.1}$$

式中:T_b 为年平均气温,取5.5℃;ΔT 为附面层总增温量,依据青藏高原附面层理论的研究结果,附面层增温为2.5~6.5℃,鉴于东北辐射较青藏高原小,并依据渠道不同位

置的负积温,附面层总增温量渠道阴坡、渠底与阳坡分别取1℃、2.5℃、3.6℃;A为上边界年温度变化振幅,取为21.5℃;$\pi/2$为初始计算相位。

渠道左右边界取为绝热边界条件。依据恒温层原理和渠道所在区域的气象条件及土壤情况,下边界温度取为10℃。初始条件以天然地面为上边界反复计算直至得到稳定的温度场为止,以此时的温度值作为天然地面下的初始温度。渠底基土下边界为固端约束,左右边界为水平方向约束。

各土质的热物理参数见表7.6。根据不同温度区间内土中未冻水含量,考虑水相变潜热计算得到各土质的等效比热见表7.7。衬砌混凝土导热系数为1.58W/(m·K),比热为1004J/(kg·K)。冻土的弹性模量、泊松比均与土温有关,具体数值见表7.8。

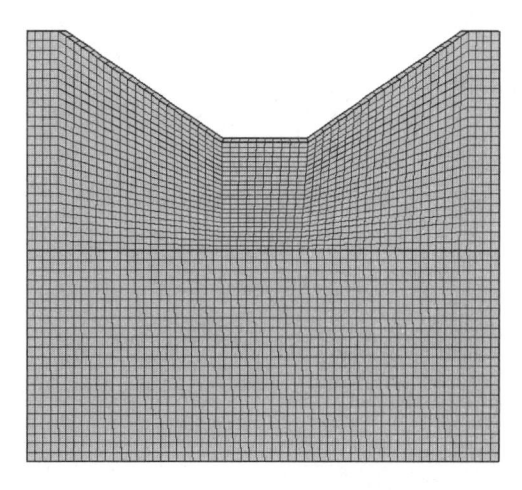

图7.22 无换填方案的有限元模型

表7.6　土体热物理参数

土质	干容重/(kg·m³)	含水量/%	导热系数/[W/(m·K)] 冻土	导热系数/[W/(m·K)] 融土	比热/[J/(kg·K)] 冻土	比热/[J/(kg·K)] 融土
砂砾	2060	6	1.4	1.15	706.6	861.7
黏质黄土	1540	25	1.58	1.127	1158	1466

表7.7　土体的等效比热

土质	20~0	0~-0.2	-0.2~-0.5	-0.5~-1	-1~-2	-2~-3	-3~-5	-5~-10	-10~-20
砂砾土	861.7	62405	9060	3497	2156	1004	937.5	820.2	706.6
黏质黄土	1466	68372	37137	12142	6758	6727	2650	1693	1158

表7.8　土体力学参数

土质	力学参数	-20	-10	-5	-2	-1	-0.05	0	20
砂砾土	弹性模量/MPa	380.8	272	200.2	141.3	114	69.8	61	61
砂砾土	泊松比	0.21	0.28	0.32	0.34	0.34	0.35	0.35	0.35
黏质黄土	弹性模量/MPa	190.9	135.5	98.9	68.9	55	32.5	28	28
黏质黄土	泊松比	0.24	0.32	0.36	0.38	0.39	0.4	0.4	0.4

7.2.1.3　结果分析

图7.23为无换填工况和换填厚度为80cm两种工况在最大冻深时刻的温度场分布图。由于渠基土下边界附近等温线几乎为水平直线,因此只显示了渠顶地表下5m内的结果。由图可知,无换填工况下渠道的冻深在阴坡为1.670m、渠底为1.128m、阳坡为

1.547m。换填后的渠基冻结锋面即 0℃ 等温线下降快，最大冻深比无换填的渠基大。这主要是砂砾石比黏质黄土导热系数大，比热小的缘故。其余换填工况的温度场分布介于两者之间，不再罗列。换填厚度越大，总冻深越大，即换填厚度与冻深近似成正比关系。

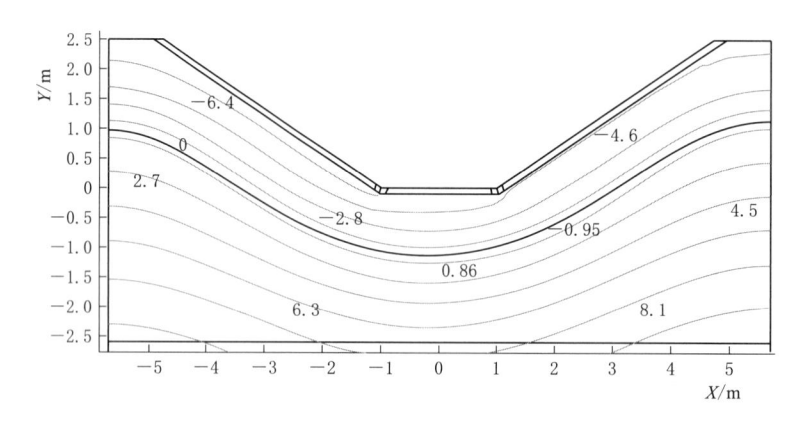

（a）无换填工况

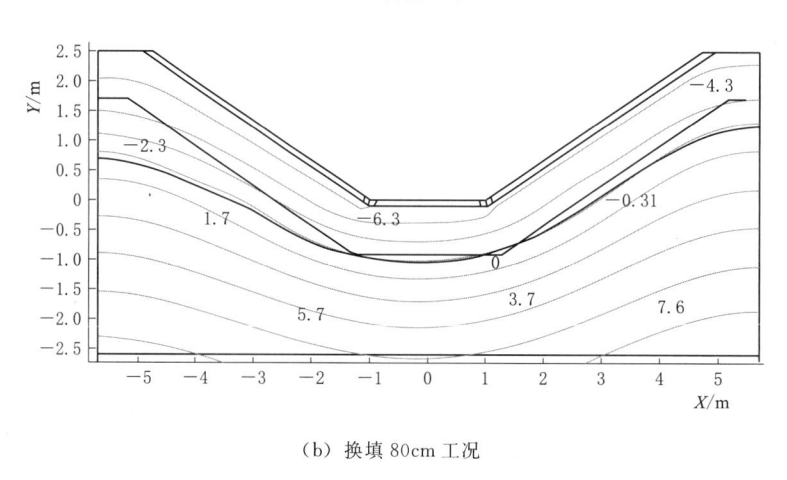

（b）换填 80cm 工况

图 7.23　两种工况在最大冻深时刻的温度场分布

不同工况下阴坡、渠底、阳坡中点的法向冻胀量随时间变化如图 7.24～图 7.26 所示。由图可知，在外界条件相同的情况下，各方案冻胀量分布趋势类似，随着气温的降低，渠基土冻胀，法向冻胀量增大，大概在 3 月底或 4 月初出现峰值。对不同换填深度进行比较，可以看出，随着换填深度的增加，混凝土衬砌板法向冻胀量减少。

取最大冻深时刻的不同换填深度的法向冻胀量沿衬砌板展开长度的分布如图 7.27 所示，图中竖直辅助线用来区分渠坡与底板，从左往右依次为阴坡、渠底、阳坡。由图 7.27 可知，无换填时法向冻胀量阴坡最大、阳坡次之、渠底最小。坡脚处受挤压明显，法向冻胀量小，而底板受到两坡板的约束，冻胀变形中部大两边小。换填不同深度后法向冻胀量分布较无换填时整体减少，分布更加均匀。原渠基土为黏质黄土，其冻胀性强，换填 30cm 后能明显降低冻胀量，起到一定的防治衬砌渠道冻胀的作用。

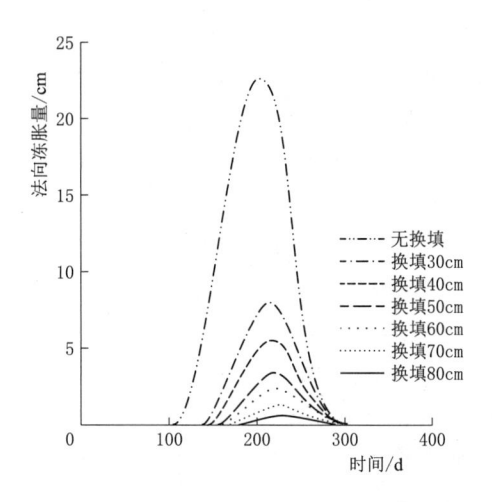

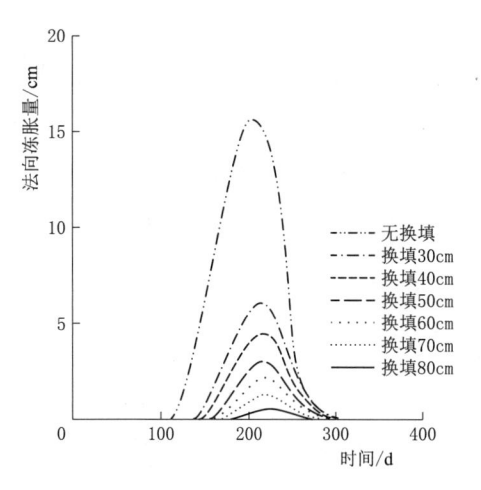

7.2 渠基冻胀敏感性土换填措施防冻胀研究

图 7.24 阴坡中点法向冻胀量随时间变化

图 7.25 渠底中点法向冻胀量随时间变化

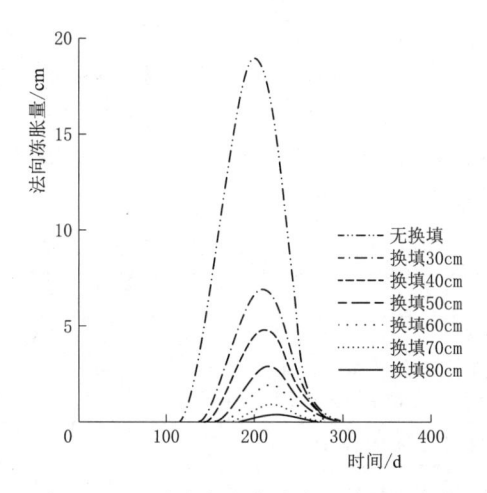

图 7.26 阳坡中点法向冻胀量随时间变化

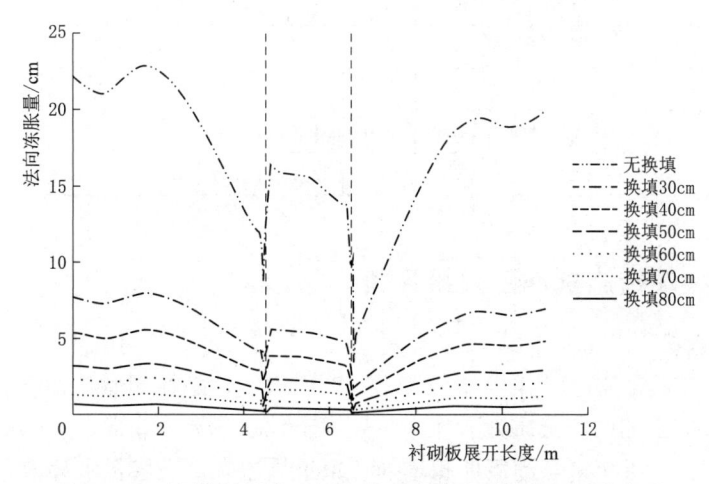

图 7.27 不同换填深度下衬砌板法向冻胀量沿其展开分布图

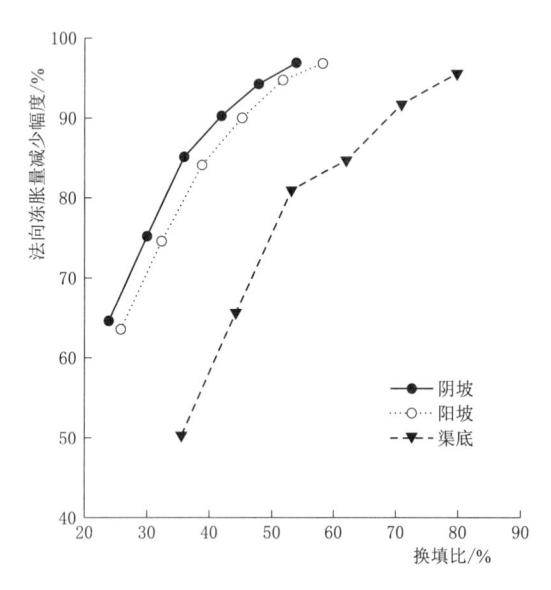

图 7.28 法向冻胀量减少幅度与换填比的关系

表 7.9 为最大冻深时刻不同方案各点的法向冻胀量及减少幅度。由表 7.9 可知，换填 30cm、40cm、50cm、60cm、70cm、80cm 最大法向冻胀量分别平均消减 52.72%、67.48%、79.45%、86.09%、92.61%、95.77%。随着换填深度的增加，法向冻胀量逐渐减少，但是减少的幅度也在减少。换填 80cm 时，阴坡、渠底、阳坡换填比分别为 53.9%、79.8%、58.2%，渠道法向冻胀量各点分布大致相等，避免了渠道不均匀冻胀。依据规范混凝土梯形渠道允许法向位移值是 0.5～1.0cm，换填 80cm 后最大法向冻胀量是 0.7cm，满足设计要求，有效地避免混凝土衬砌渠道因冻胀不均的破坏，因此换填 80cm 是最佳选择。对渠道不同位置的数据统计分析后，获得换填后的法向冻胀量减少幅度与换填比的关系如图 7.28 所示，可为类似工程换填深度的确定提供参考。

表 7.9   不同换填深度下的法向冻胀量及减少幅度

渠道计算点	无换填/cm	换填30cm 法向冻胀差/cm	换填30cm 削减幅度/%	换填40cm 法向冻胀差/cm	换填40cm 削减幅度/%	换填50cm 法向冻胀差/cm	换填50cm 削减幅度/%	换填60cm 法向冻胀差/cm	换填60cm 削减幅度/%	换填70cm 法向冻胀差/cm	换填70cm 削减幅度/%	换填80cm 法向冻胀差/cm	换填80cm 削减幅度/%
1	21.5	7.8	63.72	5.4	74.88	3.2	85.12	2.1	90.23	1.3	93.95	0.7	96.74
2	22.6	8.0	64.60	5.6	75.22	3.9	82.74	2.4	89.38	1.3	94.25	0.7	96.90
3	11.9	7.7	35.29	5.3	55.46	3.4	71.43	2.3	80.67	1.2	89.92	0.7	94.12
4	15.7	7.8	50.32	5.4	65.61	3.0	80.89	2.4	84.71	1.3	91.72	0.7	95.54
5	9.8	6.7	31.63	4.4	55.10	3.0	69.39	2.1	78.57	1.0	89.80	0.6	93.88
6	18.9	6.9	63.49	4.8	74.60	3.0	84.13	1.9	89.95	1.0	94.71	0.6	96.83
7	16.5	6.6	60.00	4.7	71.52	2.9	82.42	1.8	89.09	1.0	93.94	0.6	96.36

7.2.2 块石换填措施抗冻融效果评价

7.2.2.1 现场概况

甘肃省景电工程输水总干渠及干渠全长 150 余 km，是控制整个灌区的输水大动脉。输水渠位于季节冻土地区，土质为强冻胀性砂壤土，在冬春季节常发生严重的冻胀破坏及土体融沉滑塌现象。近年来，灌溉面积增加，渠道周边农田土壤含水量增大，地下水位抬升明显，更加剧了渠道的冻胀和融沉破坏，如图 7.29 所示。现场调查统计，干渠渠道冻胀变形导致的衬砌架空隆起面积达到了总衬砌面积的65%，大面积滑塌占总面积的30%，造成了巨大的输水渗漏损失和水头损失。

(a) 渠道冻胀隆起破坏　　　　　　　　(b) 渠道冻胀融沉滑塌

图 7.29　景电工程引水干渠冻融破坏情况

景电工程输水渠道平均地下水位位于渠底以下30cm，个别地段地下水位超出渠底并逸出，因此渠基土含水量接近饱和，加之红砂土较好的渗透性和松散的结构便于水分迁移和冰析出，最终形成了渠道的强冻胀和强融沉特性。为了提高景电工程总干渠输水能力，最大限度延长灌区渠道使用寿命，拟采用块石换填技术防冻胀。

封闭的块石换填层可以将地下水阻隔，减小了换填层含水量；依靠换填层较大的自重作用于下层土体，增加了孔隙冰析出的临界力从而降低了土体冻胀率；在换填层下方土体冻胀或融沉变形时，换填层较大的刚度抵抗了大部分变形量，从而可以减小作用于衬砌上的冻胀力。基于此，设计了块石换填基础土体和块石间挤密并填充砂浆以形成封闭衬砌的抗冻胀融沉改造方案。

衬砌改造于2016年1月31日完成，于2月1日起正式进行现场监测。其中，部分位移监测结果见表7.10。为对改造后的渠道抗冻胀和融沉效果进行预测性评价，采用5.1节热力耦合模型，采用COMSOL Mutiphsics多物理场耦合软件对改造前后渠道冻融情况进行了数值计算。

表 7.10　　　　　　　　　　渠道各部位不同时间位移监测结果

日期	左坡			渠底	右坡		
	D03	D06	D05	D07	D01	D02	D04
2月15日	−8.3	−12.4	−26.1	−35.5	−7.8	−10.2	−24.7
3月1日	−3.1	−6.8	−13.3	−16.7	−3.4	−6.1	−12.9
3月15日	−2.8	−6.2	−12.1	−15.4	−2.7	−5.6	−11.7
4月1日	0.5	0.8	3.3	0.2	0.2	0.5	3.0
4月15日	2.4	7.6	12.7	13.8	2.4	7.6	2.7
5月1日	2.6	8.0	13.0	13.9	2.4	7.8	12.6

注　正值表示融沉位移，负值表示冻胀位移。

7.2.2.2 有限元模型与参数选取

根据恒温层厚度，有限元模型渠道从渠顶向下取 9m 为下边界，左右边界从衬砌板边缘分别向两边延伸 5m，混凝土衬砌板、砂浆层厚度及块石换填厚度如图 7.30 所示。采用 COMSOL 有限元软件对其进行数值模拟，具体参数见表 7.11。

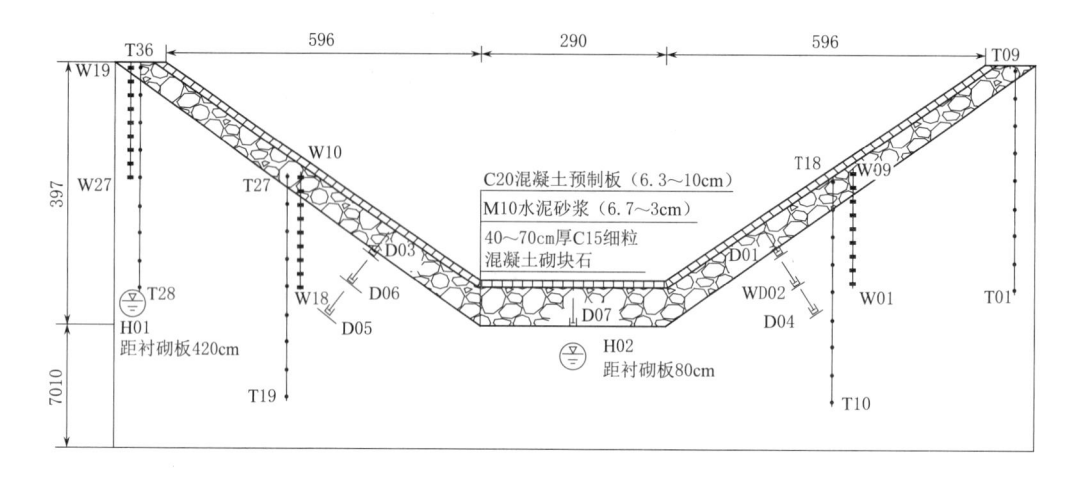

图 7.30 梯形土渠块石换填结构及现场传感器布设图（单位：cm）

●——温度传感器，九个一组，上密（50cm 间距）下疏（100cm 间距）；■——水分传感器，间距 25cm，九个一组；⌐——位移传感器；⌀——孔隙压力计

表 7.11 材料力学及物理学参数

材料	密度 /(kg·m³)	弹性模量 /MPa	泊松比	导热系数 /[W/(m·K)]	比热容 /[kJ/(kg·K)]	线膨胀系数 /K⁻¹
混凝土	2400	2.4×10^{10}	0.167	1.58	0.97	1.1×10^{-5}
块石	1800	2.5×10^{10}	0.2	0.7	795	0
冻土	1600	4.6×10^{7}	0.33	2.04	1.32	α_t
未冻土	1600	1.5×10^{7}	0.375	1.46	2.05	0

7.2.2.3 结果分析

根据景电工程地区实际边界条件，在 COMSOL 中进行数值模拟计算，计算步长为 7d，共计算了包括冻融循环一年内的衬砌板法向位移。提取冻结期（11 月至次年 2 月）和部分融化期（3—4 月）数据，对换填前、后的渠道衬砌板法向位移结果进行对比分析（图 7.31 和图 7.32）。

由图可知，11 月进入冻结期后，随着温度的降低，土体中未冻水在负温梯度下向冻结锋面迁移并冻结成冰，使渠基冻土冻胀量增大，衬砌板法向位移也逐渐增加（11 月至次年 2 月）。到次年 3 月，环境温度开始回升，渠基冻土随着温度的升高而逐渐融化，使得渠基土体冻胀量和衬砌板法向位移也逐渐减小（3—4 月）。且对比图 7.32 中 2 月、3 月、4 月和表 7.10 中相应的融沉位移，可以看出模拟得到的衬砌板融沉位移和现场监测的结果比较吻合,从而验证了本书模型的合理性。

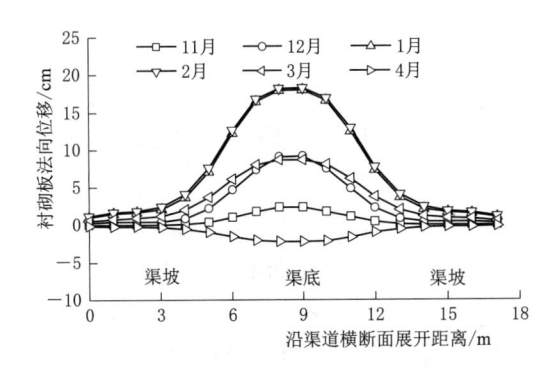

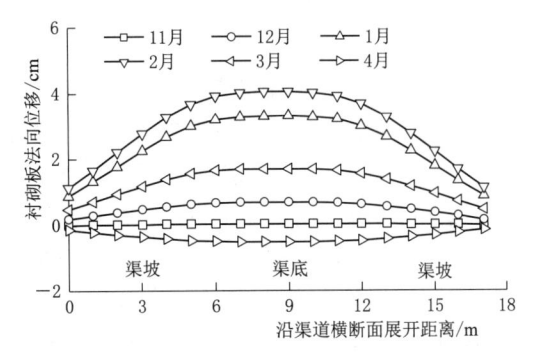

图 7.31 换填前渠道衬砌板法向位移

图 7.32 换填后渠道衬砌板法向位移

对比换填前、后渠道衬砌法向位移可知,冻结末期(2月)换填前渠坡板和底板法向位移最大值分别为 7.8cm 和 18.2cm;换填后渠坡板和底板法向位移最大值分别为 3.6cm 和 4.0cm,相对于换填之前分别减小了 53.8% 和 78%。计算换填前、后渠道衬砌板法向位移均方差分别为 6.45cm 和 1.02cm。由此可得,换填后的衬砌板法向位移明显减小且分布更加均匀,说明采用块石换填措施后适应冻胀融沉变形能力强。

提取衬砌板最大冻胀时刻的法向冻胀力和切向冻结力数据进行分析,如图 7.33 所示。换填前衬砌板坡脚处产生的最大峰值法向冻胀力和切向冻结力分别为 4.97MPa 和 8.08MPa。换填后的最大法向冻胀力和切向冻结力分别为和 1.33MPa 和 1.39MPa,相比换填前减小了 73.2% 和 82.8%。经计算,换填前法向冻胀力和切向冻结力均方差为 1.07MPa 和 2.12MPa,换填后分别为 0.41MPa 和 0.66MPa。由此可得,换填后有效削弱了衬砌板坡脚处的冻胀力,整体分布更加均匀。

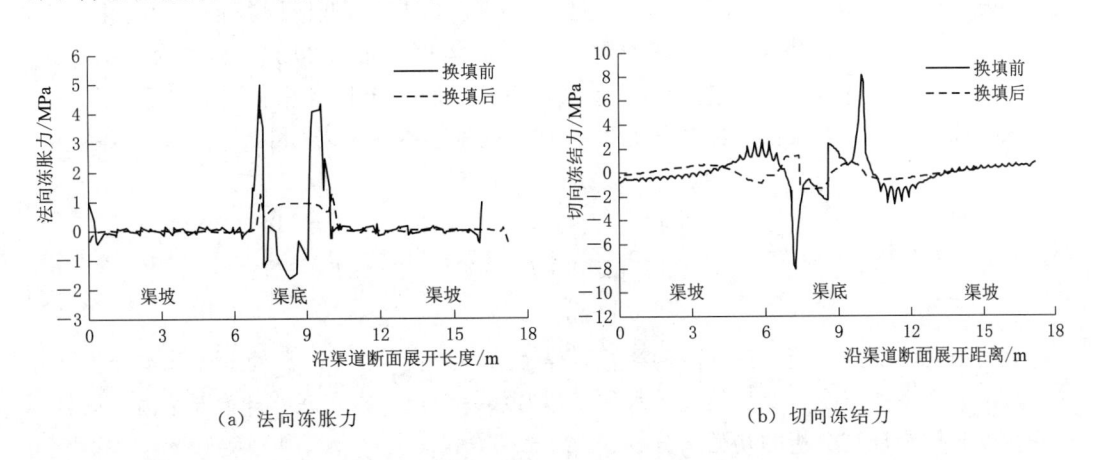

(a) 法向冻胀力

(b) 切向冻结力

图 7.33 衬砌板法向冻胀力和切向冻结力分布图

综上可知,采用块石换基措施,既能减小渠道衬砌板法向位移,又能削弱坡脚处的峰值应力,使衬砌板法向位移和应力分布更为均匀,改善了衬砌板的受力状态,其抗冻胀效果显著。

7.3 保温板复合衬砌防冻胀研究

渠道保温防冻胀技术可以减轻或消除渠道基土的冻胀变形，有效地解决混凝土衬砌渠道的冻胀破坏问题，在北方大型灌区节水改造中已得到应用。现场应用表明，聚苯乙烯泡沫板作为一种新型的渠道防冻胀保温材料，防冻胀效果十分明显。现如今，混凝土衬砌渠道聚苯乙烯泡沫板的保温防冻胀适宜厚度缺乏全局性和系统性分析，相关人员在进行渠道工程规划设计中，对聚苯乙烯泡沫板厚度的选取无据可依，影响了渠道保温防冻胀技术的推广应用。

本节采用第2章的热方程、渗流方程和力学方程，水热耦合联系方程采用冻结曲线进行参数耦合，即6.3节中提到的常规冻土水-热-力耦合冻胀模型。在此基础上，力学场考虑冻土的横观各向同性冻胀变形特性，ξ取0.9。保温板采用热阻单元模拟，结合6.4节冻土与衬砌接触面方程，建立考虑保温板保温作用的寒区渠道水-热-力耦合计算模型。以4.1.2节新疆某渠道工程案例，不考虑渠道的阴阳坡效应，计算保温板对寒区渠道的温度、水分和变形的影响。

7.3.1 有限元模型与参数选取

工程案例和有限元模型同4.1.2节一致，这里补充水、热、力计算参数及水分场和力学场的计算边界条件。正弦拟合现场监测的平均温度数据作为外界温度取值（图4.5）。保温板铺设在衬砌板下部，为聚苯乙烯材料，密度 20kg/m^3，导热系数 0.036W/(m·℃)，体积热容 $2.6 \times 10^4 \text{J/(m}^3\text{·℃)}$，弹性模量为 $6 \times 10^4 \text{Pa}$。保温板厚度分别取 4cm，6cm 和 8cm。

根据试验段土工试验可知，浅层基土天然体积含水率为 0.256～0.368，处于潮湿饱和状态，液性指数为 0.53～0.82，塑性指数为 5.8～6.4，属低液限粉土。为简化计算，计算参数近似取试验均值，其中黏聚力为 10.0kPa，内摩擦角为 20°，干密度为 1.6g/cm^3；结合基土土质，其弹性参数与温度的关系采用下式计算；土体各相、漫反射系数和发射率、冻结曲线及土水特征曲线的参数见表7.12，混凝土参数见表7.13。

$$E_\mathrm{T} = \begin{cases} 20 + 11.3(T_0 - T)^{0.6} & T \leqslant T_\mathrm{f} \\ 20 & T > T_\mathrm{f} \end{cases} \tag{7.2}$$

$$\nu_\mathrm{T} = \begin{cases} 0.33 - 0.007(T_0 - T) & T \leqslant T_\mathrm{f} \\ 0.33 & T > T_\mathrm{f} \end{cases} \tag{7.3}$$

渠道因防渗措施不当，渗漏较为严重，停水后，渠底下 4.6m 深处土体基本处于饱和状态，水分场基本稳定。此后按设计水位模拟通水一个月，并在冻结试验开始前一周排干水分，以此作为计算分析的初始水分场。

表 7.12   土 体 材 料 计 算 参 数

变 量	值	变 量	值
$\rho_\mathrm{s}/(\text{kg/m}^3)$	2700	$L_\mathrm{f}/(\text{kJ/kg})$	334
$\rho_\mathrm{w}/(\text{kg/m}^3)$	1000	θ_s	0.40

续表

变 量	值	变 量	值
$\rho_i/(kg/m^3)$	931	θ_r	0.05
$C_s/[kJ/(kg \cdot K)]$	0.92	$\alpha/(1/m)$	0.28
$C_w/[kJ/(kg \cdot K)]$	4.2	m	0.54
$C_i/[kJ/(kg \cdot K)]$	2.1	$k_s/(m/s)$	6e−7
$\lambda_s/[W/(m \cdot K)]$	1.5	a	6.2752
$\lambda_w/[W/(m \cdot K)]$	0.6	b	−0.5675
$\lambda_i/[W/(m \cdot K)]$	2.2	ρ_d	0.2
$\lambda_a/[W/(m \cdot K)]$	0.024	ε	0.3

表 7.13　　　　　　　　　　　混凝土材料计算参数

变 量	值	变 量	值
$C_p[kJ/(kg \cdot K)]$	0.97	ρ_d	0.88
$\lambda[W/(m \cdot K)]$	1.58	ε	0.65

因复合土工膜较薄（<3mm），采用无厚度土工膜渗阻计算，土工膜前区域为混凝土衬砌，膜后区域为渠基土，质量守恒方程建立为

$$-\mathbf{n}_u \cdot (-k_u \nabla h_u) = \frac{(h_d - h_u)k_b}{d_b}$$
$$-\mathbf{n}_d \cdot (-k_d \nabla h_d) = \frac{(h_u - h_d)k_b}{d_b}$$
(7.4)

式中：下标 b、u、d 分别代表土工膜、膜前和膜后区域；**n** 为边界外法线矢量；k 为渗透系数，混凝土取 $1.2e^{-9}$ m/s，土工膜取 $1.0e^{-11}$ m/s；h 为压力水头，m；∇h 为渗流域在边界处的压力梯度；d 为厚度，m。

在渠道周边施加法向位移约束，满足初始地应力平衡。

7.3.2　温度场分析

3 月 20 日，渠道冻深达到最大时刻。以此时刻为例，分析保温板的保温效果。不同保温板厚度下的渠道温度场分布如图 7.34 所示。由图 7.34 可知，未设置保温板时，渠顶冻深约为 1.44m，渠底冻深约为 1.35cm，冻深值由渠顶至渠底逐渐减少。铺设保温板后，渠道冻深逐渐减少。其中，保温板厚度为 4cm 时，渠底最大冻深为 20cm，渠顶附近冻深未发生较大变化，但坡板的整体冻深均在直线减小，基土的温度均在升高。保温板厚度为 6cm 时，基土温度进一步升高，渠底已无冻深，仅在坡板 1/2 位置以上存在冻深，且坡顶冻深基本不变。继续增加保温板厚度，基土温度场和冻深基本不发生变化，仅削减了坡板上局部位置的冻深，效果不明显。这表明该工程保温板厚度最大为 6cm 即可满足防冻胀要求。由于保温板仅铺设在衬砌板下面，而在渠堤附近并未布设，这使得保温板对渠堤附近冻深影响不大。由于渠堤的对流换热，使得渠坡上部位置始终存在冻深。当基土表面含水量大或地下水可补给到渠堤附近时，会导致渠顶附近冻胀量大，引起渠坡板上部冻胀严重；然而渠坡板底部无冻胀，这使得交界处冻胀变形不均匀，可能会引发破坏。

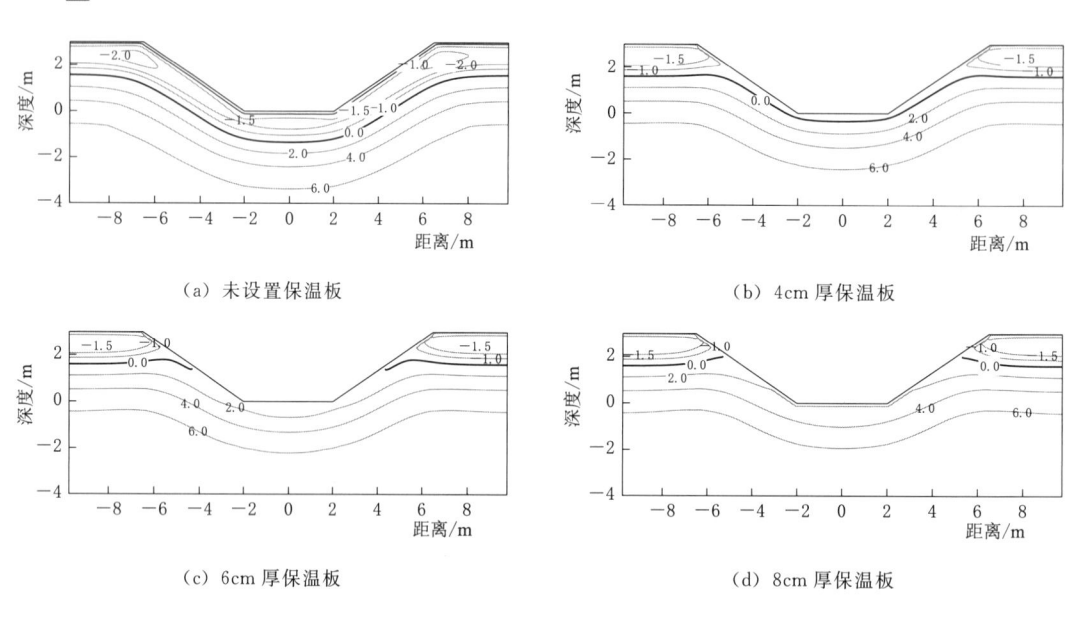

(a) 未设置保温板　　　　　　　　　　　　(b) 4cm 厚保温板

(c) 6cm 厚保温板　　　　　　　　　　　　(d) 8cm 厚保温板

图 7.34　不同保温板厚度下的渠道温度场分布

7.3.3　水分场分析

为分析保温板布设对渠道冰、水含量分布的影响，取最大冻深时刻（3月20日）的总体积含水量结果，如图 7.35 所示。此时，除基土表面有轻微融化外，在冻深范围内的其他区域未冻水含量基本接近于基土的残余含水率，因此下图亦可反映出基土体积含冰量的分布规律。由图可知，冻深范围内含水量变化较为剧烈，而以外则较为稳定；相比于初始含水量，水分集聚现象明显，总含水量（或冰含量）呈条带状分布。基土总含水量大于其孔隙率，将发生冻胀。

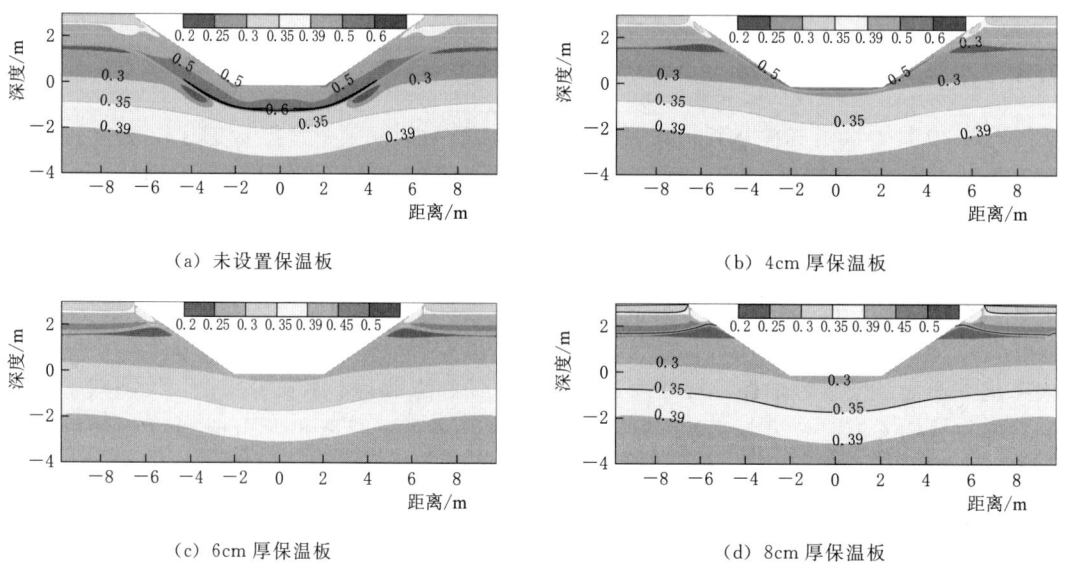

(a) 未设置保温板　　　　　　　　　　　　(b) 4cm 厚保温板

(c) 6cm 厚保温板　　　　　　　　　　　　(d) 8cm 厚保温板

图 7.35　不同保温板厚度下的渠道水分场分布图

铺设保温板后，渠道基土内总的体积含水量在逐渐降低，冻结范围逐渐减少，使得基土冻胀明显减弱。保温板厚度为4cm时，冰水总体积含水量削减效果最为显著，除坡板上部削减效果较差外，仅在渠底、坡板下部存在较小范围的含冰区。保温板厚度为6cm时，削减效果减弱；大于6cm后，基本意义不大。不论铺设多厚的保温板，坡板上部下基土冻胀削减现象不明显，但此位置的冰水含量大于总孔隙率，引发冻胀，可能会使衬砌板产生局部破坏，需要注意。

7.3.4 衬砌板应力变形分析

选取最大冻深时刻，即3月20日的冻胀变形分布如图7.36所示。由图可知，保温板的铺设会很好的减少衬砌板的变形，削减冻胀显著。未铺设保温板时，梯形渠道衬砌板呈现出渠底向上隆起，坡脚受挤压明显，两坡板向渠内凸起，衬砌板整体上抬的变形趋势。其中，渠底板约在中心处的法向冻胀量最大，阴、阳坡板约在1/4～1/3坡长位置处最大。铺设4cm保温板后，衬砌板的冻胀量明显降低，且其整体变形规律基本不变；渠底板最大冻胀量由11.28cm削减到2.73cm，渠坡板最大冻胀量由11.60cm削减到2.27cm；渠顶冻胀量基本不发生变化。铺设6cm保温板后，衬砌板的变形规律发生了变化，因渠底及坡板下部无冻深，此区域的衬砌板基本不冻胀；渠堤附近因无保温板铺设，使其存在冻胀量，最大冻胀约为3cm。保温板厚度大于6cm后，衬砌板变形基本不发生变化。

进一步提取衬砌板的上表面正应力结果，分析衬砌板的应力状态，如图7.37所示。由图可知，随着保温板厚度的增加，衬砌板的正应力在逐渐减少，趋向于安全状态。结合衬砌板的塑性区数据可知，未铺设保温板时，在渠坡板距坡脚1/5～1/4位置处、坡脚位置处发生破坏；铺设4cm厚度保温板后，衬砌板在坡脚位置处发生破坏；保温板厚度大于等于6cm时，衬砌板不发生破坏。另外，保温板厚度增大后，渠顶附近存在冻胀而渠坡下部无冻胀变形，可能会引起破坏。综合渠道基土的温度场、水分场分布及衬砌板的应力变形情况可知，该渠道工程的保温板厚度宜布设为6cm。

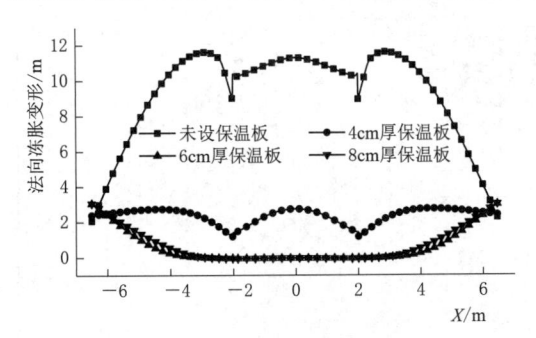

图7.36 不同保温板厚度下衬砌板的法向冻胀变形分布

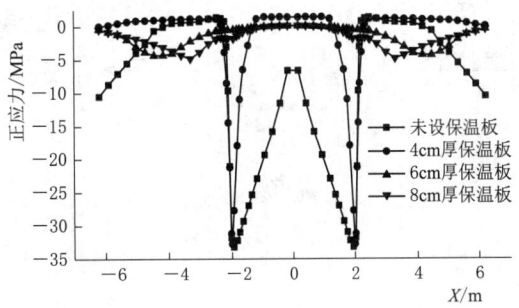

图7.37 不同保温板厚度下衬砌板上表面正应力分布

7.4 新型自适应防冻胀衬砌结构—"适膜""适变""适缝"断面

粗粒土换填和保温板等措施可减少土体冻胀，以减少上覆结构的破坏。除此之外，通过调整渠道断面形状或衬砌结构形式，协调基土与衬砌间变形及相互作用，以削减冻胀破坏，如弧底梯形渠道、弧形坡脚梯形渠道、U形渠道等适应冻胀措施。同时亦存在肋型平板、楔形板或中部加厚板等抵抗冻胀措施。

近年来，结合渠道冻胀破坏机理及计算模型，提出了"适膜""适缝"和"适变"等防冻胀衬砌新结构，协调衬砌与渠基冻胀变形。"适膜"即在衬砌板和渠基土间适当铺设2层土工膜，以膜间相对滑动来减少冻结力约束；"适缝"新结构即在衬砌板上适当设置柔性纵缝，以减少衬砌板与渠基土的冻结约束；"适变"新结构即利用弧形脚替换梯形脚，并结合柔性纵缝来进一步削减冻胀。

7.4.1 "适膜"防冻胀技术

7.4.1.1 结构形式

现有渠道工程设计中，常采用"混凝土衬砌＋复合土工膜"的防渗手段，基于此，新提出的"适膜"防冻胀技术如图7.38所示，即将"单膜"铺改为"双膜"铺设。工程上，双层土工膜的铺设形式有三种：①双层一布一膜土工膜，采用膜-膜接触；②双层一布一膜土工膜，采用膜-布接触；③双层两布一膜土工膜，采用布-布接触。三种铺设方式关键区别在于2层土工膜间摩擦系数不同，对冻结约束的解除程度也不同，从而削减冻胀破坏的程度亦不同。

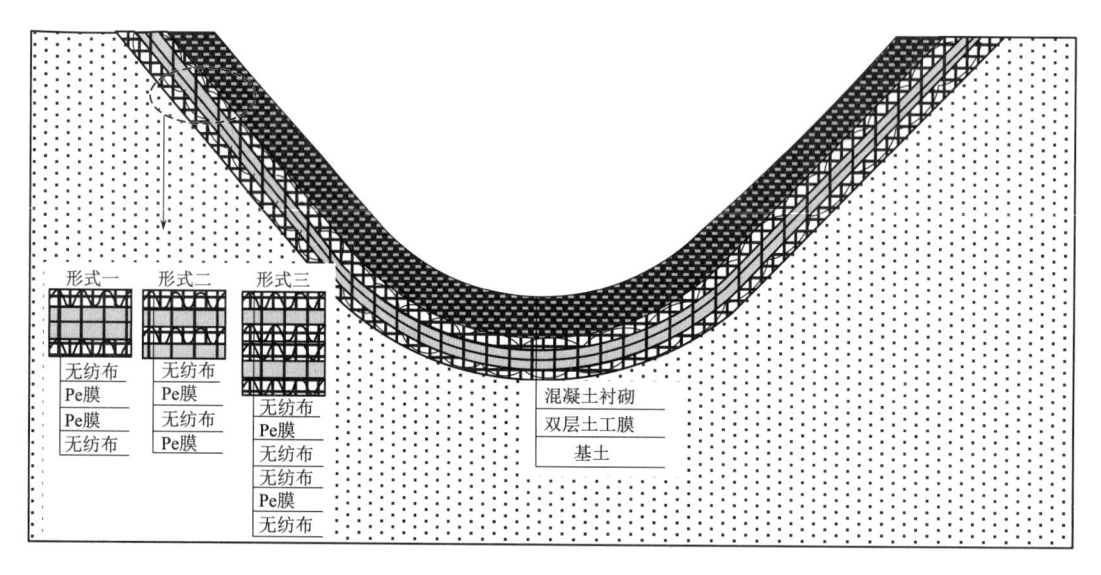

图7.38 "适膜"布设

7.4.1.2 有限元模型与参数选取

（1）基本理论。此模型的基本假设和热力学方程同4.2.1节一致，应力场方程同2.5节一致。考虑冻土的横观各向同性冻胀变形特性，ξ取1，即只考虑沿温度梯度方向的冻胀。其中，土体冻胀率参考《渠系工程抗冻胀规范》中的粉土冻胀量与冻深、地下水位的关系，进行拟合后得到。

7.4 新型自适应防冻胀衬砌结构—"适膜""适变""适缝"断面

$$\varepsilon_{grandT} = \begin{cases} 0.5736e^{-0.01554Z_w}(-0.004Z_d + 0.5934) & Z_d \leqslant 80\text{cm} \\ 0.1352e^{-0.00162Z_w} & Z_d \leqslant 80\text{cm} \end{cases} \quad (7.5)$$

式中：Z_w 为地下水水位，cm；Z_d 为冻结深度，cm；ε_{grandT} 为逆温度梯度方向单位土体冻胀量，m/m。

渠道衬砌-双膜-冻土相互作用的接触模型采用 6.4 节接触模型。

（2）有限元网格。根据渠道实用经济断面的尺寸要求，保证渠道过水面积相同，建立图 7.39 所示一系列弧底梯形断面渠道有限元模型，其尺寸参数见表 7.14。根据我国西北地区气温、辐射、地下水等环境条件，阳坡衬砌表面温度取 −10℃，阴坡温度取 −15℃，对流换热系数取 28W/(m²·K)，渠基土 15m 深度处恒温 8℃；模型取地下水位埋深距渠底 1.5m，渠基土初始含水量 20%。渠道左右边界和下边界约束为定向支座约束，上边界自由。有限元网格采用四边形映射方式创建，共 902 个单元。

表 7.14　　　　　　　　　渠道断面尺寸参数

尺寸参数	断面一	断面二	断面三	断面四	断面五
边坡系数 m	1	1.5	2	2.5	3
弧底半圆心角 α/rad	0.785	0.588	0.464	0.380	0.322
弧底半径 R/m	6.34	7.27	8.63	10.32	12.29
渠深 H/m	5.57	4.88	4.36	3.98	3.67

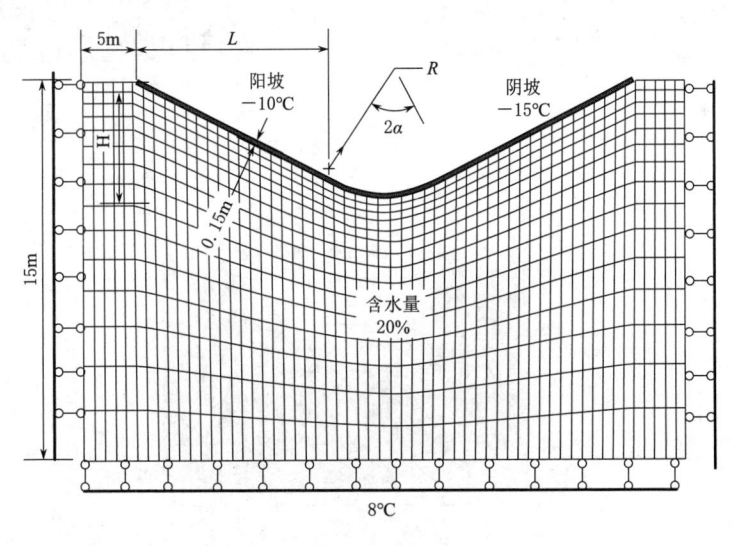

图 7.39　渠道有限元模型及网格

（3）参数选取。混凝土衬砌板弹性模量取 21GPa。冻土的弹性模量随温度改变，见表 5.3。根据西北地区冬季土体平均冻结时长，模型计算时间为 120d，采用瞬态求解。根据垫层铺设工艺不同，采用共节点方式模拟单膜垫层衬砌渠道冻胀，理想无摩擦双膜及三种双膜垫层的静摩擦力与动摩擦系数取值见表 7.15。

表 7.15 不同垫层类型接触模型计算参数

垫层类型	理想双膜	形式一	形式二	形式三	单膜
$k'_{At}/$(MPa/m)	0	5.35	7.50	10.0	—
$\sigma_{tmax}/$MPa	0	0.005	0.008	0.01	—
f	0	0.1	0.25	0.5	—

7.4.1.3 衬砌结构稳定性影响分析

不同垫层形式下，渠基土冻胀一致，衬砌结构的变形与整体位移受衬砌-冻土间接触特性和渠道断面形状的影响。边坡系数取1时，单膜、形式二和理想双膜三种布设形式下衬砌冻胀变形如图7.40所示。渠底局部隆起，渠口内缩，坡脚衬砌受坡板约束呈相对下凹的变形，且阴坡冻胀变形较阳坡大。图7.40（a）中单膜衬砌与土体粘接而变形一致。图7.40（c）中理想双膜工况下衬砌受基土冻胀顶托，在渠底衬砌呈现整体抬升，在渠底两坡脚位置与土体发生脱离；衬砌相对其下方渠槽产生切向位移，向右侧阴坡上方偏移，结构整体位移增大，稳定性降低。其他双膜形式衬砌变形介于二者之间。

（a）单膜

（b）布-膜接触双膜（形式二）

（c）理想双膜

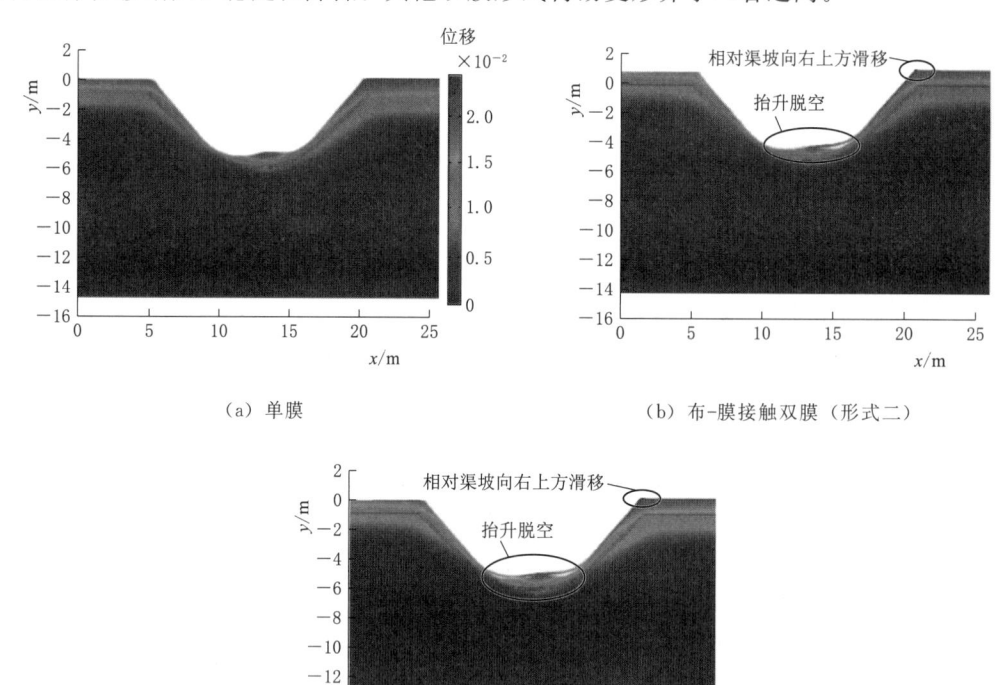

图7.40 单双膜布设形式下边坡系数为1的渠道及衬砌结构冻胀位移对比

以法向冻胀位移方差评价结构刚度，以衬砌相对渠槽的切向位移评价结构稳定性，如图7.41所示。当边坡系数 $m \leqslant 2$ 时，衬砌冻胀方差呈现膜-膜接触双膜（形式一）＜理

7.4 新型自适应防冻胀衬砌结构—"适膜""适变""适缝"断面

想双膜≤布-膜接触双膜（形式二）<布-布接触双膜（形式三）=单膜垫层的规律。当 $m>2$ 时，三类双膜衬砌的冻胀位移方差与单膜接近，但都明显小于理想双膜衬砌。图 7.41（b）为衬砌与土体的相对切向位移，各类布设形式下衬砌相对土体切向位移绝对值接近，但形式二衬砌相对位移绝对值最小。当 $m>2$ 时，形式二和形式三衬砌相对土体向阳坡移动但绝对值很小，远小于理想双膜和形式一布设形式下的衬砌滑移量。

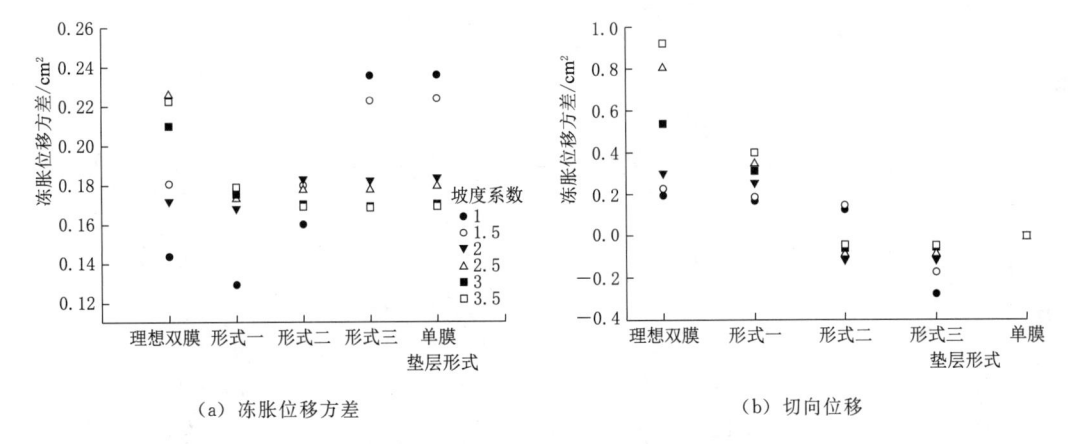

（a）冻胀位移方差

（b）切向位移

图 7.41 不同渠道尺寸及布设形式下衬砌结构冻胀位移方差及整体切向位移

注：正值表示沿阴坡向上滑动，负值表示沿阳坡向上滑动。

综上分析，对于窄深衬砌渠道，减小膜间摩擦力获得最好的冻胀均匀性，冻胀位移方差与单膜相比最大可减少 41.6%，膜间摩擦力对整体稳定性影响不大。对于宽浅渠道，减小膜间摩擦力对冻胀均匀性和整体稳定性都不利，理想双膜冻胀位移方差比单膜增加22.2%，整体位移最大 0.9cm。综合考虑冻胀均匀性和稳定性，理想双膜布设只适用窄深渠道，而布-膜接触（形式二）双膜防渗层布设形式，既适用于窄深渠道，也适用于宽浅渠道，其冻胀方差较单膜减少 25%，但整体位移均不超过 0.2cm。

7.4.1.4 衬砌结构应力影响分析

边坡系数 $m=2$ 时不同防渗层形式下衬砌板截面正应力分布如图 7.42 所示。单膜防渗层布设时，衬砌结构在渠顶下表面拉裂，渠坡中上部上表面拉裂，弧底中心弯曲破坏下表面拉裂。铺设双膜防渗层后峰值应力均减小，渠坡均为压应力或微小拉应力，弧底段阳坡下表面压应力和上表面拉应力值小于材料强度极限；在弧底段，膜间摩擦力小的衬砌下表面拉应力过大而破坏；摩擦力过大则会造成上表面压应力过大而破坏。适当的解除冻结约束有助于释放弧底压应力，但过度解除约束又会导致弧底拱效应丧失，产生过大弯曲及拉应力，对衬砌结构的强度产生不利的影响。

衬砌表面的拉应力、压应力均值如图 7.43 所示，以评价双膜布设形式对衬砌应力的削减程度。衬砌拉应力、压应力均值随边坡系数增大而减小，对于宽浅式和窄深式渠道，膜布相对、布布相对的双膜衬砌拉应力均值都是最小的，理想双膜和膜膜相对的双膜衬砌压应力都是最小。采用膜布相对和布布相对的垫层形式（形式二、形式三）具有最佳的削减衬砌应力的效果；与单膜相比，平均冻胀应力削减 50% 以上。综合衬砌的冻胀均匀性和整体稳定性，采用膜布相对（形式二）的衬砌双膜垫层形式，防冻胀效果最佳。

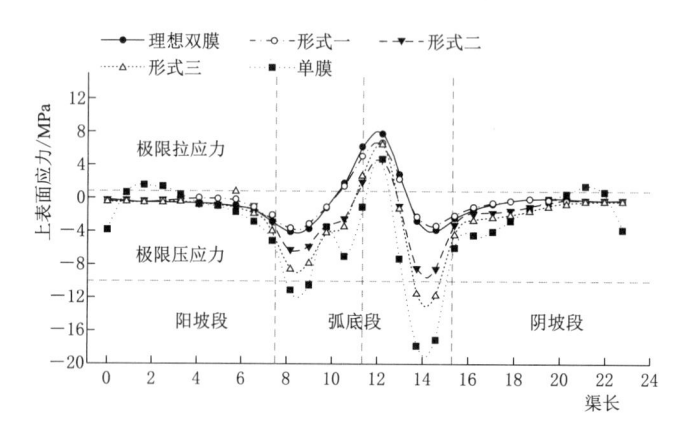

第 7 章 渠道冻融计算力学应用实例

(a) 上表面正应力

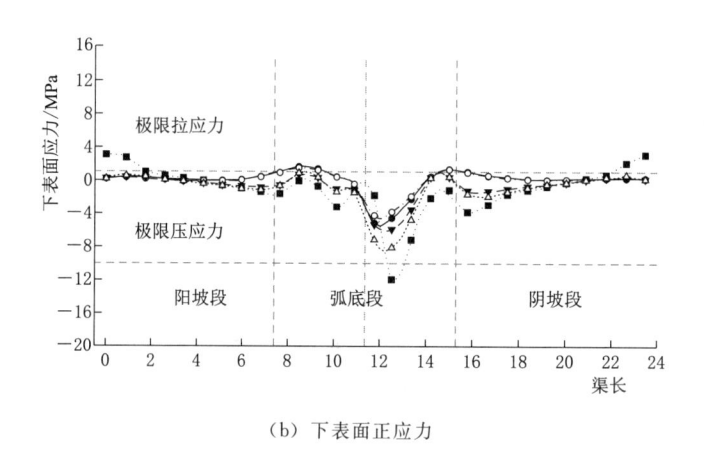

(b) 下表面正应力

图 7.42 边坡系数 $m=2$ 时不同防渗层形式下衬砌板截面正应力分布

注：拉为正，压为负。常规混凝土材料极限拉应力为 1.1MPa，压应力极限为 −10.0MPa。下同。

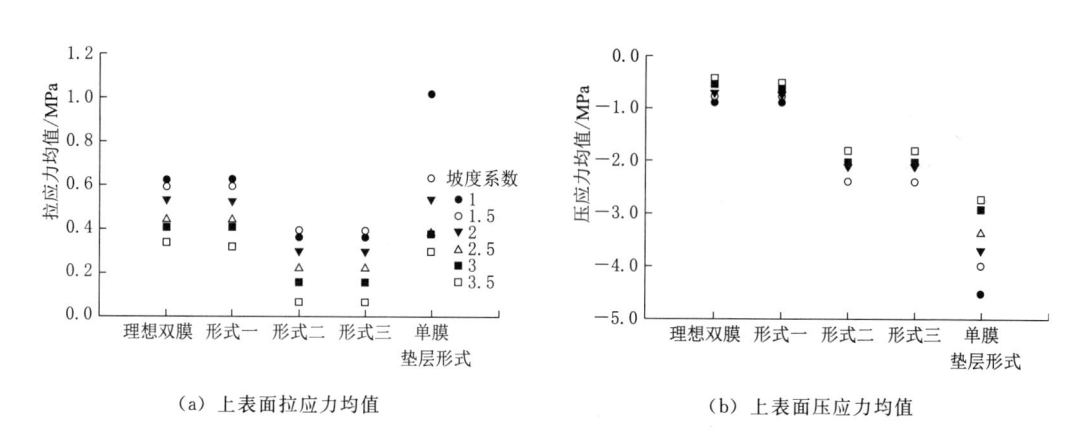

(a) 上表面拉应力均值

(b) 上表面压应力均值

图 7.43（一） 不同防渗层形式与断面衬砌结构表面拉应力和压应力均值

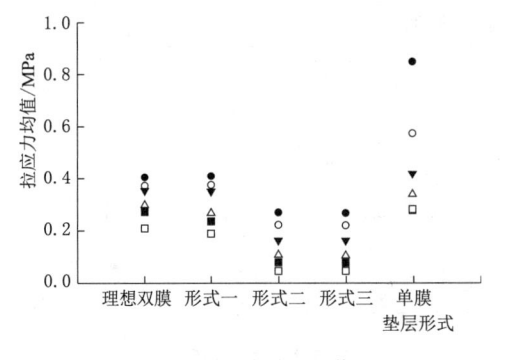

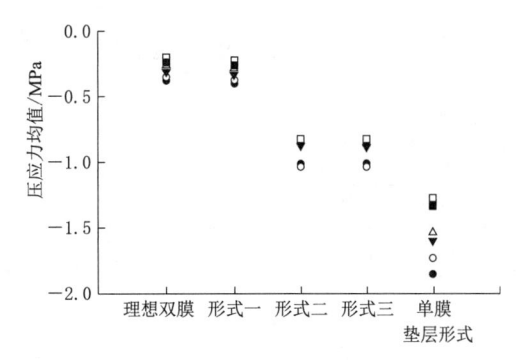

(c) 下表面拉应力均值   (d) 下表面压应力均值

图 7.43（二）　不同防渗层形式与断面衬砌结构表面拉应力和压应力均值

7.4.2 "适变"防冻胀技术

7.4.2.1 结构形式

"适变"断面指能适应渠道冻胀变形的衬砌断面形式，采用比较平缓的边坡，设置弧形坡脚或弧形渠底，改善受力条件；利用较宽的柔性纵向伸缩缝吸收因基土冻胀导致的衬砌板周向位移并释放法向冻胀变形，降低冻结力对衬砌板的约束作用，改善衬砌冻胀变形不均匀程度和受力状态，削减冻胀，该技术如图 7.44 所示。

7.4.2.2 有限元模型与参数选取

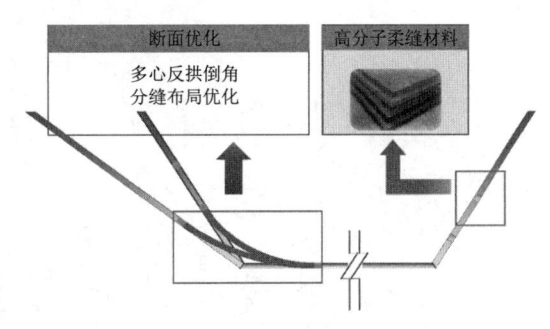

以山东省打渔张五干弧形坡脚梯形渠道为例，分析"适变"防冻胀技术。断面尺寸如图 7.45 所示，原型渠道温度状况和冻胀情况见表 7.16 和表 7.17。"适变"断面是在原型渠道基础上，采用边坡衬砌与渠底、弧形坡脚不等厚度措施，即边坡厚7cm，渠底及弧形坡脚厚8cm，下设厚度 2～3cm 低标号砂浆找平层，塑膜防渗。弧形坡脚及渠底共设有 4 条纵向伸缩缝，每条纵缝宽3cm，内填 2cm 厚塑料胶泥和 4cm 厚体积比为 4∶1 锯末水泥。采用 5.1 节热力耦合模型，ADINA 软件模拟两种工况：①原型弧形坡脚梯形渠道；②"适变断面"渠道冻胀数值模拟。

图 7.44　"适变"防冻胀技术

表 7.16　　　　　　　　　　渠道各部位的表面温度和冻结期

部　位	月平均表面温度/℃			冻　结　期
	12 月	1 月	2 月	
阴　坡	−4.50	−6.06	−3.27	12月13日至次年3月8日
渠　底	−2.00	−2.80	−0.60	12月13日至次年3月8日
阳　坡	−1.26	−1.73	−0.10	12月13日至次年3月2日

表 7.17　　　　　　　　　　　　原型渠道冻胀情况

部　位	渠床土质	冻深 h/cm	冻胀量 Δh/cm	冻胀率 η/%
阴　坡	粉质壤土	65	6.9	10.62
渠　底		42	7.6	18.10
阳　坡		19	0.6	3.16

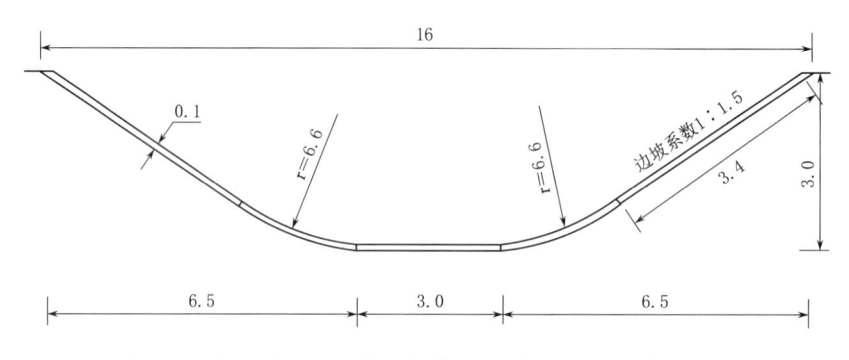

图 7.45　打渔张五干弧形坡脚梯形渠道断面尺寸（单位：m）

有限元模型下部从底板向下取 250cm，左右边界取 100cm，如图 7.46 所示。上边界温度取原型渠道相应部位月平均表面温度最小值，下边界温度取 10℃，左右边界近似为绝热；约束条件为 x 向和 y 向位移为 0，渠底基土下边界加 z 向约束。塑料薄膜采用四结点 MITC4shell 壳单元模拟，应用 Spring 单元模拟填缝材料。

基土冻结时导热系数 $\lambda_f = 1.9870\text{W/(m·℃)}$，视冻胀系数为负线胀系数，按各向同性考虑，基土冻胀系数统一取为 $\eta/T_{\min}$，η 为冻胀率，$T_{\min}$ 为相应部位月平均表面温度最小值。冻土弹性模量见表 5.3，泊松比 $\nu = 0.33$。忽略塑料薄膜对温度场的影响，其不同温度下的允许应力和弹性模量见表 7.18，泊松比取为 0.22。设定薄膜与冻土之间的摩擦系数为 0.6，与衬砌板的摩擦系数为 0.4。其他材料力学参数见表 7.19。

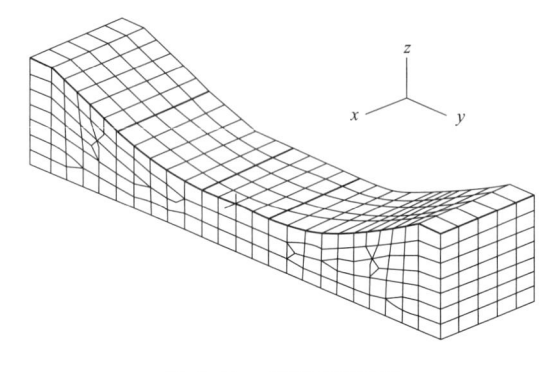

图 7.46　有限元网格图

表 7.18　　　　　　　　　　塑膜允许应力和弹性模量

温度 /℃	允许应力 σ /MPa	弹性模量 E /MPa	温度 /℃	允许应力 σ /MPa	弹性模量 E /MPa
10	2.8	57.4	−5	3.3	98.0
5	3.0	67.2	−10	3.5	120.0
0	3.1	80.6			

7.4 新型自适应防冻胀衬砌结构—"适膜""适变""适缝"断面

表 7.19　　材料力学参数

介 质	弹性模量 E /Pa	泊松比 ν	导热系数 λ /[W/(m·℃)]	线膨胀系数 α /℃
混凝土	$2.4×10^{10}$	0.167	1.58	$1.1×10^{-5}$
砂浆	$2.0×10^{10}$	0.20	1.54	$1.1×10^{-5}$
填缝材料	$2.0×10^{5}$	0.45	1.21	0

7.4.2.3　变形场分析

弧形坡脚梯形渠道与"适变断面"渠道法向冻胀变形对比如图 7.47 所示。弧形坡脚梯形渠道的渠底变位最大，阴坡次之，阳坡最小；渠底板中部变形大而两端小；阴坡、渠底、阳坡的最大冻胀量分别为 7.12cm、7.73cm、0.84cm，与表 7.17 中实测值基本吻合。同弧形坡脚梯形渠道相比，"适变断面"渠道阴坡、渠底冻胀量明显减小，其最大值分别为 4.38cm、3.47cm，较弧形坡脚梯形渠道分别降低 38.48%、55.11%。

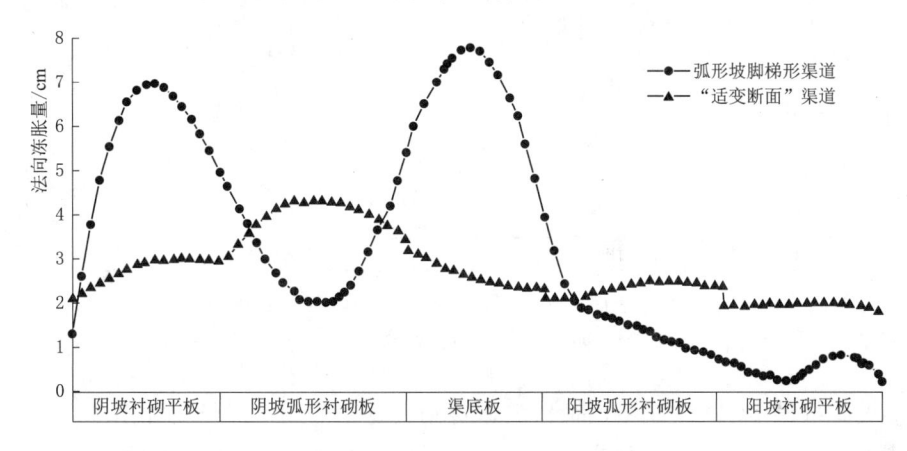

图 7.47　法向冻胀量变形对比

采用衬砌板表面节点冻胀量均方差 S 作为评价指标，评价法向冻胀量分布的不均匀程度，即

$$S=\sqrt{K[n-K(n)]^2} \tag{7.6}$$

式中：n 为节点冻胀量；$K(n)$ 为冻胀量平均值。

均方差 S 越大，表示渠道整体冻胀变形越不均匀，防冻胀效果越差。弧形坡脚梯形渠道和"适变断面"渠道冻胀量均方差分别为 $2.435×10^{-2}$m、$1.012×10^{-2}$m。"适变断面"渠道较弧形坡脚梯形渠道冻胀变形分布更加均匀，防冻胀效果显著。

纵向伸缩缝处法向冻胀变化明显，衬砌板间存在切向方向的错位，错位值为 1.3cm。错位的存在使"适变断面"渠道能够释放法向变位，使其法向变位均匀化。渠道纵向伸缩缝周向压缩值总计为 9.7cm，揭示了"适变断面"渠道通过宽纵缝释放法向及吸收周向冻胀变形，使冻胀量分布均匀的防冻胀机理。

7.4.2.4　冻胀力分析

弧形坡脚梯形渠道与"适变断面"渠道衬砌板受到的法向冻胀力如图 7.48 所示。对于弧形坡脚梯形渠道，阴坡上部最大法向压应力为 $4.25\times10^5\text{Pa}$，阴坡坡脚处最大法向压应力为 $5.45\times10^5\text{Pa}$；阳坡上部最大值为 $5.02\times10^5\text{Pa}$，坡脚处最大值为 $5.51\times10^5\text{Pa}$，二者均属于压应力；渠底靠近阳坡处法向压应力较大，数值为 $2.42\times10^5\text{Pa}$；阴坡和阳坡个别地方存在法向拉应力，最大值出现在阳坡弧形坡脚处，数值为 $1.84\times10^5\text{Pa}$。"适变断面"渠道与弧形坡脚梯形渠道法向冻胀力分布规律相似，阴坡、渠底、阳坡的法向应力最大值分别为 $4.17\times10^5\text{Pa}$、$1.17\times10^5\text{Pa}$、$2.73\times10^5\text{Pa}$，较弧形坡脚梯形渠道显著降低，渠底处最为明显，最大减小 51.65%，且冻胀力分布更加均匀。

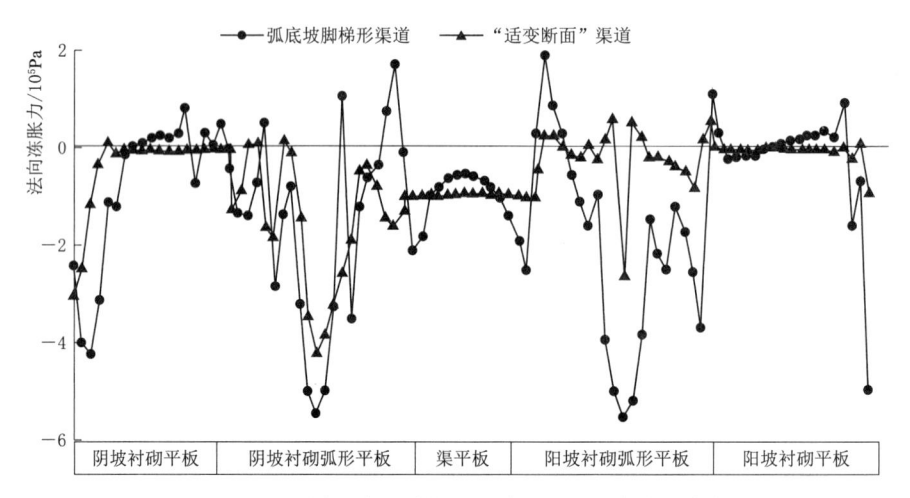

图 7.48 不同形式渠道衬砌板受到的法向冻胀力分布
注：正号表示拉应力，负号表示压应力

弧形坡脚梯形渠道与"适变断面"渠道衬砌板受到的切向冻结力如图 7.49 所示。弧形坡脚梯形渠道渠坡上部周向压应力较大，是由弧形衬砌板变位时沿坡面向上的顶胀与渠顶约束共同造成的；弧形坡脚处存在较大周向拉应力，部分节点的周向拉应力甚至超过混凝土极限抗拉强度，属于渠道容易破坏的部位，同前文"弧形坡脚处均存在较大法向应力，极易产生裂缝"的结论相吻合。

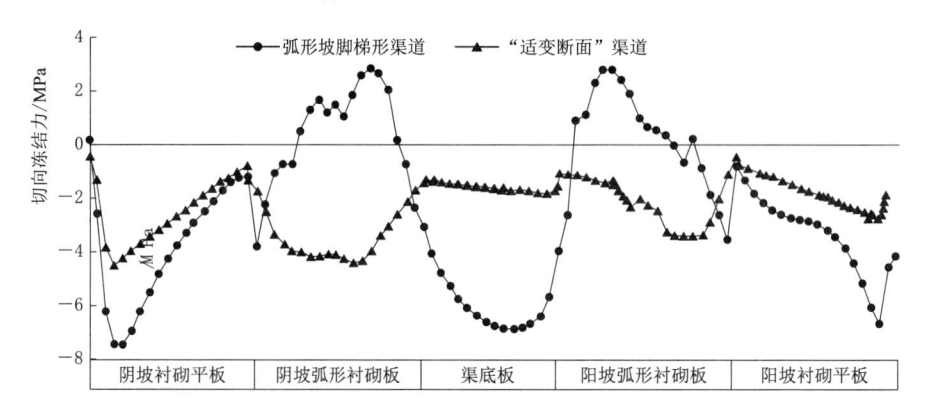

图 7.49 不同形式渠道衬砌板受到的切向冻结力分布
注：正号表示拉应力，负号表示压应力

7.4 新型自适应防冻胀衬砌结构——"适膜""适变""适缝"断面

同弧形坡脚梯形渠道相比,"适变断面"渠道纵向伸缩缝吸收了衬砌板周向位移,降低了切向冻结力,最大降低了56.85%;同时使切向冻结力分布更加均匀,尤以渠底板处明显。除此之外,弧形坡脚处周向拉应力消失,降低了混凝土衬砌的破坏程度,提高了渠系工程的使用寿命。

7.4.3 "适缝"防冻胀技术

7.4.3.1 结构形式

"适缝"防冻胀技术是在可能发生冻胀破坏的位置预先设置纵缝以释放不均匀冻胀变形,是一种简单有效且耐久的工程措施,渠道纵缝布置形式如图7.50所示。"适缝"防冻胀技术,指适应基土冻胀变形的合适的纵缝位置、合适的纵缝宽度、合适的纵缝个数及其组合,该技术的关键是量化纵缝的位置、宽度、个数及其组合与削减冻胀效果之间的关系,解决"纵缝如何设置"的科学和工程技术问题。

7.4.3.2 有限元模型与参数选取

(1)基本理论。此模型的基本假设和热力学方程同4.2.1节一致,应力场方程同2.5节一致。考虑冻土的横观各向同性冻胀变形特性,ξ取1。渠道纵缝内部宜填充黏结力强、变形性能大、耐老化的柔性材料。选取新疆某供水工程中采用的纵缝进行模型建立,缝内填充聚乙烯闭孔泡沫板,并采用聚氨酯砂浆灌缝止水,如图7.50所示。渠道冻胀变形过程中纵缝主要发生挤压和分离等行为:纵缝两侧的衬砌板和底部的基土对纵缝变形形成强约束作用,在衬砌板挤压纵缝时,其挤压刚度先基本不变,在达到其极限挤压变形时,等同于纵缝闭合的状态,此时相当于衬砌板直接接触;衬砌板在基土冻胀产生弯曲张拉时,在拉伸应变达到纵缝填充-衬砌板黏结强度下的极限拉应变时,纵缝将会产生分离。纵缝宽度为1~4cm,采用无厚度弹性薄层单元可避免纵缝宽度过小而无法进行网格划分的问题,其理论方程见6.4节。通过对法向刚度进行修正,从而提出纵缝填充接触模型。

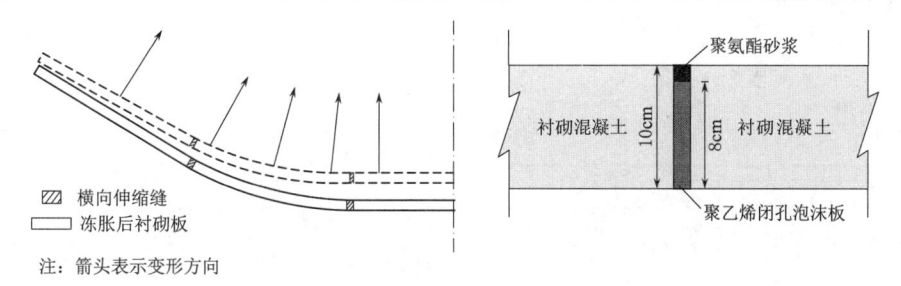

图7.50 渠道纵缝布置

$$k_{An} = \begin{cases} 0 & u_{nl} - u_{ns} > \varepsilon_t b \\ E_{jt} & 0 < u_{nl} - u_{ns} \leq \varepsilon_t b \\ E_{jc} & -\varepsilon_c b \leq u_{nl} - u_{ns} < 0 \\ E_c & u_{nl} - u_{ns} < -\varepsilon_c b \end{cases} \tag{7.7}$$

式中:E_{jt}、E_{jc}、E_c分别为纵缝法向张拉、挤压和混凝土模量,MPa;ε_t、ε_c分别为纵缝极限张拉、挤压应变值;μ_{nl}、μ_{ns}分别表示纵缝上、下侧衬砌板法向位移值,m;b为纵缝宽度，m。

（2）评价指标。混凝土衬砌属于薄板壳结构，全断面正应力分布特征可反映其适应基土冻胀变形的能力。引入正应力分布均匀度指标，即未设缝与设缝后的衬砌板正应力极差之差值，除以未设缝的正应力极差进行归一化处理，即

$$S = \frac{R_{\sigma\_未设缝} - R_{\sigma\_设缝}}{R_{\sigma\_未设缝}} \tag{7.8}$$

式中：S 为正应力分布均匀度；$R_{\sigma\_未设缝}$、$R_{\sigma\_设缝}$ 分别为未设缝和设缝后衬砌板的正应力极差。该指标既可表示衬砌板受力均匀化的程度，亦可反映出衬砌板削减冻胀的程度。该值越大，表示衬砌板受力越均匀，应力状态改善越明显，削减冻胀效果越好。然而该指标无法界定衬砌板是否发生破坏，故再引入强度指标。

（3）有限元网格。新疆某供水工程渠道设计引水流量 120m³/s，正常水位 5.6m，渠深 7.5m，弧底半径 8.47m，坡比 1∶2，C20 混凝土衬砌厚度 10cm，具体断面形式及有限元网格如图 7.51 所示。

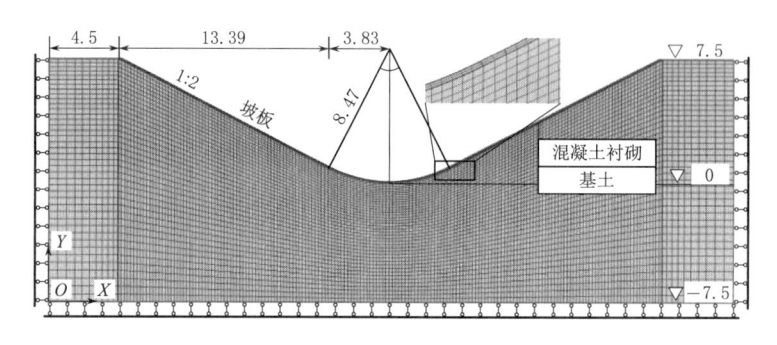

图 7.51 断面形式及有限元网格（单位：m）

（4）计算参数。冻土弹性模量见表 5.3。衬砌－基土接触面参数、缝填充参数见表 7.20。其他参数取自类似工程，见表 7.21。地下水位距渠底 1.5m，渠基土初始含水量为 20%，未冻土渗透系数为 1e⁻⁷m/s，β 为 −8。

表 7.20　接 触 面 参 数

衬砌-基土			纵 缝 填 充				
k_{At} /(MPa/m)	τ_f /MPa	f	k_{At} /(MPa/m)	E_{jt} /(MPa/m)	E_{jc} /(MPa/m)	ε_t	ε_t
120	0.15	0.8	1	0.8	1	0.66	0.5

表 7.21　材 料 计 算 参 数

材　料	导热系数 /[W/(m·℃)]	比热容 /[J/(kg·℃)]	弹性模量 /GPa	泊松比
混凝土	1.58	0.97	25.5	0.2
土颗粒	1.5	0.92	—	—
冰	2.2	2.1	—	—
未冻水	0.6	4.2	—	—

(5) 边界条件。渠道上表面采用对流热通量边界条件方程为

$$n(\lambda \nabla T) = h_c(T_{ext} - T) \tag{7.9}$$

式中：n 为渠道上边界法向向量；T_{ext}、T 分别为环境温度和地表温度，℃；h_c 为对流换热系数，W/(m²·℃)，与衬砌渠道内风速有关，计算公式为

$$h_c = 3.06v + 4.11 \tag{7.10}$$

结合当地现场监测数据，渠顶风速取 1.83m/s，渠底风速取 1m/s，二者之间采用二次抛物线函数过渡。环境温度取新疆某地区 11 月至次年 3 月月平均气温，分别为：−4℃、−13.5℃、−16℃、−13.5℃、−5℃，冻结期 150d。

取下边界恒温层深度为 15m，温度值为 8℃。

(6) 位移边界条件。渠道上表面自由，底部边界固定，左右边界施加法向位移约束。

7.4.3.3 纵缝位置削减渠道冻胀分析

衬砌板未设缝情况下，弧底梯形渠道衬砌法向冻胀变形及其截面正应力分布如图 7.52 和图 7.53 所示。图中拉为正，压为负，水平虚线表示混凝土抗拉（1.1MPa）及抗压强度（−9.6MPa）设计值，下同。

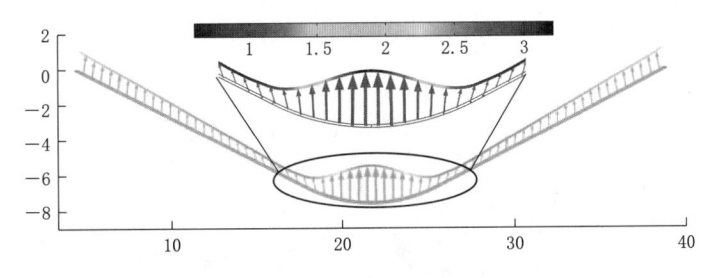

图 7.52 衬砌法向冻胀变形（放大系数 65）

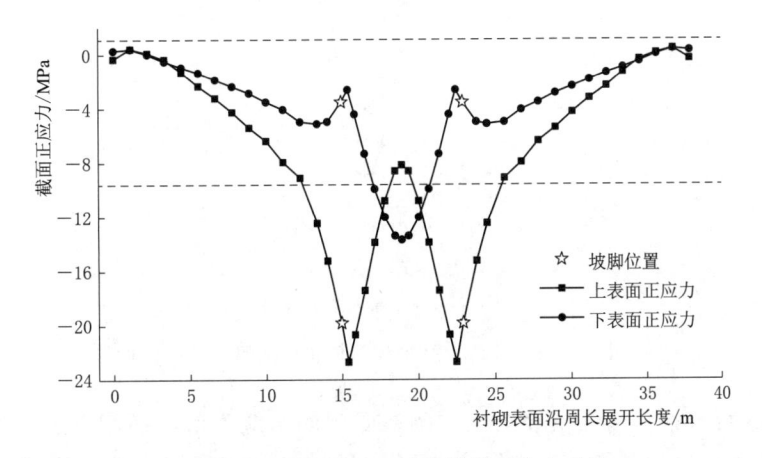

图 7.53 衬砌板截面正应力沿渠周分布曲线

由图 7.52 可知，衬砌板在渠基土冻胀变形作用下，呈现出弧底局部向上隆起，坡脚受挤压约束明显，下半段坡板向上挤压，渠口内缩，衬砌整体上抬的变形趋势。由图 7.53 可知，在冻胀力作用下，弧底段的拱效应使其整体以受压为主，现浇一体化边坡衬

砌板在坡脚附近上表面挤压应力值最大。其中，上、下表面压应力极值分别出现在坡脚附近（23MPa）和弧底中心（14MPa），均大于混凝土强度设计值，易出现挤压破坏，同时，渠顶衬砌板下表面产生的拉应力可能会产生拉裂破坏。

结合《水工建筑物抗冰冻设计规范》（GB/T 50662—2011），以纵缝宽度 1cm 为例，在应力值较大位置处（弧底中心、坡脚、1/4 坡板位置）设缝，衬砌板正应力分布如图 7.54 所示。纵缝位置除弧底中心外，其余均为渠道衬砌板左右对称设缝。

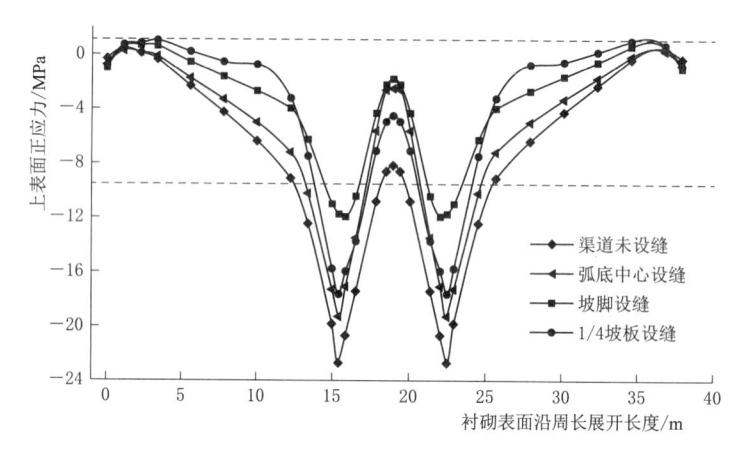

(a) 衬砌上表面正应力分布

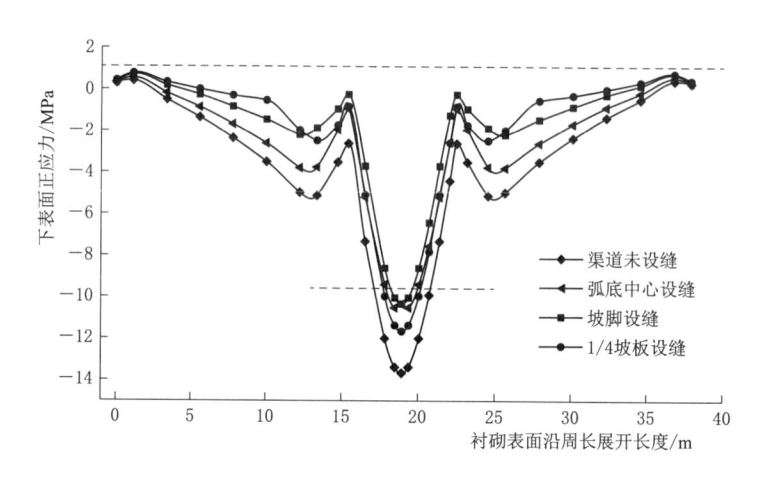

(b) 衬砌下表面正应力分布

图 7.54　不同纵缝位置衬砌板截面正应力沿渠周分布曲线

由图 7.54 可知，纵缝可显著减少衬砌板受到的压应力值，逐渐靠近强度安全区域，拉压应力极值差减少，自身受力均匀化。但会导致上半段坡板拉应力区增大，尤其是上表面拉应力值较大。坡脚设缝可最大程度地减少压应力极值，削减衬砌板应力达 47.6%，效果最好；随着纵缝位置远离坡脚，上下表面压应力极值逐渐增加，远离强度指标。

从弧底中心开始，向渠顶方向移动设置纵缝，其上下表面平均正应力分布均匀度如图 7.55 所示。由图 7.55 可知，衬砌板设缝均可提高正应力分布均匀度，防冻胀效果较好。

7.4 新型自适应防冻胀衬砌结构——"适膜""适变""适缝"断面

纵缝位置从弧底中心向渠顶移动时，正应力分布均匀度逐渐增加，至坡脚位置时，正应力分布均匀度最大，为33.7%；而后均匀度逐渐降低，至3/4坡板位置时，基本无变化。

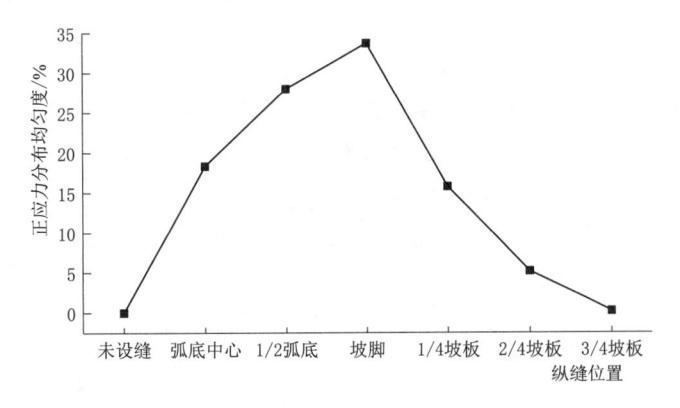

图7.55 正应力分布均匀度随纵缝位置变化曲线

综合衬砌板正应力分布均匀度及其正应力分布可知，坡脚设缝防冻胀效果最好，随着纵缝位置从坡脚向渠顶方向或从坡脚向弧底中心移动时，削减冻胀效果逐渐降低，但需注意设缝所导致的较大拉应力值问题。

7.4.3.4 纵缝宽度削减渠道冻胀分析

选取衬砌板的典型位置设缝，即弧底中心、坡脚、1/4坡板位置处，取纵缝宽度为1~3cm，衬砌板上下表面平均正应力分布均匀度如图7.56所示。正应力分布均匀度随纵缝宽度的增加而逐渐增加，坡脚纵缝宽度达1.5cm，弧底中心纵缝宽度达2.5cm后，基本趋于平稳。而坡板纵缝宽度对正应力分布均匀度影响很小，宽度1cm即可满足要求。坡脚设缝正应力分布均匀度最高，为46.4%，而坡板设缝最低，为16.8%。对上述不同纵缝宽度衬砌板表面最大拉应力、压应力值进行分析，如图7.57所示。

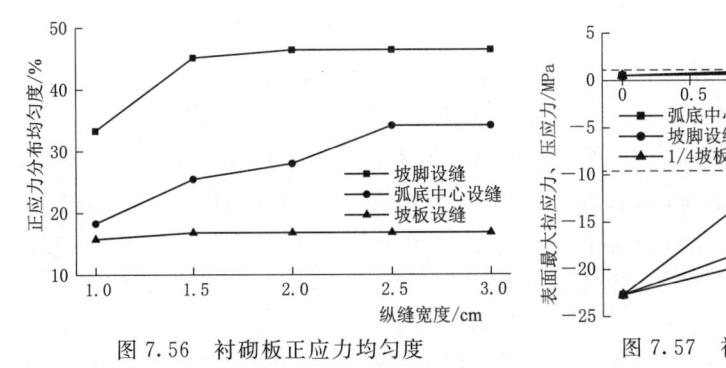

图7.56 衬砌板正应力均匀度随纵缝宽变化

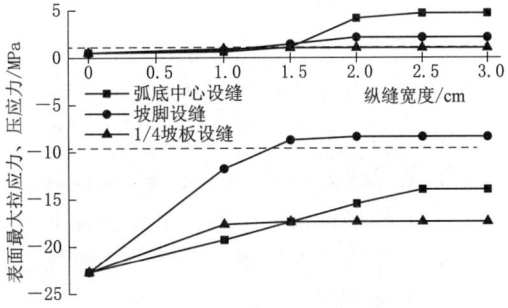

图7.57 衬砌板表面最大拉应力、压应力随纵缝宽度变化

由图7.57可知，单独设缝时不论何处设缝，随着纵缝宽度的增加，衬砌板最大压应力值均随之减少，而最大拉应力却缓慢增大。坡脚纵缝宽度大于1.5cm时，虽然局部拉应力较大，但最大拉应力、压应力最靠近衬砌板强度安全区域；弧底中心和坡板设缝都偏离强度安全区域较远。

综合正应力分布均匀度及其正应力分布可知，单独设缝时坡脚设缝削减冻胀效果最好，而后为弧底中心或坡板位置。但缝宽选择需慎重，尤其是弧底中心设缝，以减少额外的拉裂破坏。

7.4.3.5 纵缝个数及其组合削减冻胀效果分析

不同纵缝位置处吸收衬砌板挤压变形值决定了衬砌板的受力状态，对削减冻胀效果影响较大。本节拟采用组合设缝方式，纵缝位置组合：弧底+坡脚，弧底+坡板，坡脚+坡板，弧底+坡脚+坡板，组合中每种纵缝的宽度皆一致。结合上文结果，以弧底中心代表弧底设缝位置，1/4坡板代表坡板设缝位置，纵缝宽度拟分别取 1.0cm、1.5cm、2cm，其正应力分布均匀度及最大拉应力、压应力值见表 7.22。

表 7.22   正应力分布均匀度 S 及最大拉应力、压应力值

组合方式	宽度/cm	S/%	最大拉应力/MPa	最大压应力/MPa
弧底+坡脚	1.0	42.43	4.28	8.29
	1.5	52.54	5.11	5.84
	2.0	53.09	5.18	5.75
弧底+坡板	1.0	30.91	1.33	14.74
	1.5	31.34	3.85	13.52
	2.0	34.54	4.49	12.74
坡脚+坡板	1.0	40.02	1.46	9.47
	1.5	46.08	2.01	8.45
	2.0	45.88	2.21	8.35
弧底+坡脚+坡板	1.0	45.80	4.37	7.24
	1.5	52.50	5.08	5.86
	2.0	52.93	5.19	5.76

由表 7.22 可知，相比于单独设置等宽度纵缝情况下，组合设缝均能进一步减少衬砌板受到的压应力值，应力分布均匀化，削减冻胀效果增加。

随着组合纵缝的总宽度增大，压应力极值削减幅度逐步增加，正应力分布均匀度及拉应力极值呈增大趋势。结合表 7.22 可知，弧底+坡脚组合设缝正应力分布均匀度最大，但局部位置拉应力值过大；坡脚+坡板组合设缝次之，二者正应力分布均匀度相近，且最大拉应力值较小；弧底+坡板组合设缝下衬砌板的应力分布均匀度最小，且在纵缝宽度较大时，拉应力值过大。相较于两种纵缝位置组合设缝，弧底+坡脚+坡板组合设缝下正应力分布均匀度及拉、压应力值变化不大，效果并不显著。

综合正应力分布均匀度及强度指标，坡脚+坡板组合设缝最优，在具体应用时，应在满足混凝土强度指标的基础上保证应力分布均匀度最大，即为纵缝最优布置方式。

7.4.3.6 "适缝"防冻胀措施工程应用

基于上述分析结果，对上述新疆某大型供水渠道的最优纵缝布置形式进行计算。由图 7.54 和图 7.55 可知，单独设缝无法使衬砌板应力满足强度要求。由表 7.22 可知，坡脚+坡板组合设缝可使压应力满足要求，且拉应力超强度值不大。经过计算，得出纵缝最优

布置方式：坡脚＋1/4坡板＋3/4坡板组合设缝，缝宽皆为1.0cm，此时衬砌板截面拉应力为0.57MPa，压应力为9.47MPa，冻胀应力削减50%以上，应力分布均匀度最大为43.8%，满足两级指标要求。

7.5 寒区渠道的阴阳坡效应研究

太阳辐射是地表热量的主要来源，因渠道走向、结构形式、所处位置等原因使渠道两侧边坡吸收的太阳辐射量存在差异，在阴坡和阳坡产生了非对称的温度、水分传输过程和冻土冻胀变形，此为阴阳坡效应。更重要的是，冻土上覆渠道结构亦会产生差异性冻胀破坏，阴阳坡效应显著，威胁渠道工程安全运行。如南水北调中线京石段的总干渠建成初期，左边坡（阳面）损坏涉及长度2545m，而右边坡（阴面）损坏长度为8138m，阴坡破坏范围及程度远大于阳坡；陕西省冯家山水库总干退水渠、新疆阜康灌区等东西走向渠道阴坡的冻深和冻胀变形均大于阳坡。太阳辐射是引发渠道温度传递、水分迁移和冰水相变等水-热-力耦合冻胀和阴阳坡效应的驱动力，研究太阳辐射作用下渠道阴阳坡温度场和水分场的传输过程及对应的应力变形场变化规律，对认识渠道两侧温度和水分的环境改变、差异性冻胀破坏和充分利用太阳能资源进行渠道防冻胀设计至关重要。

本节在7.3节渠道水热力耦合冻胀模型基础上，采用4.1节太阳热辐射模型来考虑渠道衬砌的温度边界（对流换热边界和太阳热辐射边界），建立考虑太阳辐射作用的寒区渠道水-热-力耦合计算模型。其中力学场考虑冻土的横观各向同性冻胀变形，ξ取0.9，采用摩尔库伦塑性破坏准则。

有限元模型与参数选取结合4.1.2节和7.3.1节确定，在此不再赘述。

7.5.1 阴阳坡温度场分布

因太阳辐射和渠道阴阳坡遮蔽作用而引起的阴影分布和衬砌表面温度变化见4.1.2节，下面重点介绍衬砌表面的热量传入冻土中引起的基土温度场分布。以阴、阳坡2/3设计水位点为例，将0℃等温线作为冻深判别依据，如图7.58所示。

因昼夜温差及太阳辐射作用，冻结前期阴、阳坡呈现出"夜冻昼消"的现象。由图7.58可知，冻深随负积温的累积而逐渐向下发展，"夜冻昼消"现象逐渐消失，其中阴坡于11月25日消失，阳坡于12月10日消失，二者前后差异15d。结合图4.5，至1月10日最低温时刻，冻深并未发展至最大，后期虽存在大幅度升温现象，但并未达到冻土的融化温度，冻深依然向下发展；至3月16日，冻深最大，为135cm；随着温度的继续升高，阳坡于3月17日开始融化，阴坡于3月18日开始融化，二者前后差异1d。外加太阳辐射作用，使得基土的融化速率远大于冻结速率，至监测期的最后一天3月28日，阴、阳坡基土表面分别融化40cm和49cm，冻深分别为97cm和66cm，差异明显。

为进一步分析太阳辐射作用下的基土温度场分布规律，取最大冻深时刻，如图7.59所示。

由图7.59可知，阴坡温度明显低于阳坡，温度场呈不对称分布；基土温度随外界气温（−8℃）变化存在滞后性，冻深以上温度变化剧烈，以下则较为缓慢。结合冻深监测结果可知，数值结果略小，最大差异为22cm，主要原因在于太阳辐射模型未考虑阴天、降水对太阳光的阻挡所致。但反映出的冻深分布规律与监测结果分布规律基本一致，表明本文模型可较好的模拟太阳辐射作用下的基土温度场分布规律。

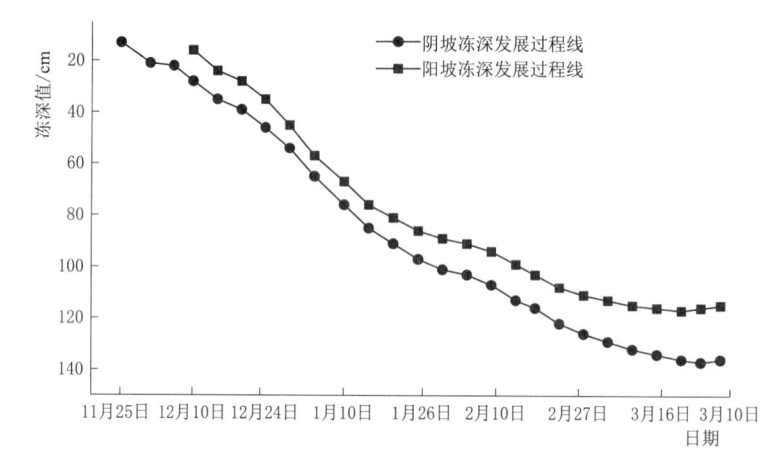

图 7.58　阴、阳坡冻深发展过程线

注：左下为冻结曲线，右上为融化曲线，起始点为稳定冻结和融化开始时间，差值为冻深。

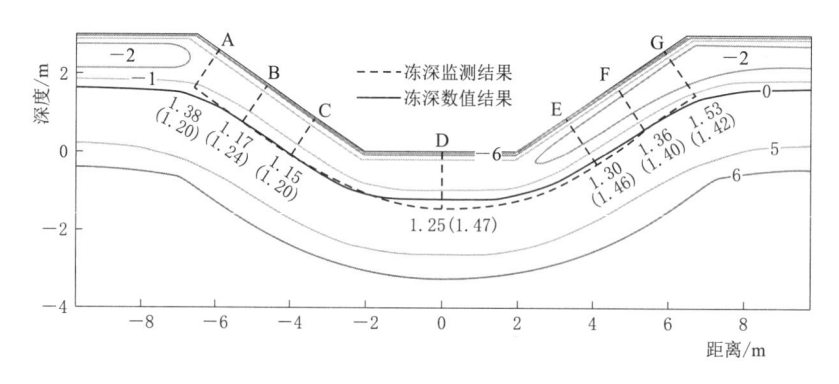

图 7.59　3月16日渠道温度场分布曲线

7.5.2　阴阳坡水分场分布

取11月5日（初始时刻）和1月20日（监测时刻）阳坡、渠底及阴坡的测点A、B、D、F、G的总含水率沿基土深度分布结果，如图7.60所示。

由图7.60可知，相比于初始时刻，冻结区域内因外界负积温作用而使未冻区内的水分逐渐向上迁移，水分集聚现象明显。由数值结果可知，因太阳辐射和昼夜温度的叠加作用，冻土内存在多个水分集聚位置，而非只发生在冻结锋面处；阳坡、渠底及阴坡水分的集聚个数、位置及深度均不同，呈现出阴坡含水量最多而阳坡最少的分布规律。对比监测结果可知，因现场选取局部点来烘干，仅能反映出水分运移规律，并不能严格反映出含水量最高点或冻结锋面位置，但在冻深范围内呈现阴坡、渠底总含水量高而阳坡较少的分布

7.5 寒区渠道的阴阳坡效应研究

规律，与数值结果一致。然数值解的表层含水量偏高，80~100cm 深度处偏低，可能与未考虑阴天、蒸发等因素及现场局部地质引起的初始含水偏高所致；但其他位置点的含水量吻合度较高，满足工程要求，即此模型可模拟太阳辐射下的水分迁移、冻结相变等特征。

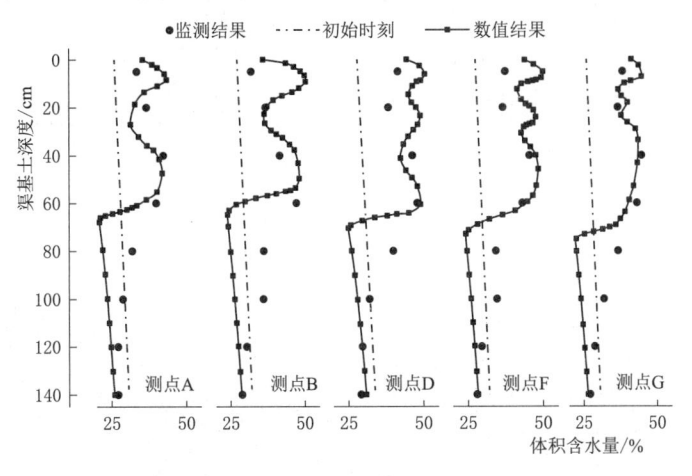

图 7.60　关键点渠基土体积含水率分布曲线

为进一步分析不对称的冰、水含量分布，取最大冻深时刻（3月16日）和最大融深时刻（3月28日）的水分场结果，如图 7.61 和图 7.62 所示。

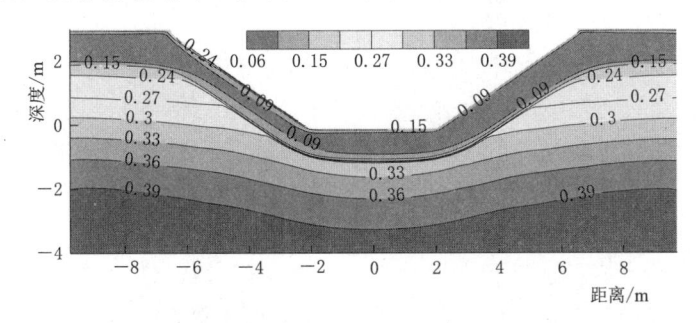

（a）渠道未冻水含量

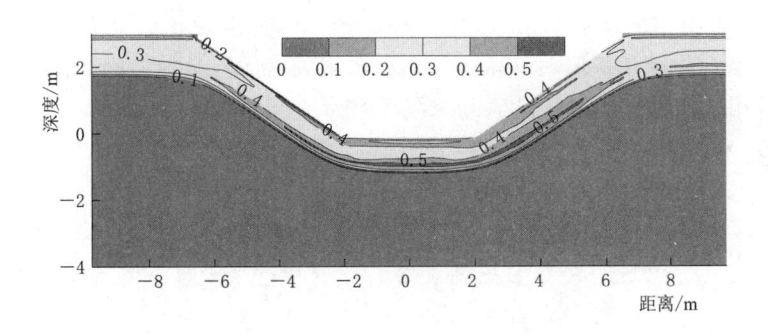

（b）渠道冰含量

图 7.61　3月16日渠道水分场分布图

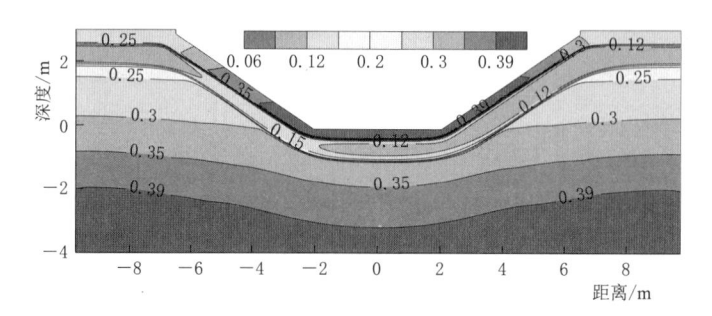

(a) 渠道未冻水含量

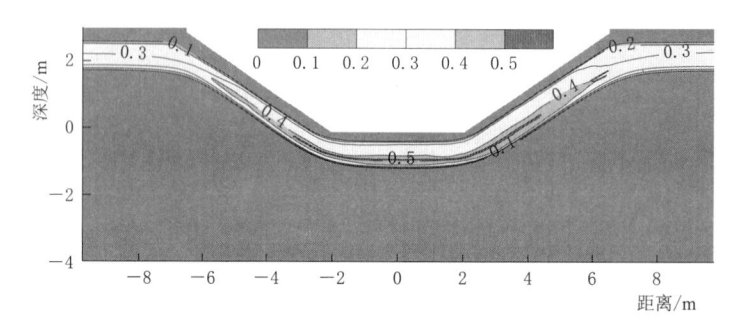

(b) 渠道冰含量

图 7.62 3月28日渠道水分场分布图

由图 7.61 可知，冻结区域内的未冻水含量随温度降低而逐渐减少，最低为 0.06，接近于基土的残余含水量；而相应位置的结冰量逐渐增加，冰含量呈条带状分布，与基土冻深发展相呼应（图 7.58）；因冻结初期基土表层常处于冻融循环状态，在多次温度抽吸力下表层冰含量较大；冰、水总含量最大为 0.6，已远大于基土的孔隙率，将发生严重的冻胀变形。

3月16日表层基土出现局部融化现象，含水量增加而冰含量减少。随着外界温度的逐渐升高，冻结层内冰透镜体开始从两端发生双向融化，局部区域形成过量孔隙水，随着时间推移，孔隙水逐渐扩散，形成随深度增加含水量逐渐增大的分布规律 [图 7.62（a）]，因冻结区域内冰含量的阻水作用，使含水量较初始时刻明显增大。对比图 7.61（b）和图 7.62（b）可知，冻深范围外冰透镜体全部融化，且冻深线附近因温度升高至其融化温度，使冰含量值明显减少，而冻深范围内的其余区域因热流传输密度少和冻深线附近的冰融化吸热，从而使冰含量未发生较大变化。

由图 7.61 和图 7.62 亦可发现，因太阳辐射和阴坡遮蔽而产生的热边界差异产生了明显的不对称水分场分布，阴坡总含水量明显大于阳坡。首先，阴阳坡的冻深差异特征形成了阴坡冰透镜体总体厚度较阳坡大的现象；其次，阴阳坡的热边界差异使阴坡含冰量大于阳坡含冰量。最后，因阳面接受太阳辐射多，温升快，从而使阳坡融化速度明显大于阴坡，冰含量快速减少。

7.5.3 阴阳坡衬砌板应力变形情况

由上节可知，阴坡、阳坡局部位置总含水量大于孔隙率，将会产生差异性冻胀变形，

7.5 寒区渠道的阴阳坡效应研究

选取多个时刻下衬砌板的法向冻胀变形沿渠周分布曲线，如图7.63所示。

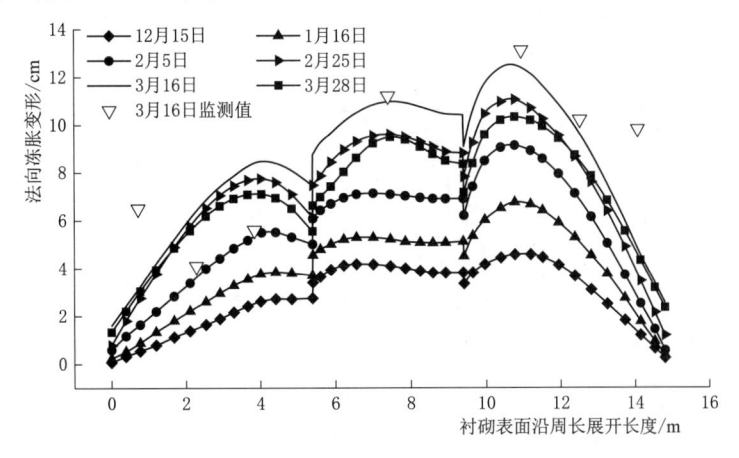

图7.63 衬砌板法向冻胀变形沿渠周分布曲线

注：坡板与底板相交位置法向方向存在差异，但变形量相同，以虚线连接过渡

由图7.63可知，梯形渠道衬砌因基土冻胀作用，呈现出渠底向上隆起，坡脚受挤压明显，两坡板向渠内凸起，衬砌整体上抬的变形趋势。渠底衬砌板在偏阳坡处的法向冻胀量最大，阴、阳坡板约在1/4～1/3坡长位置处最大。在因太阳辐射而产生的差异冻胀力作用下，衬砌冻胀变形量由阴坡、渠底至阳坡依次递减，阴、阳坡板冻胀变形差异明显，整体与基土内冻深发展、水分分布规律一致，即渠道水热分布的不对称、不同步特征导致了阴、阳坡板不对称的变形分布。

由图7.63亦可知，随着冻结时间的发展，衬砌板法向冻胀变形均逐渐增大，至3月16日时，冻胀量最大，阳坡、渠底和阴坡最大分别为8.47cm、10.97cm、12.48cm，与现场监测值基本吻合，且衬砌板的整体变形趋势与监测值分布规律基本一致。

为进一步分析衬砌板在冻结过程中的应力分布情况，以0°工况为例，选取重点时刻下衬砌板上、下表面的正应力沿渠周分布结果，如图7.64所示。

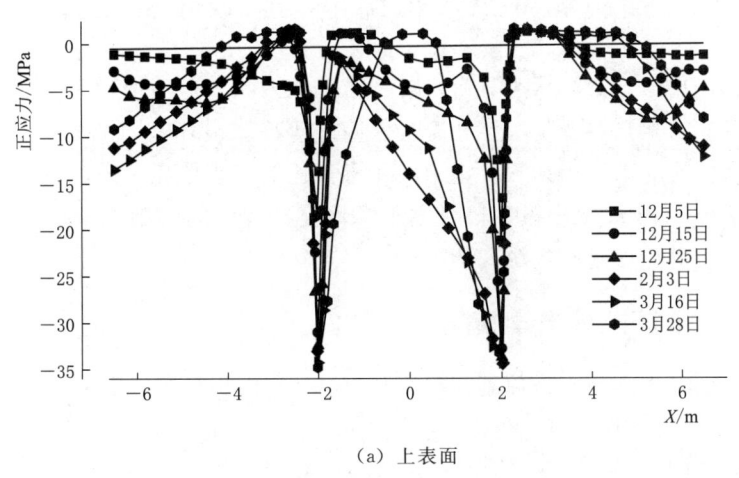

(a) 上表面

图7.64（一） 0°走向衬砌板表面正应力值

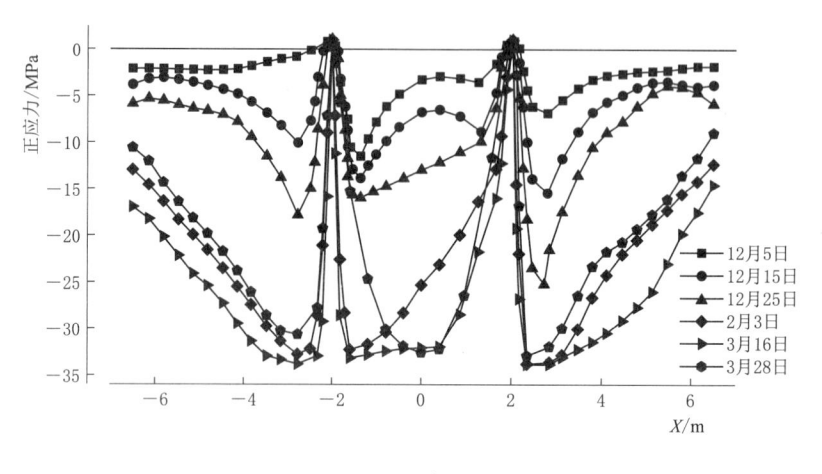

(b) 下表面

图 7.64（二） 0°走向衬砌板表面正应力值

由图 7.64 可知，因基土的冻胀作用，阴、阳坡衬砌板在变形最大位置附近呈现出上表面受拉而下表面受压的应力状态，上半部坡板整体以受压为主；因坡脚受挤压严重，其上表面受压而下表面受拉；渠底因阴、阳坡板的顶推作用而使其在靠近阳坡位置处受拉或压应力值最小，其整体以受压为主。在差异性冻胀力作用下，阴坡板的拉应力区明显大于阳坡，且阴坡衬砌板拉应力区与坡脚附近已发生塑性破坏。

由图 7.64 亦可知，12 月 5 日初始冻结期，阴坡上表面和渠底上表面先产生拉应力区，而阳坡无拉应力区存在。随着冻结时间的发展，阳坡上表面发生冻胀并出现拉应力区，随同阴坡上表面的拉应力区逐渐增大，而渠底上表面拉应力区逐渐消失；两坡板与坡脚位置受压区的压应力值逐渐增大；3 月 16 日后的融化阶段，渠底中心出现拉应力区，压应力区的数值减小。

7.6 高地下水位预制混凝土衬砌渠道冻胀破坏特性研究

预制混凝土衬砌渠道，常被认为具有良好的抗冻胀效果，但当设计不合理时，渠道边坡会出现衬砌板隆起、架空、错位、互相穿插、重叠等冻胀破坏（图 7.65），严重影响渠道的运行安全和降低有效水利用系数。本节以景泰灌区为工程依托，采用 6.3 节水热力耦合模型和 6.4 节衬砌-基土接触面模型，对主干渠修复工程中的预制混凝土衬砌梯形渠道进行分析和讨论，着重探讨衬砌板块间的冻胀变形规律。

7.6.1 预制混凝土板接缝数学模型

实际渠道，缝宽设为 2cm，与预制板单张长度 80cm 要小得多，而采用 6.4 节接触模型进行模拟。接触单元法向（与预制板厚度方向垂直）与切向（垂直于预制板所在平面）刚度满足如下方程，即

$$k_{n,\text{joint}} = \text{if}[\delta_n < 0, E_{\text{M5}}, \text{if}(\delta_n > \delta_{n,\text{critical}} \parallel \delta_\tau > \delta_{\tau,\text{critical}}, E_{\text{M5}}/100, E_{\text{M5}})] \quad (7.11)$$

$$k_{\tau,\text{joint}} = \text{if}(\delta_n > \delta_{n,\text{critical}} \| \delta_\tau > \delta_{\tau,\text{critical}}, G_{M5}/100, G_{M5}) \quad (7.12)$$

式中：E_{M5}、G_{M5} 分别表示接缝材料（M5 砂浆）的弹性模量和剪切模量；δ_n、δ_τ 分别表示沿法向和切向接缝的变形量；$\delta_{n,\text{critical}}$、$\delta_{\tau,\text{critical}}$ 分别表示沿法向和切向的临界破坏长度。据设计报告，填缝材料为 M5 砂浆，其抗压强度 5MPa、抗拉强度 0.5MPa、抗剪强度 2.5MPa；弹性模量与泊松比分别为 10MPa、0.20。故当不考虑缝体材料泊松比的影响时，已知板厚和缝宽分别为 6cm 和 2cm，可以得到破坏临界拉伸长度为 0.1cm，破坏临界剪切长度为 3.6cm。

(a) 滑塌　　　　　　　　　　(b) 混凝土隆起

图 7.65　景泰灌区渠道典型破坏形式

上述二式表明，当土体发生剪切或拉伸破坏时，相应对缝体材料的弹性模量和泊松比折减 100 倍；而又因缝体材料的破坏不会影响预制板之间的挤压作用，因此式（7.11）中，保留当 $\delta_n < 0$ 时取材料弹性模量这一选项。

7.6.2　有限元模型与参数选取

1. 有限元模型

衬砌渠道底板宽度 2.9m、渠深为 4m、坡比为 1.5。取模型右边界为渠道顶宽的 1.5~2.0 倍，自渠床起向下取 15m 作为模型下边界。渠坡预制混凝土共设有 9 块，渠床为 3 块。不考虑阴阳坡的影响，根据对称性取渠道一半进行建模，且坐标系原点设置在渠中衬砌底部，如图 7.66 所示。

有限元模型整体采用映射网格划分，并考虑温度在埋深 0.5m 范围内为温度变化波动剧烈、水分迁移及冻胀作用明显，故对上边界附近及衬砌周边进行了网格加密。最终模型共划分网格 1231 个。

2. 边界条件

根据景泰灌区气象站的多年月平均温度资料，以 7 月 1 日为初始温度点，拟合得到灌区环境温度随月变化的三角函数曲线为

$$T_{\text{amb}} = 8.2 + 14.73\sin\left[\frac{\pi}{6}(t-4)\right] \quad (7.13)$$

式中：t 为时间。月底部边界为恒温 Direchlet 边界，并取灌区年平均温度 8.2℃；上边界

与大气设为 Neumann 边界,并区分混凝土与地表土分别取对流换热系数为 65.31W/(m²·K)、61.62W/(m²·K);左右两边界设为绝热边界,及热通量 $-\boldsymbol{n}\cdot\nabla T=0$。

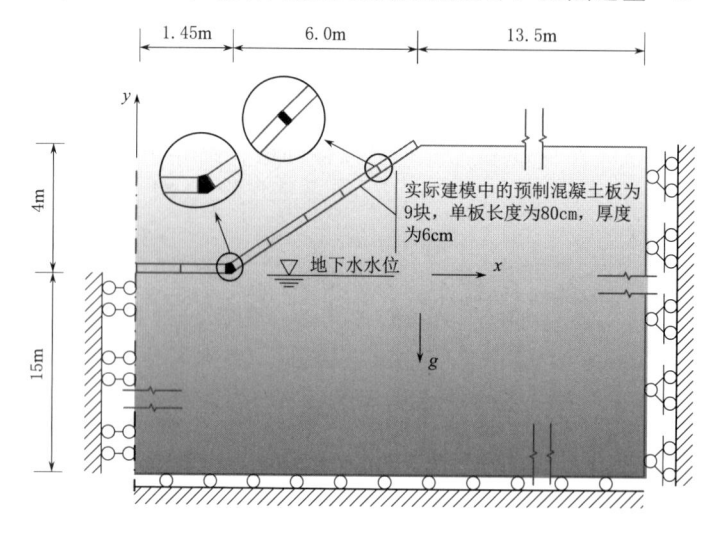

(a) 主要边界条件及接缝

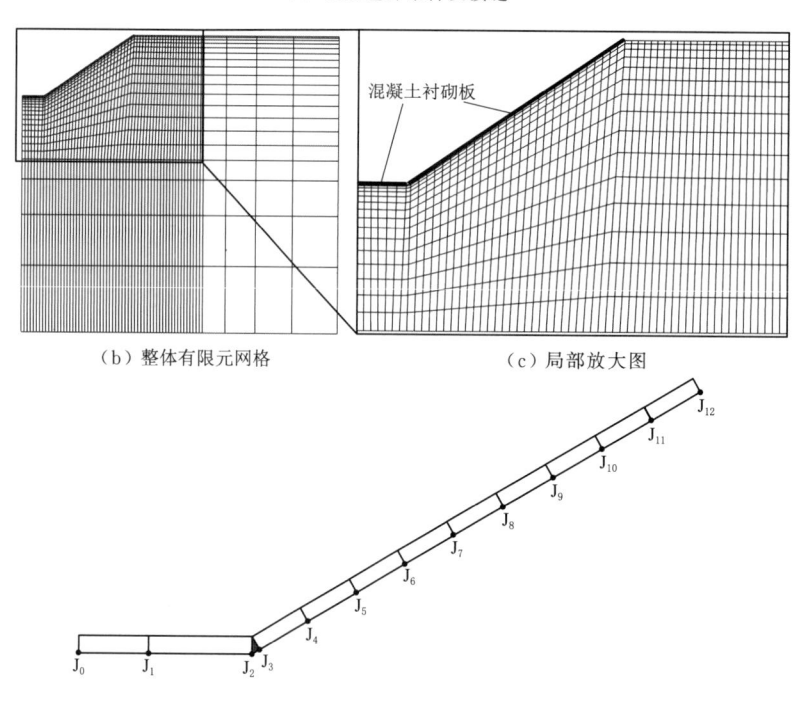

(b) 整体有限元网格

(c) 局部放大图

(d) 衬砌板接缝编号

图 7.66 景泰灌区渠道有限元建模

该渠道已修建多年,基土温度基本达到吞吐平衡,因此以年周期平衡温度场作为计算的初始温度场。而后以上述外界温度计算基土的温度场变化。

根据实测资料,年平均地下水位与渠床持平,即模型下边界设水头边界为 $h=15\text{m}$,

7.6 高地下水位预制混凝土衬砌渠道冻胀破坏特性研究

且不考虑年内变化。

模型左边界（包括渠中衬砌板）设对称约束；右边界设水平向约束，下边界设固定铰约束，如图7.66（c）所示。为尽可能消除渠床与渠坡交接处的应力集中，对此进行半径为1/5预制板长度的圆弧倒角，且假设倒角体与渠基土固结，其左右两侧通过弹性薄层单元与渠床、渠坡衬砌板连接。重力方向指向 y 轴负方向。

3. 基本参数

选取的基本参数见表7.23。

表7.23　　　　　　　　　景泰灌区渠道冻胀分析参数

变量名	取值	单位	描述
ρ_i	931	kg/m³	冰密度
ρ_w	1000	kg/m³	水密度
ρ_p	2700	kg/m³	土颗粒密度
g	9.81	m/s²	重力加速度
T_0	273.15	K	纯水常压下冻结温度
L_f	3.34×10^5	J/kg	水-冰相变潜热
h_c	28	W/(m²·K)	地表与大气的对流换热系数
C_p	2×10^6	J/(m³·K)	土样颗粒体积比热容
C_w	4.2×10^6	J/(m³·K)	纯水体积比热容
C_a	1.2×10^3	J/(m³·K)	空气体积比热容
C_i	1.935×10^6	J/(m³·K)	冰体积比热容
λ_p	4.5	W/(m·K)	土颗粒导热系数
λ_w	0.552	W/(m·K)	纯水导热系数
λ_i	2.22	W/(m·K)	冰导热系数
λ_a	0.0243	W/(m·K)	常温常压下空气导热系数
g_p	0.125	1	土颗粒形状系数
θ_r	0.05	1	土样残余体积含水率
n 或 θ_s	0.41	1	土样孔隙率或饱和体积含水率
k_s	0.5×10^{-8}	m/s	土样饱和渗透系数
α	1.5	1	土样土-水特征曲线试验参数
m	0.31	1	土样土-水特征曲线试验参数
E_s	50	MPa	土体常温下的弹性模量
ν_s	0.4	1	土体常温下的泊松比
ν_i	0.33	1	冰泊松比

7.6.3 温度场分析

以渠中竖直方向的冻土区随时间变化为例，如图 7.67 所示。渠床自 11 月起开始出现负温，且冻深发展迅速；受地下水迁移、水冰相变潜热的影响，至次年 1 月后，冻深略有波动，但基本稳定；且在次年 2 月冻深发展至最大值 -66.8cm。之后 3 月起，大气温度上升，地表浅层冻土开始融化，其融化的速率与 11 月的冻结速率基本一致。直至 4 月中旬，上下 0°C 等温线交于地表下 55cm 处。

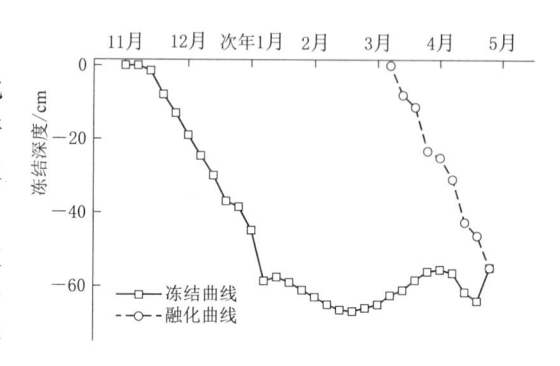

图 7.67 渠床年内冻融过程曲线

7.6.4 水分场分析

总体积含水量（未冻水体积含量＋冰体积含量）整体分布如图 7.68 所示。受地下水

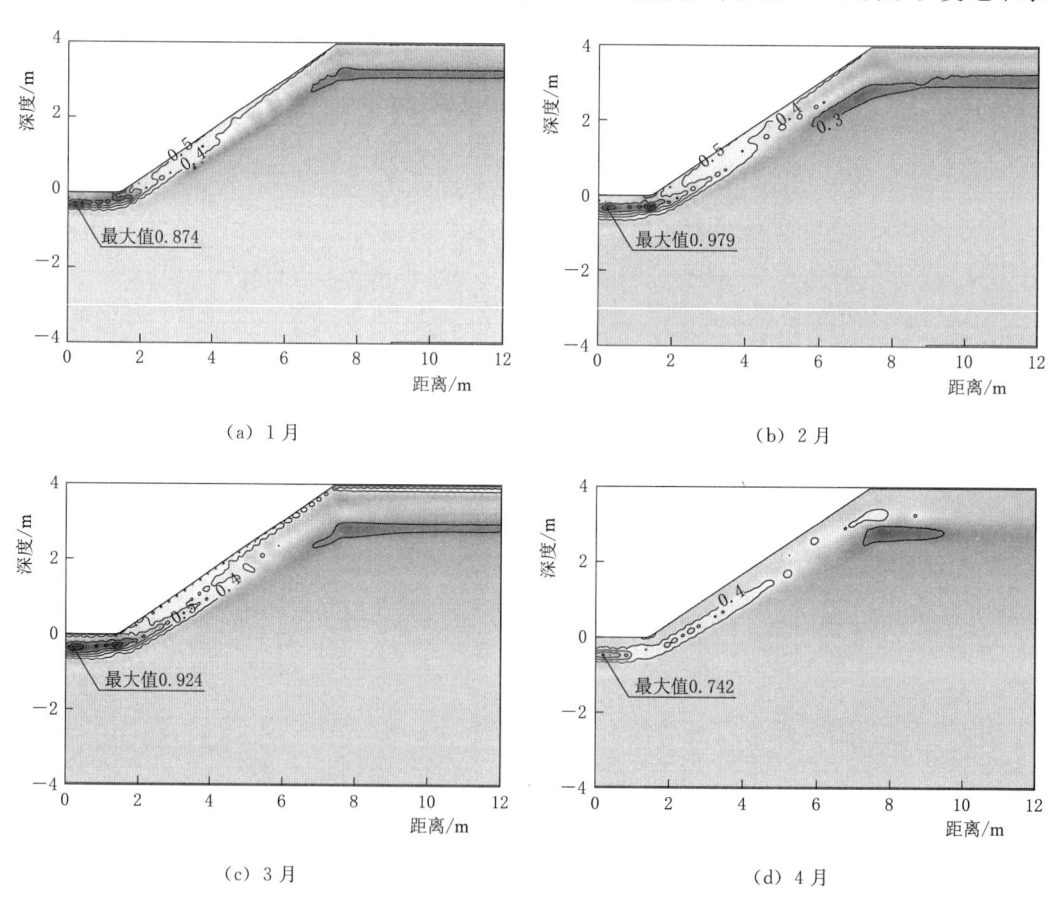

(a) 1 月

(b) 2 月

(c) 3 月

(d) 4 月

图 7.68 总含水量分布云图

7.6 高地下水位预制混凝土衬砌渠道冻胀破坏特性研究

补给的程度不同，整体呈现渠床大、渠坡小的分布规律。上半渠坡与地表埋深约 50cm 处出现由于补水不足而局部脱水现象。

以渠床中央竖直方向的总含水量分布为例进行分析，如图 7.69 所示。随着冻深的推进，总含水量沿深度方向稳定发展。受冰晶体的阻水作用，已冻区的总含水量基本不再变化，总含水量的增加主要发生在冻结锋面附近。不同时刻已冻区的总含水量近似与冻深呈线性变化，且在冻结锋面（0℃等温线）后 20cm 左右出现最大值；所选断面的最大总含水量出现在次年 3 月，为 0.78，埋深 −50cm。

另外，从图 7.67 中可以看出，渠基冻土的融化过程主要体现为，冻土区的活动层下限在融化过程中基本保持不变，且受上部冰-水融化向深度方向的补给，其总含水量变化较上覆土体缓慢。

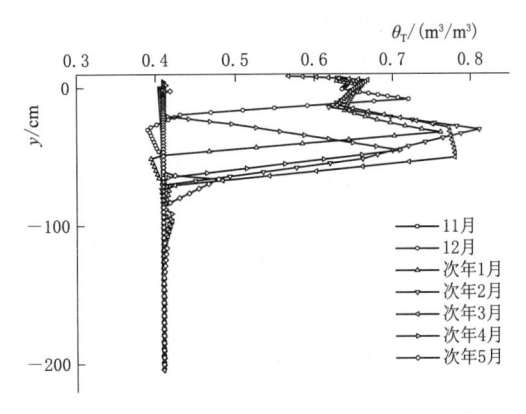

图 7.69 渠床中央总体积含水量（未冻水体积含量＋冰体积含量）分布图

7.6.5 衬砌板法向冻胀和接缝变形分析

分别对渠床及渠坡沿周长方向展开，得到衬砌的法向冻胀分布，如图 7.70 所示。整体上渠底板的法向冻胀量远远大于渠坡板的冻胀量。渠底板最大法向冻胀量为 8.64cm，出现在中央渠床板与坡脚渠床板的接缝 J_1 处；而渠坡板的最大法向冻胀量为 2.37cm，出现在 1/3 渠深的接缝 J_9 处。由于混凝土的刚度远大于接缝材料的刚度，衬砌板法向表现为带突变的多段线形。

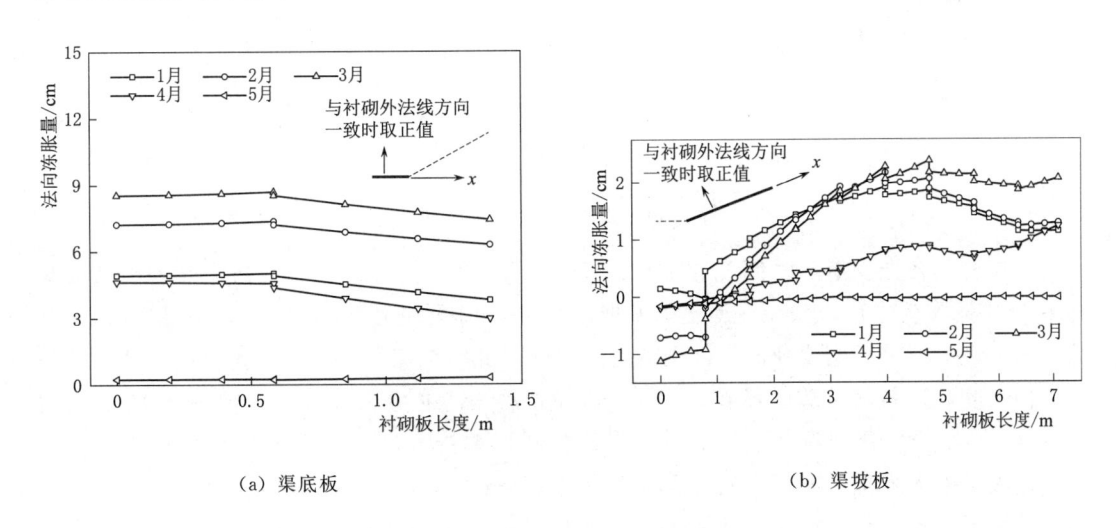

(a) 渠底板

(b) 渠坡板

图 7.70 衬砌板法向冻胀量

从图 7.70（a）可知，渠底的中央坡板在冻胀融沉过程中基本保持水平状。而与渠坡相连的底板，表现为左侧高，右侧低。渠底板58%的总冻胀量发生在环境温度降至负温的第一个月，即1月；2月冻胀量虽有所增长，但冻胀增长速率明显小于1月，当月冻胀量为总冻胀量的27%。结合上文的冻深及总含水量的分析结果可知，冻胀量增长速率降低的主要是因为冻结锋面的推进基本稳定，加之已冻区的渗透系数减少，导致冻胀量的增长速率降低。同时，从本章的结冰速率表达式也可推断，结冰速率与温度变化速率 dT/dt 及基质势变化速率 dh/dt 有关，当温度基本基本稳定时，$dT/dt \approx 0$，将大大降低冰晶体的形成速率，继而降低冻胀量的变化速率。当3月，虽然气温从年内最低温度开始回升，但由于土体的滞后效应，冻胀量仍有所发展，但仅占总冻胀量的15%。

从图7.70（b）可知，渠坡预制板的法向变形，整体上可近似为抛物线形，且峰值出现在2/3渠高处。与坡脚相连的预制板，冻胀初期虽出现少量正法向冻胀量，但随着渠床基土冻胀量的增大，渠坡底板受到由渠床冻胀变形而产生的水平冻胀力作用，导致坡板在2月、3月出现负法线方向的变形。结合子图7.70（a）可以发现，经过一个周期的冻融循环，由于冻土材料弹性模量及泊松比的改变，基土应力也发生了重分布，结果导致使得渠坡板有少量的负法向的变形，而渠床基土则产生少量的正法向变形。

由图7.70可知，次年的3月是渠道法向冻胀量最大的月份，于是对3月的预制板接缝变形做定性分析，如图7.71所示。受冻胀的均匀分布影响，预制板间接缝整体上可分为两部分：渠床至2/9渠高范围内，接缝均产生了张拉变形；而2/9渠高以上，预制板表现为相互挤压。

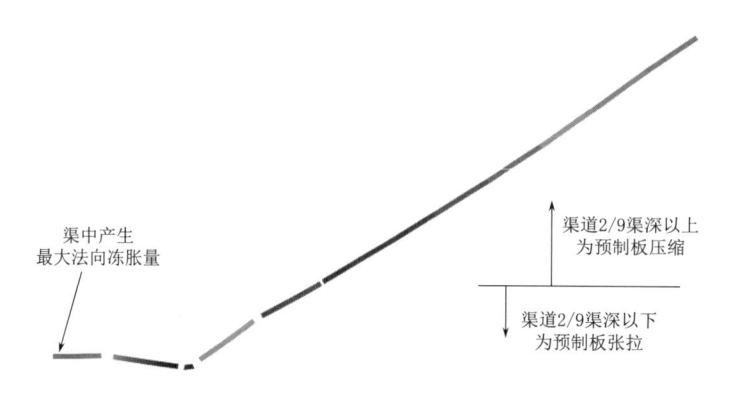

图7.71 次年3月衬砌板变形

各接缝的张拉变形随时间变化如图7.72所示。由图7.72（a）可知，渠床预制板接缝J_1在冻胀发生之后，张拉变形迅速发展，在12月中旬前便已超过1.0cm。根据之前有关板间弹性薄层单元刚度及破坏准则的定义可知，此时渠床两板之间张拉位移以达破坏临界拉伸长度，J_1材料接缝已经破坏；最大张拉位移发生在3月中旬，其值为2.16cm。而随着气温的回升，冻融沉降完毕后，渠床两预制板重新闭合。而与坡脚相连的接缝J_2虽没超过破坏临界张拉长度，但其最大值已达0.92cm。

而渠坡板各接缝张拉变形整体数值上较渠床接缝小，见图7.72（b）。从图7.72中可知，$J_6 \sim J_{11}$普遍处于压缩状态；而接缝$J_3 \sim J_5$都产生不同程度的张拉变形，且J_3、J_4同样超过破坏临界抗拉长度，最大张拉位移分别为1.32cm和1.35cm。

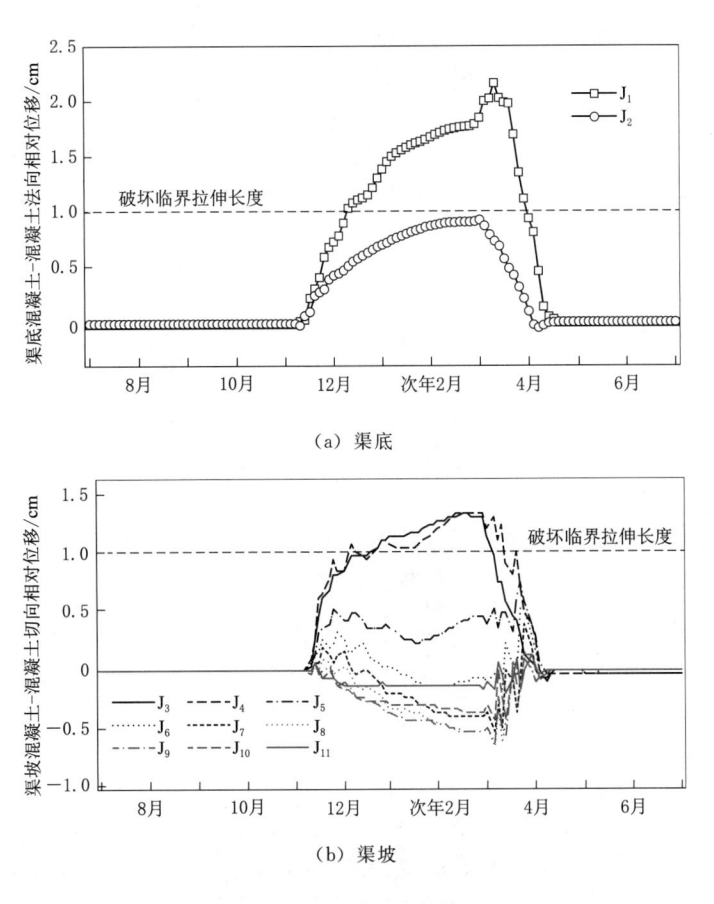

7.6 高地下水位预制混凝土衬砌渠道冻胀破坏特性研究

(a) 渠底

(b) 渠坡

图 7.72 接缝张拉位移

混凝土预制板间的剪切变形规律及正负号规定如图 7.73 所示。由图 7.73 可以看出，较大的剪切变形主要发生在渠床与坡脚，即接缝 $J_1 \sim J_3$；而其他接缝剪切变形比较均匀；且渠床和渠坡的最大值剪切变形分别为 0.28cm 和 0.25cm，远小于衬砌的厚度 6cm，初步推断渠道不会发生预制板错开冻害问题。

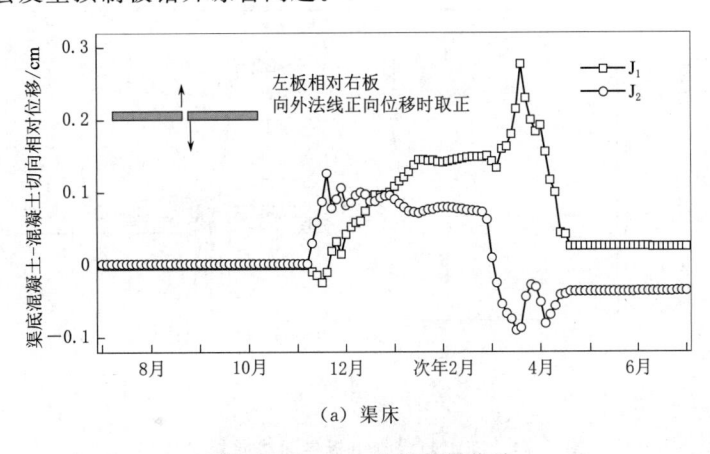

(a) 渠床

图 7.73（一） 接缝剪切位移

(b) 渠坡

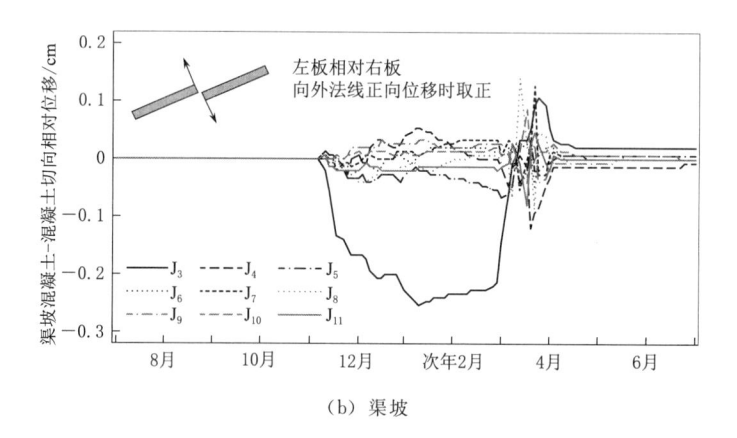

图 7.73（二） 接缝剪切位移

渠基土与混凝土预制板间接缝的法向变形情况如图 7.74 所示。从图 7.74 中可以看出，受冻结力的约束作用，不均匀冻胀及由相邻侧板的剪切力作用并未对预制板造成明显的脱空情况。

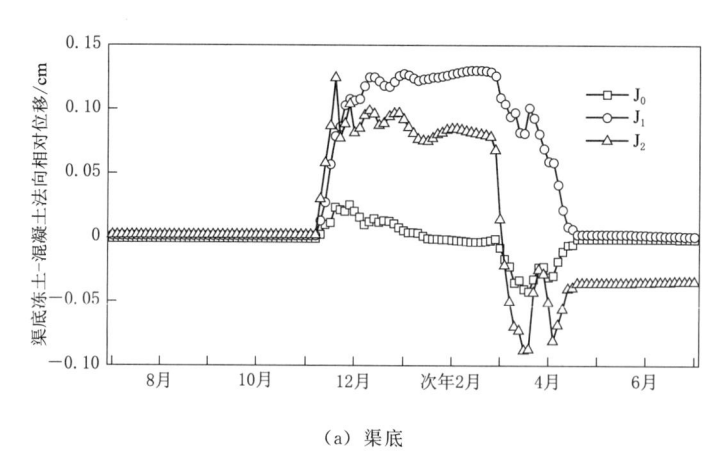

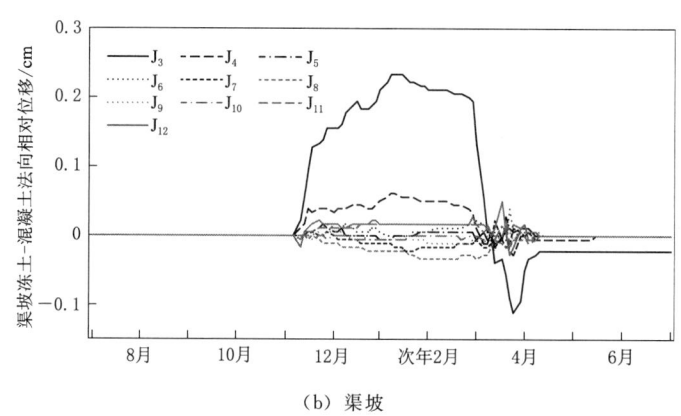

(a) 渠底

(b) 渠坡

图 7.74 冻土与混凝土板界面法向相对位移

由于模型建立时为了防止预制板的刚体位移导致求解不收敛，渠基土与预制板间的弹簧切向设置了与冻土剪切刚度相当的数值，即渠基土与预制板间基本处于变形协调，故此处不在展开分析。

7.7 本章小结

基于寒区渠道的冻融破坏机理，采用前序章节中提出的渠道热力学模型、热力耦合模型和水热力耦合等冻胀模型，从适应冻土变形的新型柔性或高强或框架的衬砌材料或结构、基土换填、保温板铺设及"适膜""适缝"和"适变"等新型衬砌结构分析了各防冻胀措施的防冻胀机理和削减冻胀效果。另外也进一步以工程中常见的阴阳坡效应和预制混凝土衬砌板为例分析了渠道的冻胀破坏特性。主要成果如下：

（1）聚合物涂层和沥青混凝土衬砌、复合土工膜和纳米混凝土复合衬砌结构及玻璃钢衬砌渠道因刚度小，适应冻土冻胀变形能力强，衬砌结构受到的法向冻胀力和切向冻胀力均减小。加之材料的抗力增强，抗冻胀效果显著。另外，高地下水位区修建以衬护构件为骨架，以块状充填材料为实体，以渠床滤料为保护层的刚柔耦合衬护结构，适应冻胀能力亦显著增强。

（2）基土换填可显著削减渠道冻胀。换填厚度与冻深近似成正比关系。随着换填深度的增加，混凝土衬砌板法向冻胀量减少，但减少幅度也在减少，存在最优换填深度。另外，高地下水位区采用块石换填措施，既能减小渠道衬砌板法向位移，又能削弱坡脚处的峰值应力，使衬砌板法向位移和应力分布更为均匀。

（3）保温板的铺设可显著削减渠道冻胀，随着保温板厚度增加，保温板下基土冻深、总含水量及衬砌应力变形值均显著降低，但削减冻胀效果逐渐减弱。结合渠坡稳定性和保温板的经济性，存在最优保温板厚度。

（4）"适膜"衬砌结构以膜间相对滑动减少冻结力约束来削减冻胀，采用膜-布接触的适膜结构适用于宽浅式和窄深式渠道。"适缝"以宽软纵缝释放周向和法向变形，单独设缝时，坡脚设缝最优，组合设缝时，坡脚+坡板组合设缝最优。采用弧形坡脚和设缝的"适变"衬砌结构，适抗冻胀能力强，削减冻胀显著。

（5）寒区渠道阴阳坡效应显著，阴阳坡冻深最大差值为31cm，冻结期内阴坡冰含量明显高于阳坡，坡板和底板最大冻胀应力和变形分别发生在1/4～1/3坡长处和偏阳坡处，阴阳坡冻胀变形差值最大为4.0cm。上述不对称、不同步冻结特征均是由太阳辐射的空间效应和昼夜温差的时间效应引起的温度梯度和冻结速率差异所致。

（6）对景泰川灌区总干渠进行了数值仿真，着重分析了混凝土渠道预制板衬砌在冻融循环作用下的变形特性，且对渠道的冻胀破坏类型进行了预测。研究成果可为进一步深入研究混凝土预制板衬砌渠道的冻胀破坏规律提供参考。

参 考 文 献

［1］ 王正中，张长庆，沙际德. 冻土与扩大台基相互作用的有限元分析［J］. 西北农业大学学报，1998（5）：12-17.

［2］ 雷志栋. 土壤水动力学［M］. 北京：清华大学出版社，1998.

［3］ 李安国，建功，曲强. 渠道防渗工程技术［M］. 北京：中国水利水电出版社，1998.

［4］ 马巍，王大雁. 冻土力学［M］. 北京：科学出版社，2014.

［5］ 王正中，沙际德，蒋允静，等. 正交各向异性冻土与建筑物相互作用的非线性有限元分析［J］. 土木工程学报，1999，32（3）：55-60.

［6］ 徐学祖，王家澄，张立新. 冻土物理学［M］. 北京：科学出版社，2010.

［7］ 李洪升，刘增利，梁承姬. 冻土水热力耦合作用的数学模型及数值模拟［J］. 力学学报，2001，33（5）：621-629.

［8］ BESKOW G. Soil freezing and frost heaving with special application to roads and railroads［J］. Swed Geol Soc Yearb, Ser C, 1935, 26（3）：1-145.

［9］ LIU Q H, WANG Z Z, Li Z C, Wang Y. Transversely isotropic frost heave modeling with heat-moisture-deformation coupling［J］. Acta Geotech, 2019（2019）：1-15.

［10］ MICHALOWSKI R L, ZHU M. Frost heave modelling using porosity rate function［J］. International Journal for Numerical and Analytical Methods in Geomechanics, 2006, 30（8）：703-722.

［11］ NIEL O, MILLER R D. Exploration of a rigid ice model of frost heave［J］. Water Resource Research, 1985, 21（3）：281-296.

［12］ EVERETT D H. The thermodynamics of frost damage to porous solids［J］. Transactions of the Faraday Society, 1961, 57：1541-1551.

［13］ HARLAN R L. Anlysis of coupled heat-fluid transport in partially frozen soil［J］. Water Resources Research, 1973, 9（5）：1314-1323.

［14］ CELIA M, BOULOUTAS E, ZARBA R L. General mass-conservative numerical solution for the unsaturated flow equation［J］. Water Resources Research, 1990, 26（7）：1483-1496.

［15］ MILLER R D. Freezing and heaving of saturated and unsaturated soils［J］. Highway Research and Record, 1972, 393：1-11.

［16］ SHEN M, LADANYI B. Modeling of coupled heat, moisture, and stress field in freezing soil［J］. Cold Regions Science and Technology, 1987, 14：237-246.

［17］ 朱伯芳. 有限单元法原理与应用［M］. 北京：水利电力出版社，1979.

［18］ 曾攀. 有限元分析及应用［M］. 北京：清华大学出版社，2004.

［19］ 王勖成. 有限单元法［M］. 北京：清华大学出版社，2003.

［20］ 刘雄，宁建国，马巍. 冻土地区水渠的温度场和应力场数值分析［J］. 冰川冻土，2005，27（6）：932-938.

［21］ 王正中，陈立杰，牟声远，等. 聚合物涂层与沥青混凝土衬砌渠道冻胀模拟［J］. 辽宁工程技术大学学报：自然科学版，2009，28（6）：961-964.

［22］ 朱伯芳. 大体积混凝土温度应力与温度控制［M］. 北京：中国电力出版社，1999.

［23］ 李安国，陈瑞杰，杜应吉，等. 渠道冻胀模拟试验及衬砌结构受力分析［J］. 防渗技术，2000，6（1）：5-16.

［24］ 刘旭东，王正中，闫长城，等. 基于数值模拟的"适变断面"衬砌渠道抗冻胀机理探讨［J］. 农业工程学报，2010，26（12）：6-12.

[25] 李安国,陈瑞杰,杜应吉,等. 渠道冻胀模拟试验及衬砌结构受力分析[J]. 防渗技术,2000,6(1):5-16.

[26] 安鹏,邢义川,张爱军. 基于部分保温法的渠道保温板厚度计算与数值模拟[J]. 农业工程学报,2013,29(17):54-62.

[27] 王正中,刘旭东,陈立杰,等. 刚性衬砌渠道不同纵缝削减冻胀效果的数值模拟[J]. 农业工程学报,2009,25(11):1-7.

[28] LU N, LIKOS W J. Unsaturated Soil Mechanics [M]. New York: John Wiley & Sons Inc, 2004.

[29] HANSSON K, ŠIMŮNEK J, MIZOGUCHI M, et al. Water Flow and Heat Transport in Frozen Soil: Numerical Solution and Freeze-Thaw Applications [J]. Vadose Zone Journal, 2004, 3(2): 693-704.

[30] 王正中,芦琴,郭利霞,等. 基于昼夜温度变化的混凝土衬砌渠道冻胀有限元分析[J]. 农业工程学报,2009,25(7):1-6.

[31] 李甲林,王正中. 渠道衬砌冻胀破坏力学模型及防冻胀结构[M]. 北京:中国水利水电出版社,2013.

[32] 李爽,王正中,高兰兰,等. 考虑混凝土衬砌板与冻土接触非线性的渠道冻胀数值模拟[J]. 水利学报,2014,45(4):497-503.

[33] ZHUO L, LIU S H, FENG Y T, et al. Numerical study on the effect of frost heave prevention with different canal lining structures in seasonally frozen ground regions [J]. Cold Regions Science & Technology, 2013, 85(1): 242-249.

[34] WANG E L, FU Q, LIU X C, et al. Simulating and validating the effects of slope frost heaving on canal bed saturated soil using coupled heat-moisture-deformation model [J]. International Journal of Agriculture & Biological Engineering, 2017, 10(2): 184-193.

[35] 郭瑞,王正中,牛永红,等. 基于TCR传热原理的混凝土复合保温衬砌渠道防冻胀效果研究[J]. 农业工程学报,2015,31(20):101-106.

[36] 王文杰,王正中,李爽,等. 季节冻土区衬砌渠道换填措施防冻胀数值模拟[J]. 干旱地区农业研究,2013,31(6):83-89.

[37] 王正中,刘少军,王羿,等. 寒区弧底梯形衬砌渠道冻胀破坏的尺寸效应研究[J]. 水利学报,2018,49(7):803-813.

[38] 王羿,刘瑾程,刘铨鸿,等. 温-水-土-结构耦合作用下寒区梯形衬砌渠道结构形体优化[J]. 清华大学学报(自然科学版),2019,59(8):645-654.

[39] 刘月,王正中,王羿,等. 考虑水分迁移及相变对温度场影响的渠道冻胀模型[J]. 农业工程学报,2016,32(17):83-88.

[40] ZHOU M, ZHANG B, PENG C, et al. Numerical evaluation of soft inter-slab joint in concrete-faced rockfill dam with dual mortar finite element method [J]. International Journal for Numerical and Analytical Methods in Geomechanics, 2018, 42(5): 781-805.

[41] 陈肖柏,刘建坤,刘鸿绪,等. 土的冻结作用与地基[M]. 北京:科学出版社,2006.

[42] 陈立杰,王正中,刘旭东,等. 高地下水位灌排渠道衬砌结构抗冻胀数值模拟[J]. 长江科学院院报,2009,26(9):66-70.

[43] 王正中,芦琴,郭利霞,等. 基于昼夜温度变化的混凝土衬砌渠道冻胀有限元分析[J]. 农业工程学报,2009,25(7):1-7.

[44] 王正中,牟声远,刘旭东,等. 基于横观各项同性冻土的U形渠道冻胀数值模拟[J]. 应用基础与工程科学学报,2010,18(5):1-11.

[45] 安元,王正中,杨晓松,等. 太阳辐射作用下冻结期衬砌渠道温度场分析[J]. 西北农林科技大学学报(自然科学版),2013,41(3):228-234.

[46] 王正中，刘少军，王羿，等. 寒区弧底梯形衬砌渠道冻胀破坏的尺寸效应研究 [J]. 水利学报，2018，49 (7)：803-813.

[47] 李甲林，王正中，杜成义. 高地下水位区灌溉渠道滤透式刚柔耦合衬护结构试验研究 [J]. 灌溉排水学报，2005 (5)：63-66.

[48] 王正中，陈立杰，牟声远，等. 聚合物涂层与沥青混凝土衬砌渠道冻胀模拟 [J]. 辽宁工程技术大学学报（自然科学版），2009，28 (6)：961-964.

[49] 刘旭东，王正中，闫长城，等. 基于数值模拟的"适变断面"衬砌渠道抗冻胀机理探讨 [J]. 农业工程学报，2010，26 (12)：6-12.

[50] 张茹，王正中，牟声远，等. 基于横观各向同性冻土的U形渠道冻胀数值模拟 [J]. 应用基础与工程科学学报，2010，18 (5)：773-783.

[51] 宁建国，朱志武. 含损伤的冻土本构模型及耦合问题数值分析 [J]. 力学学报，2007 (1)：70-76.

[52] 王正中，牟声远，牛永红，等. 横观各向同性冻土弹性常数及强度预测 [J]. 岩土工程学报，2008，29 (S1)：475-480.

[53] 刘旭东，王正中，闫长城，等. 基于数值模拟的"双层薄膜"防渗衬砌渠道抗冻胀机理探讨 [J]. 农业工程学报，2011，27 (1)：29-35.

[54] 闫长城，王正中，刘旭东，等. 季节性冻土区玻璃钢防渗渠道抗冻胀性能初探 [J]. 人民黄河，2011，33 (3)：140-142.

[55] 刘月，王正中，李甲林，等. 景电工程干渠块石换填措施抗冻融效果评价 [J]. 人民黄河，2018，40 (4)：147-149，156.

[56] 王羿，王正中，刘铨鸿，等. 基于弹性薄层接触模型研究衬砌渠道双膜防冻胀布设 [J]. 农业工程学报，2019，35 (12)：133-141.

[57] 江浩源，王正中，王羿，等. 大型弧底梯形渠道"适缝"防冻胀机理及应用研究 [J]. 水利学报，2019，50 (8)：947-959.

[58] 江浩源，王正中，刘铨鸿，等. 考虑太阳辐射的寒区衬砌渠道水-热-力耦合冻胀模型与应用 [J]. 水利学报，2021，52 (5)：589-602.

[59] 周家作，韦昌富，李东庆，等. 正冻土水热迁移的移动泵模型 [J]. 冰川冻土，2016，38 (4)：1083-1089.

[60] 安元，王正中，杨晓松，等. 太阳辐射作用下冻结期衬砌渠道温度场分析 [J]. 西北农林科技大学学报（自然科学版），2013，41 (3)：228-234.

[61] 陈立杰，王正中，刘旭东，等. 高地下水位灌排渠道衬砌结构抗冻胀数值模拟 [J]. 长江科学院院报，2009，26 (9)：66-70.

[62] 陈立杰，蔡雪雁，王正中，等. 复合土工膜与纳米混凝土衬砌渠道冻胀模拟 [J]. 中国农村水利水电，2010 (8)：106-109.

[63] 何梓年. 太阳能热利用 [M]. 北京：中国科学技术大学出版社，2009.

[64] LI S, ZHANG M, TIAN Y, et al. Experimental and numerical investigations on frost damage mechanism of a canal in cold regions [J]. Cold Regions Science & Technology，2015，116：1-11.

[65] 安维东，吴紫汪，马巍. 冻土的温度水分应力及其相互作用 [M]. 兰州：兰州大学出版社，1989.

[66] 崔托维奇 H A. 冻土力学 [M]. 张长庆，朱元林，译. 北京：科学出版社，1985.

[67] 武建军，韩天一. 饱和正冻土水-热-力耦合作用的数值研究 [J]. 工程力学，2009，26 (4)：246-251.

[68] 徐学祖，邓友生. 冻土中水分迁移的实验研究 [M]. 北京：科学出版社，1991.

[69] Taber S. The Mechanics of Frost Heaving [J]. The Journal of Geology，1930，38 (4)：303-317.